Das Buch

Füße hoch, das Niveau steigt! Dieser hochmoderne und heitere Leitfaden vermittelt die notwendigen Sprüche für eine gute Unterhaltung und überhaupt. Er bietet für alle Lebenslagen von der Wiege bis zur Bahre über 4000 amtliche, nach Sachgebieten geordnete Sprüche, Weisheiten und Wendungen, mit denen Sie in jeder Sitation klug, komisch und kompetent wirken. Ein ausführliches Sachregister und ein ebensolches Inhaltsverzeichnis erleichtern den Zugriff zum gesuchten Thema. Man kann das Buch aber auch einfach so lesen – den ganzen Tag und abends mit Beleuchtung. Denn nachts ist es kälter als draußen. Klar ist auch: Gute Sprüche kann man gar nicht gut genug kennen.

Der Autor

Günther Willen wurde 1954 in Löningen geboren. Er war Redakteur beim Satire-Magazin *Kowalski* und lebt als Autor und Bibliothekar in Oldenburg i. O. Er hat mehrere Bücher veröffentlicht und schreibt u. a. für *Titanic* und *taz*.

Günther Willen

NIVEAU
IST KEINE
Hautcreme

**Gepflegte Sprüche
für alle Lebenslagen**

Ullstein

Besuchen Sie uns im Internet:
www.ullstein-buchverlage.de

Erweiterte Neuausgabe im Ullstein Taschenbuch
1. Auflage Mai 2019
© Ullstein Buchverlage GmbH, Berlin 2018
Umschlaggestaltung: zero-media.net, München
nach einer Vorlage von Hilden Design, München
Abbildungen im Innenteil: DIGITALstock
Satz: KompetenzCenter, Mönchengladbach
Gesetzt aus der Gill Sans light
Druck und Bindearbeiten: CPI books GmbH, Leck
ISBN 978-3-548-37787-2

Alles für den guten Zweck

*Man wird sich dereinst für jeden Kalauer
verantworten müssen, für den man sich zu schade war.*
Harry Rowohlt

*Der letzte Sinn – da geht er hin.
Sinnverlust ist Lustgewinn.*
F. W. Bernstein

Inhalt

Geleitwort 15
Von Bernd Eilert

Vorwort des Autors 17

**1. »Der Lorenz brüllt« –
Das Wichtigste auf einen Blick**
Im Deutschen häufig gebrauchte Abkürzungen 21
Oft gesagt und oft gehört 22
Uhrzeit 22
Wetter 23

**2. »Die Welt ist ein Dorf« –
Ausdrucksmittel für die alltägliche Unterhaltung**
Kommunikation und Kontakte 31
Persönliches und Privates 53
Gefühle und Stimmungen 71
Peinliche Situationen meistern 98
Höflichkeitsfloskeln zwischen Tür und Angel 106
Konversationsfüller 108

**3. »Man ist so jung, wie man sich anfühlt« –
Sexualität und Partnerschaft**
Kennenlernen 121
Sex und Liebe 125
Partnerwahl 131
Beziehungsgespräche 132
Hochzeit, Ehe und Scheidung 136
Vermischtes 141

4. »Die Stirn gewinnt an Höhe« – Tägliches Leben
Telekommunikation 147
Geschäfte, Mode und Shopping 150

5. »Bier gibt keine Rotweinflecken« – Heim und Familie
Schöner Wohnen 165
Familie und alles, was dazugehört 168

6. »Hupen Sie ruhig, mein Radio ist lauter« – Unterwegs
Zu Fuß 179
Mit dem Fahrrad 180
Im Zug 180
Im Flugzeug 181
Im Heißluftballon 182
An Bord eines Kreuzfahrtschiffes 182
Auf dem Segelboot 182
Im Auto 183

7. »Lieber am Busen der Natur als am Arsch der Welt« – Reise und Erholung
Vor dem Urlaub 195
Beliebte Reiseziele 196
Sightseeing 197
Verschiedene Urlaubsarten 198
Orte der Ruhe und der Freude 203
Natur, Umwelt und Tiere 206

8. »Der Klügere kippt nach« – Essen und Trinken und andere Genüsse
Im Café 215
Im Imbiss 215
Im Restaurant 218
An der Trinkhalle 225
Rund um den Alk 226

In der Szene-Bar 227
In der Kneipe 228
Rauchen 233
Wenn man mal muss 235
In der Ausnüchterungszelle 238

9. »Ein Klavier, ein Klavier« – Kultur und Fernsehen
Kunst 243
Musik und Schauspiel 245
Sprache und Literatur 248
Kino und Film 252
Fernsehen 253

10. »Mal verliert man, mal gewinnen die anderen« – Sport und Freizeit
Im Fitnessstudio 259
Auf der Sonnenbank 259
Im Verein 259
Im Schwimmbad 261
Beim Angeln 262
Am Baggersee 262
Auf der Rennbahn 263
Auf dem Golfplatz 263
Passendes für den Spieleabend 264
Beim Kegeln 265
Beim Grillen 266
Fußball 266

11. »Das Leben ist kein Tanzcafé« – Gäste und Feste
Auf der Privatparty 273
In der Disco 278
Umgangsformen 279
In der Tanzschule 281
Gemütliches Beisammensein 282

12. »Warum einfach, wenn's auch kompliziert geht?« – Schule, Uni, Beruf und öffentlicher Dienst

Schule 289
Erwachsenenbildung 292
Studium 295
Job 298
Handwerk hat goldenen Boden 305
Auf der Post 308
Auf Ämtern allgemein 309
Im Bundestag 310
Bei der Bundeswehr 310

13. »Knietief im Dispo« – Geld und Finanzen

Saloppe Ausdrücke für Geld 315
In der Schlange am Geldautomaten 315
Geldangelegenheiten 316
In der Bank 319
Beim Banküberfall 319
Im Pfandhaus 321
Einbruch und Diebstahl 321

14. »Die beste Krankheit taugt nix« – Gesundheit und Körperpflege

Beim Arzt 325
In der Apotheke 327
Bewährte Hausmittel 327
Bewährte Weisheiten 328
Rund ums Übergewicht 329
Zum Thema Körperpflege allgemein 331
Mentale Zustände 331
Rettungsdienste 334
Im Krankenhaus 335
Im Seniorenwohnheim 336
Schwangerschaft 338

15. »Einer für alle und alle im Eimer« – Sitten und Bräuche

Einladungen 341
Zum Geburtstag 342
Feiertage 344
Wenn ein Preis oder eine Auszeichnung verliehen wird 347
Eine Rede halten 347
Auf der Betriebsfeier 348
Im Bierzelt 348
Eine gute Nacht wünschen 349
Gute-Nacht-Gebete 349

16. »Der Letzte macht das Licht aus« – Kirche und Lebensende

In der Kirche 353
Auf dem Friedhof 355
Nach dem Ableben 358

Dank 361

Benutzte und weiterführende Literatur 363

Stichwortregister 375

Geleitwort

Von Bernd Eilert

»Man muss denken wie die wenigsten und reden wie die meisten.« Das ist leicht gesagt und schwer getan. Eben typisch Arthur Schopenhauer, der glaubte, nach Abschluss seines Hauptwerks *Die Welt als Willen und Vorstellung* hätte er´s verdient, sich das Denken leicht zu machen und nur mit seinem Pudel noch zu reden.

Das Werk über Willen erschien 1819, Schopenhauer starb 1860 im Alter von 72 Jahren. Ganz so alt ist der Titelheld noch nicht, sein Hauptwerk freilich erscheint erst jetzt in seiner endgültigen Form, zehn Jahre nach der ersten Lese, in einer Ausgabe leichter Hand sozusagen.

Ein Leben lang hat Günther Willen dem Volk aufs Mundwerk geschaut, hat nimmermüd´ notiert, was dem entsprang, hat ordentliche Furchen gezogen ins weite Feld der wildwuchernden Wahrnehmungen und so am Ende eine Ernte eingefahren, von der dies Volk noch lange zehren mag.

Was er an Entbehrungen auf sich genommen hat, um all diese fertigen Schlagworte, Merksätze und Redensarten zu jagen und zu sammeln, vermag ich mir kaum vorzustellen. Denn wahrlich nicht alles, was der Volksmund von sich gibt, will allzu wohltönen, manches klingt roh, einiges gar patzig und nicht selten äußerst unfein. Und nur ein feines Ohr erkennt in dem, was scheinbar gegen Sitte, Sinn und Moral verstößt, jene höhere Form des Anstands, auf dem das fußt, was wir Volksweisheit nennen.

Anders als etwa die Binsenweisheit ist des Volkes Weisheit ständig Veränderungen unterworfen, der Zeitgeist sorgt dafür, dass sie, wenn auch im Wortlaut unverändert, nur allzu bald in neuem Licht erscheint. Schon darum war diese Neuausgabe notwendig, von den Erweiterungen noch zu schweigen, die wiederum wie frisch gepflückte Strauchtomaten glänzen und durch ihr ureigenes Aroma dem opulenten Allerlei erlesenen Geschmack verleihen. Denn unter gröberen Noten verbergen sich feinere Fußnoten von Witz, der recht verstanden eben in Weisheit umschlägt.

Denn mit Willens gesammelten Sprüchen ist es wie mit dem Fernsehen oder dem Internet: Es kommt darauf an, wer es nutzt, dann macht es Weise weiser oder halt Dumme dümmer. Dumme Sprüche gibt es nämlich nicht, es gibt allerdings Dumme, die sie benutzen. Und das sei ihnen auch gegönnt.

Das vorliegende Werk ist demnach zutiefst demokratisch und höchst elitär. Und damit unentbehrlich für jeden, der nicht allein mit seinem Pudel konversieren mag, erfüllt es doch Herrn Schopenhauers feile Forderung: »Man muss denken wie die wenigsten und reden wie die meisten.«

Netter ausgedrückt: »Am Arsch die Räuber.«

Vorwort des Autors

Ja, ist es denn die Possibility? Ein Strauß aus fröhlichen Wendungen und Redensarten des gemeinen Wortschatzes der Deutschen in Form eines Buches? Und dann auch noch übersichtlich gegliedert und fein säuberlich geordnet nach Sachgruppen und sogar mit Stichwortregister...

Nun ja, das ist an und pfirsich schon mal eine feine Sache. Aber jetzt kommt der Hammer: Dieses Buch ist mehr als eine nach Themen unterteilte Sprüchesammlung – es ist ein Tritt in die richtige Richtung! Es vermittelt die notwendigen Kenntnisse und die sprachliche Sicherheit für eine gepflegte Unterhaltung. Wie cool ist das denn bitte? Auf gut Deutsch gesagt: Es hilft Ihnen, für jede Gelegenheit den passenden Spruch parat zu haben. Ob Friseur- oder Arztbesuch, Freizeit oder Familie, Mann oder Frau, Leben oder Tod, Sport oder Sex, Beruf oder Bordell, Politik oder Party, Fluch oder Segen, ob beim Smalltalk oder an der Supermarktkasse – dieser praktische Rat- und Stichwortgeber gibt Ihnen die nötige Souveränität im Gespräch und sorgt allein schon dadurch für Friede, Freude, Eierkuchen. Ich sage das jetzt mal so: Dieser moderne Sprach- und Sprücheführer ist ein unentbehrlicher Begleiter durch den Alltag und für die Reise durch unsere wunderbare Welt – von der Wiege bis zur Bahre. Flapsiger formuliert: Da brat mir einer einen Storch und die Beine schön knusprig. Jetzt mal Butter bei die Fische: Dieser handliche Band bietet famose Floskeln, amüsante Allgemeinplätze, zeitgemäße Redewendungen, wichtige Weisheiten und schlagkräftige Antworten, tolle Gags, lustige Sprüche und raffitückische Begriffe sowie sinnfreie Ausrutscher, herrlich nutzloses Wissen und bescheuerte Binsenweisheiten wie zum Bleistift »Bier gibt keine Rotweinflecken«. Faule Ausreden und wie man peinliche Situationen meistert sind weitere Aspekte, die dem Leser gute Unterhaltung garantieren. Aber hey, auch für Liebhaber konkreter Alltagspoesie werden Redemittel bereitgestellt: gerade

Sätze, hinkende Jamben und Quatsch mit Anlauf, um nur drei von vier Beispielen zu nennen. Hach, ist das alles aufregend.

Und wem haben wir das alles zu verdanken? Na, wem wohl: Dem Volksmund latürnich. Danke Volksmund, das hast du gut gemacht. Und seien wir doch mal ehrlich: Unser Leben wäre ärmer ohne den Volksmund. Klar wie dicke Tinte. Außerdem kann man gute Sprüche gar nicht genug kennen. So gesehen ist dieses Buch nicht nur eine Gebrauchsanweisung für das Leben, es macht das Leben auch leichter. Und alle so: Yeah.

Pikantes Detail am Rande: Viele halten Nonsens für Unfug. Das ist natürlich Nonsens. So. Und nun ran an die Buletten. Geben Sie Ihrem Affen Zucker! Machen Sie Witze! Bringen Sie Wortspiele in Umlauf! Hauen Sie Kalauer raus! Dreschen Sie Phrasen! Klopfen Sie Sprüche! Erweitern Sie Ihren Wortschatz! Lesen Sie dieses Buch! Nicht lange schnacken, Kopp in' Nacken! Am besten fangen Sie gleich damit an, und zwar den ganzen Tag und abends mit Beleuchtung. Ist das eine Freude? Nichts zu danken.

G. Willen

PS: Alle Sprüche-Fans können aufatmen. Die Bibel der Sprücheklopfer gibt es jetzt in einer aktualisierten Neuausgabe – mit zwanzig Prozent mehr Niveau! Super, oder?

1
»Der Lorenz brüllt«

Das Wichtigste auf einen Blick

Im Deutschen häufig gebrauchte Abkürzungen

1. Jwd (*für:* Janz weit draußen)
2. GmbH (*für:* Geh mir Bier holen.)
3. Azubi (*für:* Arsch zum Bierholen)
4. Hopihalido (*für:* Holsten-Pilsener-Halbliterdose)
5. ABM (*für:* Arbeiten bis Mittag)
6. UKW (*für:* Unten keine Wolle)
7. LSD (*für:* Lauter schöne Damen)
8. FDH (*für:* Friss die Hälfte)
9. BWL (*für:* Besserwisserlehre)
10. BaB (*für:* Bussi auf Bauch)
11. Mola (*für:* Morgenlatte)
12. Gabi (*für:* Gemeinsame Anlaufstelle Bremer Innenstadt)
13. Zafas (*für:* Zentrale Anlaufstelle für allen Scheiß)
14. Hanuta (*für:* Haselnusstafel)
15. Zwibi (*für:* Zwischenbier)
16. Aküfi (*für:* Abkürzungsfimmel)
17. HePoKi (*für:* Hetero-Paar ohne Kinder)
18. SchniPoPi (*für:* Schnitzel, Pommes und ein Pils)
19. s.b.H. (*für:* selten blöder Hund)
20. Benz (*für:* Bei Elch Notbremse ziehen)
21. PuBo (*für:* Pubertierender Bock)
22. PuZi (*für:* Pubertierende Ziege)
23. VoKuHiLaOliba (*für:* Vorne kurz, hinten lang, Oberlippenbart)
24. n.v.w.g. (*für:* Nur von weitem gut)
25. KP (*für:* Kein Plan)
26. HIV (*für:* Hab ich vergessen.)
27. OMG (*für:* Oh my God!)
28. ONS (*für:* One-Night-Stand)
29. FF! (*für:* Viel Vergnügen!)
30. Zmad (*für:* Zu mir, aber dalli!)
31. DbddhkPukkUsAv (*für:* Doof bleibt doof, da helfen keine Pillen und keine kalten Umschläge, selbst Aspirin versagt.)

32. KGB (*für:* Kannst gerne bleiben)
33. KV (*für:* Kannste vergessen.)

Oft gesagt und oft gehört
1. Hallooo?
2. Geht's noch?
3. Die Kuh ist vom Eis.
4. Wie geil ist das denn?!
5. Hab ich im Urin. (*statt:* Hab ich im Gefühl.)
6. Heißer Scheiß! (*statt:* Neu und angesagt!)
7. Hab ich geschonken gekrochen. (*statt:* War ein Geschenk.)
8. Für umme. (*statt:* Für umsonst.)
9. Ja nee, is klar!
10. Hinterher ist man immer schlauer.
11. Sagt mein Friseur auch immer.
12. Nicht wirklich.
13. So viel Zeit muss sein.
14. Das ist mir echt too much. (*statt:* zu viel)
15. Stück mal'n Rück. (*statt:* Rück mal'n Stück.)
16. Nützt ja nix.
17. Keine Ahnung.
18. Bin voll im Stretch. (*statt:* Stress)
19. Lass die Kirche im Dorf.
20. Alles gut.

Uhrzeit

Fragen nach der Uhrzeit
1. Was sagt die Uhr?
2. Was kotzt die Quarz?
3. Guck mal auf deinen Tacho!
4. Was zeigt deine Zwiebel an?
5. Wat sacht dat Zeiteisen?

Antworten auf Fragen nach der Uhrzeit
1. Genauso spät wie gestern, nur 24 Stunden später.
2. Tut mir leid, ich bin nicht von hier. (*Entgegnung auf:* Können Sie mir sagen, wie spät es ist?)
3. Es ist 16 Uhr 30 halb fünf.
4. Hat gerade halb geviertelt.
5. Sonntags zwischen Zwölf.
6. Viertel nach Dünnscheißen, wenn's dick kommt, kannste abbeißen.
7. Viertel nach Nesquik, Zeit zum Umrühren.
8. Kurz vor Venus, Zeit zum Starten.
9. Kurz nach 5 vor.
10. Kurz vor nackisch – Zeit zum Anziehen.
11. Zeit für ein Bier.
12. Zeit, dass du dich besserst.
13. Zeit, dass du's Maul hältst.
14. Halb nackt, Zeit zum Anziehen.
15. Die Uhr sagt »Ticktack«. (*Entgegnung auf:* Was sagt die Uhr?)
16. Also, ich hab eine; wie viele haben Sie denn? (*Entgegnung auf:* Entschuldigung, wie viel Uhr haben wir denn?)
17. Besser als Sie! Ist aber egal. (*Entgegnung auf:* Wissen Sie, wie spät es ist?)
18. Meine Uhr geht nach dem Mond. (*statt:* geht ungenau)
19. Die Uhr geht nach dem Pfandhaus. (*dito*)
20. Die Uhr geht nach der Suppe. (*dito*)
21. Haut vor Knochen. (*wenn man keine Armbanduhr vorzuweisen hat*)
22. Kann ein Pfandschein ticken? (*dito*)

Wetter

Bei gutem Wetter
1. Schönes Wetter heute!
2. Die Bauern wird's freuen.
3. Es ist zum Harte-Eier-Legen.

4. Ein Wetterchen zum Eierlegen.
5. Ein Wetter für die Götter!
6. Ein Wetter zum Heldenzeugen.
7. Viel zu warm für die Jahreszeit.
8. Voll das Nippelwetter.
9. Der Lorenz brüllt! (*statt:* Die Sonne scheint.)
10. Tante Klara lacht. (*dito*)
11. Diese verdammte Hitze! Ich hab's zwar gerne etwas heißer, aber manchmal ... Die Arterien. Ich werd alt. (*Nestor Burma*)
12. Ich klettere gleich in die Eistonne. (*bei sengender Hitze*)
13. Es ist nicht die Hitze, die einen fertigmacht, es ist die Feuchtigkeit. (*William Crane*)
14. Die Sonne scheint und tolle Preise winken.
15. Prima Klima!
16. Sprich lauter, die Sonne blendet!
17. Und die Sonne kocht auch nur mit Wasser. Die soll sich nicht so aufspielen, die gelbe Sau. (*Peter Licht*)

Bei schlechtem Wetter
1. Ja, es war das billigste! (*Erwiderung auf:* Hast du das schlechte Wetter bestellt?)
2. Man muss sparen, wo man kann. (*dito*)
3. Frau Holle macht die Betten. (wenn es schneit)
4. Eichen sollst du weichen, Buchen sollst du suchen. (*bei Gewitter*)
5. Den Eichen sollst du weichen – den Kuchen sollst du suchen. (*Sommer der Liebe*)
6. Den guten Seemann erkennt man bei schlechtem Wetter. (*toskanisches Sprichwort*)
7. Kalt in Deutschland!
8. Kalt wie ein Hexenarsch.
9. So kalt, dass dem Messingaffen die Eier abfrieren.
10. Wo bleibt der Treibhauseffekt, wenn man ihn mal braucht? (*scherzhaft*)
11. Ganz schön maikühl heute. (*bei Frost*)
12. Voll fresh!

13. Es klärt sich auf zum Wolkenbruch. (*ironisch*)
14. Schön schattig draußen! (*dito*)
15. Ohne Sonnenbrille kann man sich nicht aus dem Haus wagen. (*dito*)
16. Bei diesem Wetter jagt man keinen Hund vor die Tür.

Mit Petrus reden
1. Petrus blinzelt. (*statt:* Es wetterleuchtet.)
2. Petrus rülpst. (*statt:* Es grummelt in der Ferne.)
3. Petrus rückt Schränke. (*statt:* Es donnert verhalten in der Ferne.)
4. Petrus kegelt. (*statt:* Es donnert.)
5. Petrus haut auf die Kiste. (*dito*)
6. Petrus zieht um. (*statt:* Es donnert heftig.)
7. Petrus hat gefurzt. (*dito*)
8. Jetzt ist Petrus der Sack geplatzt. (*wenn Blitz, Donnerschlag und Wolkenbruch sich gleichzeitig ereignen*)
9. Petrus lässt Wasser. (*statt:* Es regnet.)
10. Petrus schifft. (*dito*)

Wenn es regnet
1. Besser Regen als gar kein Wetter.
2. Man muss ja auch an die Landwirtschaft denken.
3. Zu viel Sonne macht albern.
4. Es strömt in Gießen. (*statt:* Es gießt in Strömen.)
5. Ich freue mich, wenn es regnet, denn wenn ich mich nicht freue, regnet es auch. (*Karl Valentin*)
6. Es regent! (*bremisch*)
7. Es regnet Blindfäden. (*scherzhaft*)
8. Onassis! (*Entgegnung auf:* Wie ist das Wetter heute?)
9. Egal, wenn's heute regnet. Ist ja sowieso schlechtes Wetter.
10. Wenn et nit ränt, dann dröpp et. (*Kölner Platt für:* Wenn es nicht regnet, dann tropft es.)
11. Nein, ich schwitze stark! (*Entgegnung auf:* Sie sind ja ganz nass. Regnet es?)

Reizende Regenschirm-Sprüche
1. Sieht nach Regen aus.
2. Alle Wetter, sagt der Vetter.
3. Bei Regen im Saal.
4. Mistwetter!
5. Sauwetter!
6. Alles im Griff!
7. Weine nicht, wenn der Regen fällt, dam-dam, dam-dam. Es gibt einen, der zu dir hält, dam-dam, dam-dam. (*Drafi Deutscher*)

Bauernregeln zum Wetter
1. Wenn der Hahn kräht auf dem Mist, ändert sich's Wetter oder es bleibt, wie's ist.
2. Ist der Hahn etwas erkältet, heiser, kräht er morgens etwas leiser.
3. Kräht der Bauer auf dem Mist, hat sich wohl der Hahn verpisst.
4. Kommt Januar vor Februar, wird's Jahr, wie es war.
5. Kommt im März die Sommerzeit, ist's länger hell für Schwarzarbeit.
6. Die einzige Bauernregel, die immer stimmt, lautet: Regen im Mai, April vorbei.
7. Wenn im Mai die Bienen schwärmen, sollte man vor Freude lärmen.
8. Ruft der Bauer Wuli-Wuli, wird es Juni oder Juli.
9. Cremen sich die Schweine ein, wird's ein heißer Sommer sein.
10. Steht am Himmel hoch die Sonne, liebt der Bauer voller Wonne.
11. Verliert der Bauer im September die Hose, so war schon im August das Gummiband lose.
12. Fliegen Bauern um den Turm, dann ist meistens Sturm.
13. Friert der Bauer im Oktober, braucht er einen Strickpullover.
14. Steht im November noch das Korn, ist es wohl vergessen worn.

15. Der Bauer schlägt, man glaubt es kaum, zum Fest der Liebe seinen Baum.
16. Wenn sich das Jahr dem Ende neigt, der Bauer in die Wanne steigt.

2

»Die Welt ist ein Dorf«

Ausdrucksmittel für die alltägliche Unterhaltung

Kommunikation und Kontakte

Begrüßung (Grundwortschatz)
1. Die Sonne geht auf!
2. Guten Tacho.
3. Tach auch.
4. Moin!
5. Moinsen.
6. Hollaritti!
7. Hallöle.
8. Hallihallo!
9. Hallo Fremder.
10. Hallo Sportsfreund.
11. Hallo schöne Frau!

Begrüßung (Aufbauwortschatz)
1. Lange nicht gesehen – und doch wiedererkannt!
2. Wenn man vom Teufel spricht, ist er nicht weit. (*ironisch*)
3. Die Welt ist ein Dorf.
4. Ei gude! (*hessisch*)
5. Hallodri.
6. Hallöchen Popöchen!
7. Hallöchen mit öchen.
8. Schalömchen!
9. Reich mir die Flosse, Genosse. (*unter Männern*)
10. Ach, sieh mal einer guck!
11. Wen haben wir denn da?
12. Lebst du auch noch?
13. Du hier – und nicht in Hollywood?
14. Grüß Gott, Herr Stöckle. (*scherzhaft*)
15. Sei gegruselt. (*statt:* Sei gegrüßt.)

Vertrauliche Begrüßungsformeln
1. Alte Socke.

2. Alte Säule.
3. Alte Nachtjacke.
4. Alte Nebelkrähe.
5. Alte Zeltbahn.
6. Na, du alte Zaunlatte.
7. Alter Gauner.
8. Alter Grieche.
9. Altes Haus.
10. Alte Hütte.
11. Alter Freund und Kupferstecher.
12. Na, du Honigkuchenpferd.
13. Na, du altes Klappschaf.

Grußformel an eine Gruppe unliebsamer Personen
1. Freunde der Sonne.
2. Freunde der Nacht.
3. Freunde der Pelikane.
4. Freunde der keuschen Nachtmusik.
5. Freunde der italienischen Oper.
6. Freunde der Feinrippwäsche.

Sich verabschieden (Grundwortschatz)
1. Bis neulich.
2. Bis Baldrian.
3. Bis Danzig.
4. Bis Denver.
5. Bis dennewitz.
6. Bis dennsen, Frau Jensen.
7. Tschüssikowski.
8. Tschö mit ö.
9. Adieu mit ö.
10. Tschau mit au.
11. Salü mit ü.
12. Wiedersehen mit iedersehen.
13. Auf Siederwehen.
14. Auf Wiedertschüss. (*alternativ:* Auf Wiederhaun.)

15. Ich wünsch dir was.
16. Hau rein!
17. Sieh zu!
18. Munter bleiben!
19. Erstmal! (*hamburgisch*)
20. Ich mach dann mal den Pfeil.
21. Ich verabscheue mich. (*statt*: Ich verabschiede mich.)
22. Ich empfehle mich zu Einkaufspreisen. (*scherzhaft*)
23. Leben Sie sowohl als auch. (*berlinerisch*)
24. In Hamburg sagt man Tschüss.
25. Dünnschiss. (*statt*: Und tschüss.)
26. Tschüssing.
27. Ich würde gerne gehen, muss aber leider weg.
28. Denn wir sind ja nicht blöd. (*Entgegnung auf*: Wir sehen uns.)
29. Und sehen wir uns nicht in dieser Welt, dann sehen wir uns in Bielefeld.
30. Ich bin dann mal weg.

Sich verabschieden (Aufbauwortschatz)

1. Bis später, Peter.
2. Bis spätersilie!
3. Bis Danone.
4. Bis dannimanski.
5. Bis denniwennski.
6. Warschau! (*statt:* Tschau)
7. Tschausen.
8. Tschautschau.
9. So long, Hongkong!
10. Ich mach mal den Dachs.
11. Mein Name ist Blume: Ich verdufte.
12. Wir riechen uns später.
13. Bleib knusprig.
14. Bleib alpha.
15. Auf Wiederbesehen.
16. Auf Videosehen. (*veraltet*)
17. Wir stoßen auf und brechen ins Horn.

18. Auf, satteln wir den Dackel.
19. Ich putz die Platte.
20. Jo, hauste rein.
21. Jetzt will ich mich nicht länger aufhalten.
22. Bye-bye, Arschgeweih. (*veraltet*)
23. Ich mach die Flatter.
24. Ich mach mal den langen Schuh.
25. Tschüssli.
26. Hau die Hühner. (*saarländisch*)
27. Ciao Kakao.
28. Tschüsserowski Becherovka.
29. Tschüssen!
30. Tüßkes!

Grußformel fürs Wochenende

1. Schönes Loch am Ende. (*statt:* Schönes Wochenende!)
2. Schönes Loch im Hemde! (*dito*)
3. Langus Wochenendis!
4. Atomfreies Wochenende und gutes Westbild! (*in der früheren DDR*)
5. Schönes Wochenende und bis Peter! (*statt:* Schönes Wochenende und bis später!)
6. Hell, dunkel, Montag! (*Entgegnung auf:* Wie war dein Wochenende?)

Sich und andere vorstellen (Grundwortschatz)

1. Glauben Sie ja nicht, wen Sie vor sich haben.
2. Sie sehen aus wie Jack Bluff, der Zwiebelfarmer.
3. Jetzt hätte ich dir beinahe du gesagt.
4. Wie war noch mal Ihr werter Name? Ich vergess den Sauhund immer.
5. Dr. Livingstone, I presume? (*Henry Morton Stanley*)
6. Der Name ist Bond – James Bond.
7. You can say you to me. (*jemandem das »du« anbieten*)
8. Ich habe Schwierigkeiten, mir deinen Namen zu merken. Darf ich dich einfach Holzkopf nennen?

Kommunikation und Kontakte 35

9. Nennen Sie mich Sunset. Ich bewege mich grundsätzlich nach Westen.
10. Sagen Sie nicht Karl-Heinz zu mir. (*Loriot*)
11. Meier mit einem weichen Ei.
12. Oh, Pardon, sind Sie der Graf von Luxemburg? (*Dorthe Kollo*)
13. Mein Name ist Hase. Ich wohne im Walde und weiß von nichts.
14. Ich habe bisher mit Menschen, die Schneider heißen, nur schlechte Erfahrung gemacht. (*Walter Kempowski*)
15. Lord Hässlich lässt grüßen.

Sich und andere vorstellen (Aufbauwortschatz)

1. Bist du Blödmannski Totalnikoff?
2. Für dich immer noch Mr. Arschloch, Kumpel!
3. Ich bin Lenny. Das sind Carl und Homer. Ich bin Lenny. (*Die Simpsons*)
4. Meine Freunde nennen mich Lenny. Aber ich habe keine Freunde. (*Arizona Junior*)
5. Ich finde Sie süß. Außerdem erinnern Sie mich an meinen Bruder Fred. Darf ich Fred zu Ihnen sagen? (*Frühstück bei Tiffany*)
6. Mögen Sie mich Ernst nennen? (*Loriot, »Pappa ante Portas«*)
7. Ich bin Robinson Crusoe. Ich warte auf Freitag.
8. Mein Name ist Meier: großes M und kleine Eier.
9. Darf ich vorstellen: meine zukünftige Ex-Frau.
10. Ja, das ist meine Mutter, eine ganz, ganz famose Person. (*Loriot, »Ödipussi«*)
11. Seine Mutter war eine von und zu, sein Vater ein auf und davon.
12. Mein Dad ist ein hohes Tier in der Keksfabrik. (*Milhouse van Houten*)
13. Gestatten, Baron von Habenichts.
14. Ach, wie gut, dass niemand weiß, dass mein Stilzchen Rumpel heißt.
15. Ach, wie gut, dass niemand weiß, dass ich Rumpelheinzchen stieß.

16. Ich bin Knecht Ruprecht, der nachsehen will, ob für Weihnachten alles okay ist.

Sich nach dem Befinden erkundigen
1. Alles Palermo?
2. Alles Paloma?
3. Alles easy in Brindisi?
4. Alles ranzig in Danzig?
5. Alles Spaghetti?
6. Alles tutti?
7. Alles frisch?
8. Alles im Lack?
9. Alles Klärchen, Bärchen?
10. Alles klar im BH?
11. Alles Roger in Kambodscha? (*Antwort:* In Kenia werden's immer weniger.)
12. How do you do, Mr Gummischuh?
13. Wie stehen die Akazien? (*statt:* Aktien)
14. Wie ist die Lage?
15. Wie läuft der Hase?
16. Was macht die Kunst? (*Antwort:* Sie ist verhunzt.)
17. Wie geht's deiner Frau und meinen Kindern?
18. Alles fit in Moabit?
19. What's wrong im Karton?
20. Und sonst so?

Positive Antworten auf »Wie geht's?«
1. Besser als vorher.
2. Könnte nicht besser sein.
3. Noch etwas besser, und es wäre gar nicht mehr auszuhalten.
4. Mir ging's nie besser.
5. Ebenso!
6. Danke, ebenso.
7. Muss ja. Und selbst?
8. Man kann's aushalten.
9. Alles in Dortmund!

10. Alles Roger Whitacker.
11. Alles klar in Kanada.
12. Übersichtlich.
13. Unten rum.
14. Alles easykowski. (*statt:* Alles easy.)
15. Alles gucci.
16. Alles palettini.
17. Auswärts geht's noch.
18. Gestern ging's noch. (*alternativ:* Bis eben ging's noch.)
19. Gestern ging's noch, heut noch nicht probiert.
20. Alles im grünen Bereich.
21. Immer noch auf zwei Beinen.
22. Am liebsten gut.
23. Primstens!
24. Super, und dir?
25. Wie soll es schlechten Menschen schon gehen? Gut!
26. Wir sind gesund und wollen es auch bleiben.

Negative Antworten auf »Wie geht's?«

1. Auch!
2. Danke, auch schlecht.
3. Danke, es geht so hin.
4. Es könnte für drei Pfund besser gehen.
5. Kann nicht besser klagen.
6. Zum Klagen fehlt mir das Geld.
7. Nicht schlecht, nicht gut.
8. Comme çi, comme ça.
9. So lala.
10. Schlecht, mit leichter Tendenz zur Verzweiflung.
11. Bin verzweifelt, aber frisch gebadet.
12. Ging schon mal besser.
13. Man lebt, liebt und leidet.
14. Man schlängelt sich so durch.
15. Immer an der Wand lang.
16. Beschissen wäre noch geprahlt!
17. Miserabel ist noch geschmeichelt.

18. Bescheiden. (*statt*: Beschissen)
19. Serbisch. (*statt:* Sehr beschissen.)
20. Immer dasselbe.
21. Normale Härte.
22. Alles gräulich und abscheulich. (*Entgegnung auf*: »Wie sieht's aus?«)
23. Schwarz – wenn es verbrannt ist. (*dito*)
24. Man kann gar nicht so viel fressen, wie man kotzen möchte.
25. Frag nicht, es könnte nicht schlechter sein.
26. Wenn man das »schlecht« weglässt, gut.

Lakonische Antworten auf die lästige Frage »Alles gut?«

1. Nee, wieso?
2. Nee, und bei dir?
3. Sorry, keine Ahnung, aber hey.
4. Alles Banane, du Pflaume!
5. Alles gut, Motherfucker! (*Funny van Dannen*)
6. Alles tacko und prick. (*westfälisch*)

Sich bedanken (Grundwortschatz)

1. Firma dankt!
2. Die Firma dankt – und Chef bezahlt am Montag.
3. Hab Dank für Speis und Trank.
4. Schönen Schrank.
5. Danke, Anke.
6. Danke, Frau Franke.
7. Danke Greifswald! (*statt:* Danke gleichfalls.)
8. Veronika Dankeschön.
9. Bedankowatsch! (*Janosch*)
10. Schanke dön. (*statt:* Danke schön.)
11. Tankeföhn! (*dito*)
12. Ich bedanke mich herz rechtlich. (*statt:* recht herzlich)
13. Vielen herzlichen Dank auch im Namen meiner Eltern.
14. Nichts zu danken.
15. Danke, ganz lieb.

Sich bedanken (Aufbauwortschatz)
1. Heißen Dung. (*statt*: Heißen Dank.)
2. Kuhwarmen Dank!
3. Verbindlichen Dank.
4. Enormen Dank.
5. Sehr verbunden.
6. Da bin ich dir zu größtem Dank verflochten.
7. Mein Dank wird dir ewig nachschleichen und dich nie erreichen.
8. Das wäre doch nicht nötig gewesen!
9. Donkedonke.
10. Merci Bocuse. (*statt:* Merci beaucoup.)
11. Merseburg. (*dito*)
12. Starkes Merci.
13. Okdanketschüss.

Erwiderungen auf Dank
1. Schitte bön. (*statt*: Bitte schön!)
2. Gerneschön. (*statt:* Gern geschehen.)
3. Gekochte Bitte. (*Erwiderung auf:* Heißen Dank.)
4. Nicht der Rede wert.
5. Keine Ursache. Stets zu Diensten.
6. Da nich' für. (*hamburgisch*)
7. Dafür nicht.
8. Gar nicht für. (*Harry Rowohlt*)
9. Geht klar.
10. Passt schon.
11. Kein Thema. (*bzw.* Ding)
12. Keine weitere Ursache. (*Heino Jaeger*)

Eine Bitte äußern
1. Das heißt nicht »Was?«, sondern »Bitte?«!
2. Es heißt nicht »Was?«, sondern »Häh!«.
3. Kannst du mir einen Gefallen tun?
4. Det heeßt nich »heeßt«, sondern heeßt »heißt«. (*berlinerisch*)
5. Korrigier mich, wenn ich falschliege.

Hilfe oder ein Angebot annehmen

1. Bevor ich mich schlagen lasse.
2. Bevor jemand weint.
3. Ehe ich mir die Jacke zerreißen lasse.
4. Da kann ich gaaaanich ohne zu. (*bremisch für:* Ich kann darauf nicht verzichten.)
5. Watt mutt, dat mutt!
6. Nützt ja nix.

Eine Bitte oder Hilfeleistung ablehnen

1. Fällt aus, wegen »is' nicht«.
2. Fällt aus, wegen Bodennebel.
3. So gern, wie's mir leidtut.
4. Kannste knicken.
5. Kannste vergessen.
6. Bitte helfen Sie mir nicht, es ist schon alleine schwer genug.
7. Nicht vor dem ersten Schlaganfall.
8. Am Arsch die Räuber.

Sich entschuldigen

1. Oh, Verheizung! (*statt:* Verzeihung.)
2. Oh, Verzeitung. (*dito*)
3. Ich bitte um Verzweiflung! (*dito*)
4. Tschulligung, war Absicht. (*scherzhaft*)
5. Tut mir echt sorry! (*statt:* Tut mir echt leid.)
6. Asche auf mein Haupt. (*statt:* Soll nicht wieder vorkommen.)
7. Pardauz! (*statt:* Pardon.)
8. Können Sie mir noch einmal verzeihen?
9. Entschuldigänse. (*statt:* Entschuldigen Sie.)
10. Entschludrigen Sie. (*dito*)
11. Entschuldigen Sie, dass ich geboren bin, es soll nicht wieder vorkommen.
12. Nix für ungut.
13. Zorry, nech. (*Pfulz*)

Kommunikation und Kontakte 41

Bedauern ausdrücken
1. Das macht fast gar nichts.
2. Da kann man freilich nichts machen.
3. Es gibt solche und solche.
4. Kann, muss aber nicht.
5. Es ist mir augenblicklich nicht momentan.
6. Ich bin untröstlich!
7. Man hat's nicht leicht, aber leicht hat's einen.

Sarkastische Reaktionen auf dumme oder überflüssige Fragen, deren Antwort sowieso »Ja« ist
1. Hat der Bär Haare am Arsch?
2. Hat der Elch ein Geweih?
3. Hat der Papst ein Käppi auf?
4. Ist Paris eine Stadt?
5. Ist das Atomgewicht von Wasserstoff 1 00 794?

Nicht sehr galante Entgegnungen auf doofe Fragen, deren Antwort sowieso »Nein« ist
1. Scheißt der Bär in eine Telefonzelle?
2. Scheißt der Papst in seinen Hut?
3. Scheißt der Papst in den Wald?
4. Bin ich Jesus? Hab ich Sandalen an?
5. Bin ich der Furzkaiser von China?
6. Wächst mir Gras in der Hose?

Spöttische Erwiderungen auf eine kluge Äußerung
1. Du bist gar nicht so dumm, wie du aussiehst.
2. Wer hätte das gedacht?
3. Daher pisst der Schwan! (*statt:* Daher weht der Wind.)
4. Da kommt der Fuchs aus dem Loch.
5. Da schau her!

Um Aufmerksamkeit bitten
1. Merket nun auf!
2. Passe ma acht. (*statt*: Pass mal auf.)

3. Habet nun acht!
4. Ohren spitzen!
5. Wohl aufgemerkt, nun also.
6. Hinten hat der Fuchs seine Eier.
7. Vorne spielt die Musik.

Um Ruhe bitten
1. Ruhe im Puff!
2. Ruhe im Schiff!
3. Ruhe im Karton!
4. Ruhe – oder hat jemand gesagt: »Mülleimer auf«?
5. Bitte Ruhe im Saal, ich muss nachdenken.
6. Ruhe, oder ich lasse den Saal räumen!
7. Ruhe im Saal! Jroßmutter will tanzen! (*berlinerisch*)
8. Ruhe im Kuhstall, der Ochse hat Durchfall!
9. Welchen Buchstaben in »Ruhe« verstehst du nicht?
10. Schnauze, Fury!
11. Spar deinen Atem.
12. Schnauze, sonst Beule!
13. Halt's Maul, Paul.
14. Mach den Hals zu.
15. Satz mit zwei Körperteilen: »Hals Maul.«
16. Halt den Mund, wenn du mit mir redest!
17. Alles hört auf mein Kommando!
18. Jetzt hat der Arsch Feierabend.
19. Klappe, Lutscher!
20. Halt einfach mal die Klappe.

Auf Aufdringlichkeit reagieren
1. Willste mir ein Gespräch aufzwingen?
2. Hast du keinen Friseur, dem du das erzählen kannst?
3. Wer will das wissen?
4. So fragt man Leute aus.
5. Warum gehen wir beide nicht irgendwohin, wo jeder für sich allein sein kann?
6. Redest du mit mir? Du laberst mich an? Du laberst MICH an?

Kann es sein, dass du mich meinst? Du redest mit mir? Ich bin der Einzige, der hier ist. Mit wem kannst du Arsch in diesem Ton reden? (*Taxi Driver*)
7. Hab ich Honig am Hintern?
8. Habe ich Speck in der Tasche, dass du mir ständig nachläufst?

Antworten auf Fragen, die man nicht beantworten will
1. Und was macht dein Stuhlgang?
2. Gute Frage, nächste Frage.
3. Hey, sind deine Eltern auch Geschwister?
4. So fragt man die Bauern aus!

Auf Geschwätzigkeit reagieren
1. Kau mir kein Ohr ab.
2. Laber mir kein Kotelett ans Ohr.
3. Schwatz mir nicht das Ohrläppchen blutig.
4. Laber mir keinen Knopf an die Backe.
5. Laber mir keine Frikadelle ans Knie.
6. Red mir keine Klinke in den Pullover.
7. Erzähl das deiner Waschfrau.
8. Erzähl das deinem Friseur.
9. Erzähl's deinem Pfleger!
10. Ist dein Friseur in Urlaub?
11. Erzähl das der Straße.
12. Erzähl das einer Parkuhr.
13. Hier hast du 10 Cent – geh und quatsch eine Parkuhr voll.
14. Laber-Rhabarber.
15. Bla bla.
16. Es hat hinten nichts und vorne nichts.
17. Wer hat Ihnen erlaubt, mich vollzulabern? Das dürfen nur Hundertjährige in Begleitung ihrer Eltern.
18. Geh twittern!

Auf plumpe Vertrautheit reagieren oder wenn man nicht ungefragt geduzt werden möchte
1. Haben wir zusammen Schafe gehütet?

2. Haben wir schon mal zusammen die Schweine gehütet?
3. Wann haben wir zusammen auf der Schulbank gesessen?
4. Haben wir schon mal über Kreuz gepinkelt?
5. Haben wir schon mal zusammen durch einen Zaun geschifft?
6. Hast du schon mal bei mir die Nachttischlampe gehalten?
7. Haben wir schon aus einem Napf geschlabbert?
8. Haben wir zusammen im Sandkasten gespielt?

Redewendungen, mit denen man einen vorlauten Menschen zurückweisen kann

1. Wer im Glashaus sitzt, fällt selbst hinein.
2. Wer im Glashaus sitzt, sollte nicht versuchen, Bilder an die Wand zu nageln.
3. Wer im Glashaus sitzt, hat immer frische Gurken.
4. Wer im Glashaus sitzt, sollte sich im Dunkeln ausziehen.
5. Wer im Scheißhaus sitzt, sollte nicht mit Gläsern werfen.
6. Wer im Parkhaus sitzt, sollte nicht mit Autos werfen.
7. Wer im Porzellanladen steht, soll nicht mit Elefanten werfen.
8. Wer im Schlachthaus sitzt, sollte nicht mit Schweinen werfen.
9. Wer im Steakhouse sitzt, sollte nicht mit Slim Fast werfen.
10. Wer hat denn Sie um Ihren Senf gebeten?

Wie man einen Klugscheißer in Verlegenheit bringen kann

1. Er kann am Euter der Kuh sehen, was in der Stadt die Butter kosten wird. (*ironisch*)
2. Er hat es gut, er kann so bleiben. (*dito*)
3. Der geht zum Kacken auch in die Knie. (*statt:* Der kocht auch nur mit Wasser)
4. Viel Geschrei und wenig Wolle.
5. Viel Wind, wenig Fahrt.
6. Sehe ich aus wie eine Bratwurst? Oder wieso gibst du deinen Senf dazu?
7. Seh' ich aus wie ein Mikrofon?
8. Wo wohnt der Mann, der mir einen Schlüssel macht, der zur Garage passt, in der der Bus parkt, mit dem die Leute kommen, die das wissen wollen?

9. Gott erhalte Sie, aber möglichst bald (und lassen Sie sich eine Empfangsbescheinigung ausstellen).

Redewendungen, wenn jemand Unsinn redet
1. Lötzinn! (*statt*: Blödsinn.)
2. Lass doch den Unsein sinn! (*statt*: Lass doch den Unsinn sein!)
3. Quatsch mit Soße! (*statt:* Völliger Unsinn.)
4. Quatsch mit Anlauf. (*dito*)
5. Quatsch nicht, Krause. (*dito*)
6. Red kein Blech. (*dito*)
7. Läuft dein Vogel Amok?
8. Du hast wohl einen Tick unterm Pony.
9. Hast du es schon mal mit einer Therapie versucht?
10. Warst du damit schon mal beim Arzt?
11. Du hast wohl zu heiß gebadet.
12. Du hast wohl zu lange in der Sonne gelegen.
13. Du hast wohl heute Nacht zu nah an der Heizung geschlafen.
14. Du hast wohl Wacholderbeeren gegessen.
15. Sie haben wohl einen feuchten Wirsing.
16. Hier ist eine Steckdose, da kannst du dich waschen.
17. Sonst hast du keine Schmerzen?
18. Was sagt denn dein Arzt?
19. Kommste durch?
20. Aber sonst geht's danke?

Erwiderungen auf eine überraschende oder empörende Behauptung
1. Ich glaub, ich steh im Spargel.
2. Ich glaub, mein Holzbein brennt.
3. Ich glaub, ich steh im Wald! Amang die Räubers.
4. Ich glaub, mich rammt ein Rotkehlchen.
5. Ich glaub, mich tritt ein Pferd.
6. Das ist ein dicker Hund!
7. Ich glaub, mein Schwein pfeift.
8. Ich glaub, meine Oma knutscht mit Elvis. (*veraltet*)

9. Ich glaub, mein Trecker humpelt. (*dito*)
10. Bei mir klemmt das Höschen.
11. Ich glaub, ich krieg 'nen Föhn.
12. Ich glaub, mich streift ein Bus.

Wenn etwas unwahrscheinlich erscheint
1. Eher friert die Hölle zu!
2. Eher fällt der Montag auf einen Dienstag.
3. Eher fallen Ostern und Weihnachten zusammen.
4. Eher poppt der Weihnachtsmann den Osterhasen.
5. Eher wird der Papst evangelisch.
6. Eher wird Amerika sozialistisch!
7. Eher scheißt ein Schaukelpferd.
8. Eher kauft sich der Papst ein Doppelbett!
9. So wahrscheinlich wie Quark mit Gräten.
10. Der Mond ist kein Käsekuchen.
11. Und im Himmel ist Jahrmarkt.

Ironische Entgegnungen auf einen Wenn-Satz
1. Wenn das Wörtchen wenn nicht wär.
2. Wenn das Wörtchen wenn nicht wär, wär mein Vater Millionär.
3. Wenn meine Tante Räder hätte, wäre sie ein Omnibus.
4. Wenn meine Tante zwei Eier hätte, wäre sie mein Onkel.
5. Wenn die Königin Eier hätte, wäre sie ein Mann.
6. Wenn unsere Katze eine Kuh wäre, dann hätten wir viel mehr Milch.
7. Wenn unsere Katze ein Pferd wäre, könnten wir auf dem Dach reiten.
8. Wenn ein Eichhörnchen ein Pferd wäre, würde es den Baum hochgaloppieren.
9. Hätte der Fuchs nicht geschissen, hätte er den Hasen gehabt.
10. Ja, wenn der Hund bei Wandersleben nicht geschissen hätte, sagte der Jäger, dann hätten wir den Hasen gekriegt.
11. Hätte hätte Damentoilette.
12. Hätte hätte Fahrradkette.

13. Hätte hätte liegt im Bette.
14. Hätte liegt auf dem Friedhof, und Wenn liegt daneben.
15. Hätte liegt auf dem Friedhof, zwischen Würde und Könnte.
16. Der Wenn-Ich und der Hätte-Ich sind in den Bach geplumpst.
17. Hätte, wenn und aber – alles blödes Gelaber!

Für wichtige Augenblicke
1. Das ist der Moment, wo der Hund das Wasser lässt.
2. Das ist der Moment, wo der Elefant sein Wasser lässt: Damen und Herren, die nicht schwimmen können, wollen bitte auf die Kisten steigen.
3. Das ist der Moment, wo der Frosch ins Wasser rennt.
4. Das ist der Moment, wo der Bär in den Buchweizen scheißt.
5. Jetzt kommt der Akt, wo der Elefant ins Wasser kackt.
6. Das ist das Ei in der Bouillon.
7. Das ist der Knackpunkt.
8. Das ist der Kasus Knacktus.

Heikle Situation
1. Es knistert im Karton.
2. Es wird schon enger.
3. Ein ganz enges Höschen ist das.
4. Die Säge klemmt.
5. Der Fisch beginnt zu stinken.
6. Da liegt der Hase im Pfeffer.
7. Da liegt der Hund begraben.
8. Da werden selbst die Karpfen nervös.

Jemandem einen plumpen, unmissverständlichen Hinweis geben
1. Wink mit dem Zaunpfahl.
2. Wink mit dem Kirchturm.
3. Wink mit dem Scheunentor.
4. Wink mit der Litfaßsäule.
5. Wink mit dem ganzen Zaun.

Neugier ausdrücken

1. Ich bin gespannt wie eine Feder.
2. Ich bin gespannt wie eine Pistole.
3. Ich bin gespannt wie eine Violinsaite.
4. Ich bin gespannt wie ein Flitzebogen.
5. Ich bin gespannt wie ein Schlüpfergummi.
6. Ich bin gespannt wie ein Regenschirm.
7. Ich bin gespannt wie ein Banjo.
8. Ich kann's kaum erwarten. (*ironisch*)

Einen Geistesblitz oder eine Erleuchtung haben

1. Mir geht eine Glühbirne auf.
2. Mir geht ein Seifensieder auf.
3. Mir geht eine komplette Straßenbeleuchtung auf.
4. Mir geht ein Christbaum auf.
5. Mir geht ein Knopf auf. Aber mit Reißverschluss!
6. Mir geht eine Bogenlampe auf.
7. Mir fällt's wie Schuppen aus dem Pelzkragen.
8. Fällt mir wie Kaviar vom Hermelinkragen.
9. Knick-knack!
10. Heureka!

Redewendungen, wenn eine Unterhaltung niveaulos wird

1. Verfickt und zugenäht! (*statt*: Verflixt und zugenäht.)
2. Captain, wir verlieren an Höhe.
3. Ich hab gehört, über deinem Niveau ist eine Kellerwohnung frei geworden?
4. Unterste Schublade.
5. Füße hoch, das Niveau steigt!
6. Niveau ist keine Hautcreme.
7. Und hey: Stil ist nicht das Ende vom Besen.

Anzügliche Bemerkungen machen

1. Am Pflaumenbaum schütteln.
2. An der Sauglocke läuten.
3. Es geht unter die Gürtellinie.

Kommunikation und Kontakte 49

Reaktion auf anzügliche Bemerkungen
1. Danke, Komma!
2. Pfui, Spinne!
3. Ungustiös. (*österreichisch für:* unappetitlich)
4. Machen wir die Hose wieder zu.
5. Mach dich pfui! (*statt:* Hau ab!)

Auf ehrlich oder geheimniskrämerisch machen
1. Jetzt mal unter uns katholischen Pfarrerstöchtern.
2. Unter uns Pastorentöchtern.
3. Mal unter uns Betschwestern.
4. Unter uns Hausfrauen.
5. Hand aufs Portemonnaie. (*statt:* Hand aufs Herz.)

Fragen kostet nichts
1. Wie ist die Luft da oben? (*Frage an eine große Person*)
2. Ist dein Vater Elektriker? (*Frage an einen, der eine lange Leitung hat*)
3. Ist dein Vater Glaser? (*Frage an einen, der die Sicht versperrt*)
4. Bist du aus Glas? (*dito*)
5. Du hast wohl Kaviar gegessen? (*Frage an einen Ratlosen, scherzhaft an »Stör« angelehnt*)
6. Du hast wohl Ziegenmilch getrunken? (*Frage an einen Nörgler*)
7. Haben Sie noch andere Hobbys? (*Frage an ein kinderreiches Ehepaar*)
8. Und wie geht es weiter? (*Frage an einen Schwätzer*)
9. Hast du Kartoffeln gepflanzt? (*Frage an einen, der am Fußstück des Strumpfes ein Loch hat*)
10. Beißen sie? (*Frage an einen, der sich am Kopf kratzt; Anspielung auf Läuse*)
11. Und wer küsst mich? (*wenn jemand übergangen worden ist*)
12. Bei euch ist wohl der Hund gestorben? (*Frage an einen, der zu kurze Hosen trägt*)
13. Habt ihr Hochwasser? (*dito*)

14. Wo ist der Küchenherd? (*Frage an eine elegant gekleidete Frau*)
15. Wo stehen die Klaviere? (*Frage eines Mannes, der mit seiner Körperkraft prahlt*)
16. Wo soll der Schrank hin? (*dito*)
17. Hast du noch Lust? (*Frage an einen, der arbeitet*)
18. Tu ich das? (*Erwiderung auf*: Warum beantworten Sie jede Frage mit einer Gegenfrage?)

Desinteresse äußern
1. Das interessiert mich nicht die Bohne.
2. Das interessiert mich genauso wie ein Kaffeesack in Brasilien, der gerade platzt.
3. Das interessiert mich in dem Maße wie ein Sack Reis, der gerade in China umfällt.
4. Das interessiert mich wie ein Papagei, der die Tür eintritt.
5. Das interessiert mich genauso, wie wenn meine Frau mit den Titten wackelt.
6. Das interessiert mich wie die Sahne, die aufs Häubchen fällt.
7. Das interessiert eine Tube Senf in Hamburg.
8. Wie interessant! Das werde ich gleich meiner Tapete erzählen.
9. Das ist so wichtig, wie wenn in Peking ein Würstchen platzt.
10. Tolle Wurst!
11. Nix capito.
12. Bei mir Bahnhof.
13. Bei mir geht das Rollo runter.

Vor sehr langer Zeit
1. Als der Teufel noch ein kleines Würstchen war.
2. Als der Alte Fritz sich die Hosen noch mit der Beißzange anzog.
3. Als das Auto noch aus der Flasche trank.
4. Als die Gummistiefel noch aus Holz waren und das Radio schwarz-weiß.
5. Als man Katze noch mit O schrieb.

6. Anno Tobak.
7. Anno Blumenkohl.
8. Anno Zwieback.
9. Anno knusprig. (*ironisch*)
10. Anno dazumal.
11. Anno dunnemals.
12. Anno schlagmichtot.
13. Anno eins, als der große Wind war.
14. Anno Schnee, wie der große Siebzehner gefallen ist.
15. Achtzehnhundertschießmichtot.
16. Achtzehnhundert Öffenböffzich.
17. Anno Leipzig-Einundleipzig.
18. Anno Gipskriech.
19. Anno Knips kurz nach den Gurkenkriegen.
20. Anno Rückzug.

Fragen bei Verständigungsschwierigkeiten
1. Wer ist tot?
2. Wo ist eigentlich der Bus?
3. Noch etwas Salz?
4. Was sagst du? Ich habe dir gerade akustisch nicht zugehört.
5. Sorry, ich hab dich optisch nicht verstanden.
6. Wie meinen?
7. Ist das eine rhetorische Frage?

Ein Kompliment machen
1. Du siehst aus wie frisch aus dem Arsch gepellt.
2. Du bist so süß wie ein Spitzenunterhöschen. (*bzw.* Brötchen)
3. Ist Ihnen eigentlich bekannt, dass Sie da einen unheimlich schönen Rücken haben? (*Freimut Wössner*)
4. Wie ich sehe, geben Sie immer noch Ihr ganzes Geld für Garderobe aus.
5. Wo lassen Sie schneidern?
6. Gar nicht so undumm!
7. Ein großes Wort gelassen ausgesprochen.
8. Nobel geht die Welt zugrunde.

9. Respekt! Sie verstehen zu leben.
10. Nee, war nett heut Abend.

Geschmeichelt auf ein Kompliment oder Lob reagieren
1. Das geht runter wie warme Butter.
2. Das geht runter wie Vanillepudding.
3. Das geht runter wie Melkfett.
4. Das geht runter wie Gummibärchen.
5. Das geht runter wie eine Frauenhand.
6. Das geht runter wie ein geöltes Kalb.
7. Das geht runter wie ein geölter Ozelot.
8. Das geht runter wie Öl.
9. Das geht runter wie Bier.
10. Ich fühle mich gebauchpinselt.
11. Ich fühle mich geklatschtbaucht.
12. Ich fühle mich gebumsfiedelt. (*bremisch*)
13. Ich fühle mich gelobpudelt.

Verhalten auf ein Kompliment oder Lob reagieren
1. Vielen Dank für die Blumen.
2. Danke für die Blumenzwiebeln.
3. Danke für die heiße Luft.
4. Ich bin so gerührt wie Apfelmus.
5. Das ist ja Holunderbar. (*statt:* wunderbar)
6. Dein Wort in Gottes Gehörgang.
7. Stürz dich nicht in Unkosten.
8. Hast du's nicht ein bisschen kleiner?
9. Haben Sie's nicht eine Nummer kleiner?
10. Sagen wir die Hälfte.

Jemandem alles Gute oder viel Erfolg wünschen
1. Toi, toi, toi!
2. Hals- und Steinbruch. (*statt*: Hals- und Beinbruch!)
3. Mach's gut, aber nicht zu oft. (*scherzhaft*)
4. Mach's besser! (*Erwiderung auf:* Mach's gut.)
5. Möge die Übung gelingen.

6. Möge dein Schatten niemals kleiner werden.
7. Bleib gesund und munter.
8. Bleiben Sie am Stück.
9. Möge der Saft mit dir sein.
10. Hol di fuchtig. (*niederdeutsch für:* Halt dich feucht.)
11. Halt die Ohren steif!
12. Möge der Wind in deinem Rücken nie der eigene sein.

Ein Gesprächsthema beenden
1. Ende Banane.
2. Ende Gelände.
3. Ende der Durchsage.
4. Aus die Maus.
5. Schluss jetzt! Feierabend!
6. Fertig ist der Lack.
7. Fertig ist die Laube.
8. Klappe zu, Affe tot.
9. Thema durch.
10. Nun ist Schluss im Bus!
11. Jetzt ist aber Schulz.
12. Schulze!
13. Basta!
14. Und damit Schramm.
15. Und damit Pasta. (*statt:* Basta.)

Persönliches und Privates

Beim Aufstehen
1. Erwache und lache.
2. Komm in die Puschen!
3. Guten Morgen, liebe Sorgen.

Pünktlichkeit
1. Pünktlich wie die Maurer. (*bzw.* die Tischler)
2. Pünktlich wie die Feuerwehr.

3. Timing ist keine Stadt in China. (*bei Unpünktlichkeit*)
4. Auch wer zu früh kommt, ist unpünktlich.

Verschwiegenheit ausdrücken
1. Ich kann schweigen wie ein Grab.
2. Reden ist Schweigen, Silber ist Gold.
3. Außer der ganzen Nachbarschaft weiß es keiner.
4. Höchstens ein, zwei Leuten im Club, aber sonst keiner Menschenseele. (*Erwiderung auf:* Du wirst es doch niemandem erzählen?)
5. Ich nix wissen.

Aufforderung, endlich Klartext zu reden
1. Raus mit der Farbe!
2. Raus mit der wilden Katze!
3. Lass die Katze aus dem Sack.
4. Mach's nicht so spannend!
5. Jetzt red mal Tacheles!
6. Titten auf'n Tisch!
7. Leg endlich dein Ei und gackere!
8. Hast du keinen Arsch in der Hose, um endlich mal Klartext zu reden?
9. Was sagst du als Außenstehender dazu?
10. Ach, komm.

Eine Meinung äußern
1. Jetzt mal Butter bei die Fische!
2. Du weißt, was ich meine.
3. Wenn Sie verstehen, was ich meine.
4. Nichts Genaues weiß man nicht.
5. Meine Meinung!
6. Was nützt einem eine freie Meinung, wenn sie niemand hören will?
7. Ich zieh es vor, in diesem Fall eine Meinung zu versagen.
8. Ich habe nicht die geringste Idee, warum irgendjemand die Welt anders sehen kann als ich. (*Sibylle Berg*)

9. Ich kann immer gar nicht begreifen, dass es Menschen gibt, die anderer Meinung sind, als ich es bin. (*Walter Kempowski*)
10. Das Einzige, was du auf der Welt verändern kannst, ist die Lage deines Kopfkissens. (*Gabriel García Márquez*)
11. Meine Meinung steht fest. Bitte verwirren Sie mich nicht mit Tatsachen.
12. Diese Meinung habe ich schon immer vertreten.
13. Sag ich jetzt mal so.

Einer Meinung sein
1. Da gehe ich mit Ihnen chloroform. (*statt*: konform)
2. Ich gehe mit dir kondom. (*dito*)
3. So sicher wie das Amen in der Kirche.
4. So sicher, wie zwei mal zwei vier ist.
5. Meine Rede! (*bzw.* Mein Reden!)

Einer Aussage Nachdruck verleihen
1. Mein lieber Herr Gesangsverein!
2. Mein lieber Freund und Bogenspucker.
3. Mein lieber Spitz und Bogenpisser.
4. Allerdings, sprach die Sphinx.
5. Wer weiß, wofür es gut ist?
6. Aber hallo!
7. Aber so was von hallo!
8. Dafür lege ich meinen Fisch ins Wasser. (*statt:* meine Hand ins Feuer)

Bestätigung ausdrücken
1. Wo du recht hast, hast du recht.
2. Das kann ich dir räuspern.
3. Das ist ein Tritt in die richtige Richtung.
4. Das kannst du singen.
5. So läuft's Business.
6. Das wäre ja gelacht!
7. Das sag ich dir.

Anerkennung aussprechen

1. Das passt wie die Faust aufs Auge!
2. Tadelidös.
3. Kann man machen.
4. Das sehe ich sitzen.
5. Das haste aber wieder gefickt eingeschädelt! (*statt:* geschickt eingefädelt)
6. Hier geht die Sau durch den Knick.
7. Dazu kann man »Sie« sagen.
8. Prima Stil.
9. Total krass!
10. Touché!

Ein Lob anbringen

1. Fettes Ding.
2. Leck die Ziege!
3. Das ist Mokka.
4. Erste Sahne.
5. Allererstes Sahnehäubchen.
6. Dit is ne Wolke! (*berlinerisch*)
7. Das ist die Wucht in Tüten. (*veraltet*)
8. Flabelhaft! (*statt:* Fabelhaft!)
9. Tollstens!
10. Jawohl Tirol!
11. Weltniveau.
12. Mega!
13. Dolle Sache.
14. Supersache.
15. Bingo.
16. Primig!
17. Das rockt, und zwar gewaltig.
18. Das bockt krassomat.
19. Richtig geil!
20. Hammergeil!

Persönliches und Privates

Dickes Lob ausdrücken
1. Leck mich fett.
2. Lecko mio! (*alternativ*: Lago mio!)
3. Voll der Wahnsinn!
4. Voll fett.
5. Boah ey!
6. Geilomat.
7. Endgeil.
8. Megageil.
9. Wow! Krass!
10. Doppel-Wow!
11. Wunderbarstens!
12. Ein Hammer, ein Brüller, ein absoluter Knüller.
13. Eins rauf.

Zustimmung signalisieren
1. Auf jeden. (*statt*: Auf jeden Fall.)
2. Auf jedenfallstens! (*Steigerung von*: Auf jeden Fall.)
3. Vulva. (*statt:* Wohl wahr.)
4. Ist gebongt. (*alternativ:* Ist geritzt.)
5. Hundertpro! (*statt:* Hundertprozentig!)
6. Freilich hat der Sperling Waden.
7. Das ist kein Thema.
8. Das kann man mit Pelzhandschuhen fühlen.
9. Stimmt's oder hab ich recht?
10. Da bin ich ganz bei Ihnen! (*statt:* Ich bin ganz Ihrer Meinung.)
11. Worauf du einen lassen kannst.
12. Jawollja, sagt die Olga.
13. Daumen nach oben.
14. Das ist das einzig Senkrechte.
15. Sag ich doch.

Wenn etwas völlig selbstverständlich oder einleuchtend ist
1. Klaro.
2. Klar wie Klärchen.
3. Klar wie Kloßbrühe.

4. Klar wie Affenscheiße.
5. Klar wie Sonnenschein.
6. Klar wie destilliertes Wasser.
7. Klar wie Fischwasser.
8. Klar wie Wurstbrühe.
9. Klar wie dicke Tinte.
10. Alles klar, keiner weiß Bescheid.
11. Alle Klarheiten sind restlos beseitigt. (*ironisch*)
12. Klare Sache und damit hopp. (*Walter Kempowski*)

Ausdruck der Beteuerung
1. Auf jeden Bums. (*statt*: Auf jeden Fall.)
2. Auf jeden Käse. (*dito*)
3. Jedestens! (*Steigerung von*: Auf jeden Fall.)
4. Uff mir Schiefertafel! (*berlinerisch für*: Mit mir kannst du rechnen!)
5. Und wenn es Schusterbuben regnet. (*bzw.* junge Hunde)
6. Und wenn es Kuhscheiße regnet.
7. Aber immer.

Beteuerungsformel
1. Ich fresse einen Besen.
2. Ich fresse sieben Besen.
3. Ich fresse einen Besen, der sieben Jahre in der Scheune gestanden hat.
4. Ich fresse einen Besen mit Stiel.
5. Ich fresse einen Besen, aber weichgekocht.
6. Ich fresse einen Besen samt Putzfrau.
7. Beim Arsche des Propheten.

Stellung beziehen
1. Das mache ich mit links.
2. Das mache ich stehend freihändig.
3. Jetzt sei mal nicht päpstlicher als der Papst. (*statt*: Jetzt sei mal nicht so pingelig.)
4. Besser ist das.

Einwände haben

1. Die Sache hat einen Haken.
2. Die Platte hat einen Sprung.
3. Die Sache hat ein Aber.
4. Da ist noch ein und bei.
5. Bei allem ist etwas, und bei etwas ist auch etwas.
6. Die Sache ist noch nicht in trockenen Tüten. (*statt:* Tüchern)
7. Nichts Halbes, nichts Ganzes.
8. Nicht Fisch, nicht Fleisch.
9. Da schaut der Pferdefuß raus.
10. Nachtigall, ick hör dir trapsen.

Wenn Einwände nicht angebracht sind

1. Da gibt es nichts zu klingeln.
2. Da gibt es nichts zu wennen und abern. (*aus »wenn« und »aber« verbalisiert*)
3. Der Kandidat hat hundert Punkte.
4. Nach Adam Riese und Eva Zwerg.
5. Alles im Lot auf'm Riverboot.
6. Alles in Butter auf'm Kutter.
7. Jedenfalls ist der Kopf dicker als der Hals. (*Erwiderung auf eine mit »jedenfalls« beginnende Äußerung des Einwands*)

Überzeugung ausdrücken

1. Umgekehrt wird ein Schuh daraus.
2. Umgekehrt ist es umgekehrt.
3. Umgekehrt ist es andersrum.
4. Andersrum ist andersrum.
5. Achte mal darauf.

Selbstbewusstsein (Stärke) zeigen

1. Ich zeig dir gleich, wo der Frosch die Locken hat.
2. Ich zeig dir gleich, wo der Ziegenbock den Honig holt.
3. Ich zeig dir gleich, wo der Hammer hängt!
4. Jedem das Seine und mir das Beste.
5. Können Sie mir geistig folgen?

Zeigen, dass man Bescheid weiß

1. Ich weiß, wo der Hammer hängt!
2. Ich weiß, wo die Himbeeren hängen. (*bzw.* Glocken)
3. Ich weiß, wo Barthel den Most holt.
4. Ich weiß, wo der Bär seinen Honig hat.
5. Ich weiß, wo die Musikanten wohnen.
6. Ich weiß, wo die Hirsche wechseln.
7. Ich weiß, wo die Karnickel Karnickel machen.
8. Ich weiß, wie der Hase läuft.

Wenn man keine Ahnung hat

1. Weiß der Geier.
2. Weiß der Henker.
3. Weiß der Teufel. (*bzw.* Deibel)
4. Weiß der Duden.
5. Weiß der Nesquik.
6. Weiß der Kuckuck!
7. Weiß der Köter.

Wenn man etwas nicht versteht

1. Das raffe ich nicht.
2. Das macht meine Festplatte nicht mit.
3. Ich kann weder gicks noch gacks sagen.
4. Ich verstehe immer nur Bahnhof.
5. Ich tick das echt nicht.
6. Frag mich was Leichtes!
7. Das hab ich nicht auf meinem Schirm.
8. Das ist zu rund für meinen eckigen Kopf!
9. Um dieses zu begreifen ist mein Entenkopf zu flach.
10. Das ist zu hoch für meinen flachen Gänsekopf.
11. Mir zu hoch.
12. Ich bin schwer von Kapee.
13. Bei mir kommt das als Konfetti an.

Unwissenheit äußern

1. Bin ich Moses? Wächst mir Moos auf dem Rücken?

2. Bin ich Moses? Wächst mir Gras auf die Füß? (*hessisch*)
3. Bin ich Moses? Wächst mir Gras aus'm Arsch?
4. Bin ich Jesus? Wächst mir Gras aus der Tasche?
5. Bin ich Jesus? Wächst mir ein Kornfeld aus der Tasche?
6. Bin ich Jesus? Hab ich Löcher an den Füßen?
7. Bin ich Harry Potter?
8. Bin ich Gandhi?
9. Bin ich Google?
10. Mir sagt ja keiner was!
11. Wie sag ich's meinem Kinde?
12. Geht's besser so – oder besser so?

Reaktionen auf Unwissenheit
1. Er/Sie hat nicht grad den tiefen Teller erfunden.
2. Er/Sie hat das Schießpulver nicht erfunden.
3. Er/Sie hat nicht die Stiele an die Kirschen gemacht.
4. Keine Ahnung, aber davon reichlich.
5. Fürs vollständige Picknick fehlt ein Sandwich.

Etwas ablehnen
1. Das ist nicht meine Baustelle.
2. Das ist nicht meine Hausnummer.
3. Das ist nicht meine Tasse Tee.
4. Das ist nicht meine Kanne Pils.
5. Das ist nicht meine Schublade.
6. Dös gehd auf koa Kuahhaut. (*bayerisch für:* Das geht auf keine Kuhhaut.)
7. Das steht nicht auf meiner Speisekarte.
8. Das steht nicht in meinem Wörterbuch.
9. Das steht nicht in meinem Lexikon.
10. Das kannste dir in die Haare schmieren.
11. Das kannst du dir abschminken.
12. Das kratz dir von der Backe ab.
13. Dagegen bin ich algerisch. (*statt:* allergisch)
14. Auf keinen! (*statt:* Auf keinen Fall!)
15. Da is mir nich nach. (*bremisch*)

16. So gern wie's mir leidtut.
17. Geh mir los.
18. Mach 'nen Haken dran.
19. Damit kannst du schön zu Hause bleiben!
20. Damit kannste mir mal weggehen.
21. Ach komm, hör auf.

Entgegnung auf eine Ablehnung
1. Dann eben nicht!
2. Dann nicht, lieber Schwan.
3. Dann, liebe Tante, heirate ich eben den Onkel.
4. Wie man's macht, ist's falsch. Und macht man's falsch, ist's auch nicht richtig.
5. Wer nicht will, der hat schon.
6. Wer es mag, der mag es, und wer es nicht mag, der mag es dann wohl nicht mögen.
7. Ja, nee, is klar.

Wenn man etwas auf keinen Fall will
1. Muss ich nicht haben.
2. Nicht ums Verrecken.
3. Nicht für einen Wald von Affen.
4. Nicht für einen Pfifferling.
5. Nicht für eine Villa.
6. Nicht für Geld und gute Worte.
7. Nicht für ein Pfund Wurst.
8. Auf keine Kante. (*statt:* Auf keinen Fall.)
9. Auf keinen Bums. (*dito*)
10. Auf dem Ohr bin ich taub.
11. Das kommt nicht in die Tüte.

Eine Abfuhr erteilen
1. Bleib mir damit von der Wäsche.
2. Damit kannste bei mir keen Blumentopp jewinnen. (*berlinerisch*)
3. Danke für Backobst!

Persönliches und Privates 63

4. Danke für Obst und Südfrüchte!
5. Yuck Fou! (*Alternative zu:* Fuck you.)
6. Lass stecken.
7. Scheiße im Teich.
8. Hand von der Butter!
9. Lass das, meine Mutter hasst das!
10. Du kannst mich sonst was.
11. Ich bin doch nicht dein Himbeer-Toni!
12. Ich bin doch nicht der Leo von der Pelzwiese.
13. Das macht mir keinen Harten.
14. Und wovon träumst du nachts?
15. Ey, haste Problem oda was?

Ausruf der Abweisung
1. Ja, Apfelkuchen! (*alternativ*: Ja, Kuchen!)
2. Ja, Flötepiepen!
3. Ja, Seife wäre jetzt gut, aber wir haben keine. (*berlinerisch*)
4. Schmarr'n! (*bayerisch*)
5. Schnickschnack!
6. Nicht geschonken!
7. Pfui, Kuckuck!
8. Back dir ein Eis!
9. Leck mich an der Melone!
10. Leck die Katze am Ärmel!
11. Das ist gegen die Kleiderordnung.
12. Das gibt es in keiner Apotheke.
13. Das ist hier nicht wie bei der Apfelfrau.
14. Das kannst du dir marinieren lassen.
15. Da kann ich bloß nur müde kichern.
16. Dass ich nicht lache.
17. Da hört sich der Gemüsehandel auf.
18. Ich kann's nich helf'n! (*bremisch für*: Ich kann's nicht ändern.)

Wenn man mit jemandem über etwas nicht reden will
1. Das geht dich einen feuchten Hering an.
2. Das geht dich einen feuchten Karton an.

3. Das geht dich einen feuchten Keks an.
4. Das geht dich einen feuchten Dreck an.
5. Das geht dich einen kalten Kaffee an.
6. Das geht dich einen Eisschrank an.
7. Das geht dich einen Käse an.
8. Das geht gar nicht.

Schnippische Antworten auf »Du kannst doch ...«
1. Ich kann mir auch ein Loch ins Knie bohren und heiße Milch reingießen und dann warten, bis sich 'ne Haut bildet.
2. Ich kann auch auf einem Bein rund um den Lago Maggiore hüpfen.
3. Ich kann auch der Frau Gräfin um Mitternacht beim Abwaschen helfen.
4. Einen Scheiß muss ich!

Redewendungen, wenn jemand angibt
1. Gib nicht so an wie eine Bürste ohne Haare.
2. Gib nicht so an wie eine Tüte Mücken.
3. Gib nicht so an wie sechs wilde Affen.
4. Gib nicht so an wie zehn besoffene Matrosen.
5. Gib nicht so an wie ein Pfund Gehacktes.
6. Gib nicht so an wie ein Waggon Sülze in der Kurve.
7. Hau nicht so auf die Sahne.
8. Mach mal halblang.
9. Mach hier nicht den Lauten!
10. Anton, lass den Degen stecken!
11. So lang ist dein Schwanz auch nicht.
12. Keine Socken, aber Gamaschen!
13. Mach nicht solchen Wind um dein kurzes Hemd.
14. Mit vollen Hosen lässt sich gut stinken.
15. Wer angibt, hat es nötig.
16. Wer gackert, muss auch Eier legen.
17. Hauptsache du kannst nachts gut schlafen.

Wie man vorlaute oder nassforsche Typen verhohnepipelt

1. Keine Sackhaare, aber große Fresse.
2. Keine Haare am Sack, aber im Puff drängeln.
3. Kaum drei Haare am Sack – aber schon im Puff Schlange stehen.
4. Keine Haare am Sack, aber einen Kamm in der Tasche.
5. Keene Haare uff'm Kopp, aba 'n Kamm inner Tasche. (*berlinerisch*)
6. Kein Arsch in der Hose, aber *La Paloma* pfeifen.
7. Kein Arsch in der Hose, aber auf der Rolltreppe links stehen.
8. Kein Arsch in der Hose, aber Rundschnitt.

Einen Irrtum vorwerfen

1. Vertan, vertan, sprach der Hahn und stieg von der Ente.
2. Irrtum, sagte der Igel und stieg von der Klobürste.
3. Da musst du früher aufstehen.
4. Du bist zu spät aufgestanden.
5. Du bist auf dem Holzweg.
6. Geschissen ist nicht geschifft.
7. Im Gegentum! (*statt:* Im Gegenteil.)
8. Satz mit X: War wohl nix.
9. Anscheten, Herr Paster! (*niederdeutsch für:* Verarscht!)
10. Vergrüßt.

Etwas von Grund auf missverstehen

1. Du bellst den falschen Baum an.
2. Du bist auf der falschen Beerdigung.
3. Du bist auf dem falschen Dampfer.
4. Du haust auf die falsche Pauke.
5. Du bist falsch ans Bein gepinkelt.
6. Das kannst du Frau Blaschke erzählen.
7. Willst du Giraffen ohrfeigen, musst du ihr Niveau haben. (*Martin Sperr*)
8. Wenn schon falsch, dann richtig.
9. Wie kann man nur.

10. Werch ein Illtum! (*Ernst Jandl*)
11. Falsch verbunden!
12. Denkste!

Freundschaftlich gemeinte Mahnungen
1. Was man nicht im Kopf hat, muss man in den Beinen haben.
2. Bleib sauber, so wie ich immer sein sollte.
3. Mach nichts, was ich nicht auch machen würde.
4. Lasst euch nicht ansprechen – und wenn, dann nehmt Geld.
5. Lass dich nicht vom lieben Gott erwischen.
6. Dass mir keine Klagen kommen.
7. Komm nicht unter die Räder.
8. Immer schön auf dem Teppich bleiben.
9. Teppich, Teppich!
10. Alter Schwede!
11. Alter Finne!
12. Denk mal drüber nach.

Warnung vor Übermut und Leichtsinn
1. Immer langsam mit die jungen Pferde!
2. Ich habe schon Pferde kotzen sehen, vor der Apotheke, mit Rezept im Maul.
3. Zieh die Bremsen an.
4. Brich dir keine Verzierung ab.
5. Stoß kein Bier um.
6. Vögel, die früh singen, frisst am Tag die Katze.
7. Frühe Vögel holt der Habicht.
8. Das Hemd ist viel zu groß für dich.
9. Man soll den Wirt nicht vor der Rechnung loben.
10. Denk an deine gramzerbeulten Eltern.

Zu Besonnenheit mahnen
1. Ich glaub, jetzt geht's lustig. (*statt*: los)
2. Cool down.
3. Chill mal down.
4. Bleib cool.

5. Bleib mal trocken im Schritt.
6. Mach hier keinen auf dicke Hose.
7. Mach keinen dicken Hund los.
8. Mach dich mal gerade!
9. Nur nicht die Nerven behalten. (*ironisch*)
10. Reg dich nicht künstlich auf.
11. Mach dir keinen Obstfleck ins Hemd.
12. Immer locker flockig durch die Hose atmen.
13. Ruhig Blut und warme Schlüpfer.
14. Ball flach halten.
15. Holzauge sei wachsam.
16. Punkt Punkt Komma klar!
17. Mach dir mal die Haare.
18. Komm runter.
19. Chill mal deine Basis, Alter.

Redewendungen für unangenehme Begleiterscheinungen
1. Wo gehobelt wird, da fallen Späne.
2. Wo Frösche sind, da sind auch Störche.
3. Keine Rosen ohne Dornen.
4. Kein Rauch ohne Feuer.
5. Man kann kein Omelett backen, ohne Eier zu zerschlagen.
6. Für Schnitzel müssen Schweine sterben.
7. Wer Musikanten haben will, der muss sie auch bezahlen.
8. Wer kackt, muss auch pissen.

Zur Eile antreiben (Grundwortschatz)
1. Komm in die Gänge.
2. Komm in die Pötte. Es wird früh dunkel, wir essen zeitig, und ich hab kein Licht am Löffel.
3. Gib Gas.
4. Gib Gummi.
5. Schieß ab, den Gummi.
6. Gib Schub, Rakete.
7. Verschwinde wie die Wurst im Spinde.
8. Flink wie der Wind aus dem Arsch.

9. Das ist aber ein knappes Höschen! (*statt:* Es ist höchste Eisenbahn.)
10. Avanti Chanel.
11. Mach mal'n büschen zu! (*bremisch für:* Beeil dich mal.)

Zur Eile antreiben (Aufbauwortschatz)
1. Lass jucken, Kumpel. (*im Ruhrpott*)
2. Lass jucken, Kumpel, die Nacht ist kurz.
3. Lass knacken, Vadder! Wir essen zeitig.
4. Auf die Bäume, ihr Affen, der Wald wird gefegt.
5. Hau rein, Hein.
6. Hau rein, lass stecken.
7. Hau rein, is Tango.
8. Mach hinne.
9. Schwing dein Ding.
10. Komm in die Strümpfe.
11. Komm in die Hufe.
12. Gib Stulle.
13. Gib Kette.

Jetzt geht's los
1. Ran an die Buletten.
2. Ran an den Speck.
3. Ringel die Natter.
4. Rubbel die Katz.
5. Die Katze ist gekämmt.
6. Die Pferde sind gesattelt.
7. Lass mal die Wutz vom Pflock.
8. Reiz dich jetzt am Riemen! (*statt:* Reiß)
9. Sei kein Frosch!
10. Ab geht die Post.
11. Eins, zwei, dalli!
12. Ab durch die Mitte!
13. Gib alles.

Persönliches und Privates 69

Entgegnung, wenn man zur Eile angetrieben wird
1. Das haben wir gleich, sprach der Scheich.
2. Eine alte Frau ist doch kein D-Zug.
3. Immer mit die Ruhe. (*berlinerisch*)
4. Wer langsam fährt, kommt auch in die Stadt.
5. Erst mit der Ruhe, und dann mit 'nem Ruck.
6. Ich muss noch mal darüber nachtrinken. (*statt:* nachdenken)

Redewendungen, wenn sich jemand dämlich anstellt
1. Du bist zu doof, um einen Eimer Wasser umzukippen.
2. Du bist zu blöd, um einen Eimer Wasser umzukippen, der auf der Treppe steht.
3. Du bist zu doof, um ein Loch in den Schnee zu pissen.
4. Du bist zu doof, um ein gelbes Loch in den Schnee zu pinkeln.
5. Du bist zu dumm zum Milchholen; du würdest mit dem Drahtkorb losgehen.
6. Zu dumm zum Einkaufen – fällt hin und verbiegt den Euro.
7. Zu dumm zum Steinehüten!
8. Du bist so dumm wie zehn Meter Feldweg.
9. Dumm wie ein Eimer Senf mit 180 im Rückwärtsgang.
10. Dumm wie ein Sack voll Fahrradklingeln.
11. Dumm wie ein belegtes Brot.
12. Dumm wie Brot.
13. Du bist doof wie zehn Reihen Kappes. (*statt:* Weißkohl)
14. Dumm wie tausend Russenkäppis.
15. Dümmer als die Polizei erlaubt.
16. Dümmer als Blödmanns-Gehilfen-Anwärter-sein-Sohn.
17. Du bist so intelligent wie ein Golfball. Wie um alles in der Welt schaffst du das?
18. Du kannst auch nur von der Tapete bis zur Wand denken.
19. Dein IQ ist kleiner als deine Schuhgröße.
20. Du kannst nicht mal Butter schneiden, die 14 Tage in der Sonne gestanden hat.
21. Du triffst nicht mal das Wasser, wenn du aus dem Boot fällst.
22. Keine Ahnung, was dich so dumm macht, aber es funktioniert super.

23. So dumm, wie die Nacht schwarz ist.
24. Bekloppt wie eine Trommel.
25. Lern erst mal, aus einem fahrenden Bus zu winken.
26. Zu blöd zum Kacken.

Redewendungen, wenn jemand begriffsstutzig ist
1. Du hast bei der Hirnvergabe wohl nicht »Hier!« gerufen?
2. Wäre dein Hirn aus Dynamit, würde die Sprengladung nicht ausreichen, dass dir der Hut hochgeht. (*Kurt Vonnegut*)
3. Du hast deinen Kopf wohl auch nur zum Haareschneiden?
4. Während du denkst, verschimmelt Obst.
5. Du kannst so weit denken, wie eine fette Kröte hüpfen kann.
6. Zähl mal bis zehn, ich brauch eine halbe Stunde Ruhe.
7. Du hast wohl ein hartes Ei gefrühstückt?
8. Du brauchst wohl einen Schraubenschlüssel?
9. Klopf dir die Sägespäne von den Schultern.
10. Hallo? Jemand zu Hause? (*dabei zweimal an die Stirn des Begriffsstutzigen tippen*)
11. Red ich chinesisch?
12. Ich würde mich gerne geistig mit dir duellieren, sehe aber, du bist unbewaffnet.
13. Du machst mich ganz Konfuzius. (*statt:* konfus)

Redewendungen, wenn jemand nicht mehr bei Verstand ist
1. Du hast wohl einen nassen Hut auf?
2. Du hast wohl einen nassen Keks im Schuh?
3. Du hast wohl nicht mehr alle Tomaten im Salat?
4. Du hast wohl nicht mehr alle Tassen im Schrank?
5. Du bist wohl vom wilden Affen gebissen?
6. Du hast wohl den letzten Gong nicht gehört? (*bzw.* Schuss)
7. Du hast wohl nicht mehr alle Nadeln an der Tanne?
8. Du hast wohl nicht mehr alle Latschen an der Kiefer.
9. Du hast wohl nicht mehr alle Latten am Zaun?
10. Du hast wohl einen Sprung in der Schüssel?
11. Du hast wohl einen Sockenschuss!

12. Hast du einen an der Waffel?
13. Wohl vom Wahnsinn umjubelt, was?

Redewendungen, wenn sich jemand ganz besonders und außerordentlich dämlich anstellt
1. Du wurdest wohl mit dem Klammerbeutel gepudert?
2. Du wurdest wohl beim Pinkeln gezeugt.
3. Dich hat doch der Esel im Trab verloren!
4. In fünf Minuten kommt dein Bus. Du könntest dich überfahren lassen.
5. Du bist doch zu blöd, um alleine aus dem Bus zu gucken.
6. Zu blöd, um freihändig aus dem Bus zu winken.
7. Du bist zu blöd, um dich alleine anzuziehen.
8. Du bist zu blöd, um eine Banane zu schälen.
9. Du hast echt die Pfanne heiß.
10. Du machst das Licht wohl mit dem Hammer aus?
11. Wenn Dummheit wehtäte, würdest du den ganzen Tag schreien.
12. Wenn Dummheit Rad fahren würde, müsstest du den Berg hoch noch bremsen.
13. Doof bleibt doof, da helfen keine Pillen und keine kalten Umschläge.

Gefühle und Stimmungen

Bei positiven Anlässen
1. Voll die Abfahrt!
2. Nur vom Feinsten.
3. Da kommt Freude auf.
4. Voll der Hammer!
5. Krasse Sache das.
6. Feine Sache das.
7. Alles in Butter.
8. Voll supi!
9. Da beißt die Maus keinen Faden ab.

10. Okäse. (*statt:* Okay.)
11. Okili-Dokili. (*Ned Flanders*)

Bei negativen Anlässen
1. Wie bescheuert ist das denn?
2. Damit kannste mich jagen!
3. Das ist kontraknorke.
4. Das kannste dir hintern Spiegel stecken!
5. Das ist unterm Karnickel. (*statt:* schlecht)
6. Das ist unter aller Kanone! (*dito*)
7. Das ist unter aller Sau. (*dito*)
8. Die Sahne ist weg. (*statt:* Das Beste ist weg.)
9. Kranker Scheiß.
10. Houston, wir haben ein Problem.

Trost spenden
1. Es ist nicht alle Tage Sonntag.
2. Es ist nicht alle Tage Kirmes.
3. Nach Karfreitag kommt auch Ostern.
4. Noch ist nicht aller Tage Abend.
5. Noch hängt die Unterhose nicht am Kronleuchter.
6. Nimm's leicht, morgen geht die Sonne wieder auf.
7. Deine Sorgen wünsche ich mir zu Weihnachten. (*ironisch*)
8. Davon geht die Welt nicht unter.
9. Das kommt in den besten Familien vor.
10. Da muss man durch als Lurch.

Zuversicht ausstrahlen
1. Wir werden das Schiff schon schaukeln.
2. Wir werden den Zaun schon pinseln.
3. Die Sau werden wir schon schlachten.
4. Wir werden das Schwein schon schlachten, auch wenn ihm quiekt.
5. Solange es läutet, ist die Kirche noch nicht aus.
6. Augen zu und durch.
7. Frechheit siegt!

Bekräftigung der Tatsache, dass Unmögliches möglich ist
1. Wer sagt denn, dass der Löwe kein Schmalz frisst?!
2. Wer sagt denn, dass der Frosch keine Locken hat?!
3. Alles geht – nur Frösche hüpfen.
4. Geht nicht gibt's nicht.
5. Es sind schon Nachtwächter bei Tage gestorben.
6. Nichts ist unmöglich.
7. Läuft!

Mach es, wie du willst
1. Das kannst du halten wie ein Dachdecker.
2. Das kannst du halten wie ein Dachdecker, nämlich mit der Hand.
3. Das kannst du halten wie ein Dachdecker, er kann auf beiden Seiten runterpissen.
4. Das kannst du halten wie ein Dachdecker, nur nicht so hoch.
5. Das kannst du halten wie der Dachdecker seine Stulle.
6. Das kannst du halten wie der Pfarrer Assmann.
7. Lass dem Kind die Bulette. (*berlinerisch*)
8. Mach es so gut, wie du nur kannst, und gib ihnen nie alles, was du hast. (*Willie Nelson*)

Durchhalteparolen ausgeben
1. Alles wird gut.
2. Alles easy!
3. Alles cremig.
4. Alles ganz cool, Mann.
5. Alles cool in Kabul.
6. Immer flauschig bleiben.
7. Bleib mal cremig, Alter.
8. Schön geschmeidig bleiben.
9. Stabil bleiben.
10. Ohren steifhalten!
11. Heiter weiter.
12. Die Wüste lebt.
13. Wir ziehen doch alle an einem Boot. (*Wortspiel mit:* Wir

sitzen doch alle in einem Boot *und* Wir ziehen an einem Strang.)
14. Tschakka! (*statt:* Wir schaffen das!)
15. Denn man tau. (*niederdeutsch für:* Auf geht's.)

Optimismus äußern
1. Das ist so einfach wie das Brezelbacken. (*bzw.* Katzelmachen)
2. Null problemo. (*Alf*)
3. Das kriegt schon seinen Chic.
4. Den Seinen gibt's der Herr im Schlaf.
5. Erst mal gucken, dann mal sehen.
6. Wird schon werden!
7. Locker bleiben!
8. Et hätt noch immer jot jejange. (*Kölner Platt*)
9. Das ist wie eine gemähte Wiese.
10. Ich sehe grün.

Pessimismus zeigen
1. Ich sehe schwarz.
2. Wie man's macht, macht man's verkehrt.
3. Mit uns können sie es ja machen!
4. Wenn ich das Wort Krise schon höre, kriege ich die Krise.
5. Sellerie, wie der Franzose sagt. (*statt:* C'est la vie.)
6. Ich fühle mich wie etwas, was die Katze angeschleppt hat.
7. Das hat keinen Zwieback. (*statt:* Das hat keinen Zweck.)
8. Das hat man Kolumbus auch gesagt! (*Erwiderung auf:* Es ist zwecklos.)
9. Alles hat zwei Seiten, eine schlechte und eine noch schlechtere. (*Georg Kreisler*)
10. Alles nicht so einfach, wenn man's doppelt nimmt. (*scherzhaft*)
11. Das Leben ist eins der schwersten.
12. Man hat es nicht leicht, aber leicht hat es einen, und wenn es einen hat, dann hat man es schwer.
13. Mal den Teufel nicht an die Wand.

Gefühle und Stimmungen 75

Belustigung ausdrücken
1. Ich lach mich weg.
2. Ich schmeiß mich weg.
3. Ich lach mich schief. (*bzw.* schlapp *oder* scheckig)
4. Ich lach mich kringelig.
5. Ich lach mir 'nen Ralf.
6. Ick lach mir 'nen Ast und setz mir druff. (*berlinerisch*)
7. Da freu ich mir ein zweites Loch in den Arsch.
8. Ich könnt mich beömmeln vor Lachen. (*bzw.* bepissen)
9. Was haben wir gelacht!
10. Schon lange nicht mehr so gelacht.
11. Wenn ihr eine alte Hupe zur Hand habt, drückt auf diese Hupe. (*Wenedikt Jerofejew*)
12. Sehr witzig!

Grenzenlose Freude zeigen
1. Es ist mir ein Volksfest mit Lampionbeleuchtung.
2. Ist mir ein innerer Vorbeimarsch.
3. Es ist mir ein inneres Oktoberfest.
4. Das ist mir ein inneres Lachsbrötchen.
5. Es ist mir ein inneres Gabelfrühstück.
6. Es ist mir eine innere Badewanne.
7. Es ist mir ein halbes Sektfrühstück.
8. Es ist mir eine halbe Hochzeitsnacht.
9. Wie Weihnachten und Ostern zusammen.
10. Das möchte ich Klavier spielen können.
11. Aus schier Schandudel. (*bremisch*)

Übermütig sein
1. Let's fetz, sprach der Frosch und sprang in den Ventilator.
2. Er/Sie ist ganz aus dem Höschen. (*statt:* Häuschen)
3. Heidewitzka, Herr Kapitän!
4. Klotzen, nicht kleckern.
5. Den Hund von der Kette lassen.
6. Wo sind hier Möbel zu rücken und Klaviere zu stemmen?
7. Senf an die Decke!!

Schadenfreude signalisieren
1. Wer den Schaden hat, spottet jeder Beschreibung.
2. Nichts ist komischer als das Unglück. (*Samuel Beckett*)
3. Was schiefgeht, ist immer komisch. (*Sir Peter Ustinov*)
4. Wer den Schaden hat, den beißen auch noch die Hunde.
5. Wer Pech haben soll, stolpert im Grase, fällt auf den Rücken und bricht sich die Nase.
6. Wenn das Unglück sein soll, bricht man sich den Daumen in der Nase.
7. Am allerbesten ist es, wenn jemand auf den Hintern fällt. (*Preston Sturges*)
8. So ein Pech aber auch. (*maliziös*)
9. PP (*für:* Persönliches Pech)
10. Eigentlich schade.

Pech haben
1. Zuerst hat man kein Glück, und dann kommt auch noch Pech dazu. (*Jürgen Wegmann*)
2. Wenn man Pech hat, bekommt man in der Kirche Schläge.
3. Das wird meinem Therapeuten gar nicht gefallen.
4. Dumm gelaufen.
5. Shit happens.
6. Ein Griff ins Klo.
7. Pechiös!
8. PG (*für:* Pech gehabt.)
9. Mahatma Glück, Mahatma Pech, Mahatma Gandhi. (*scherzhaft*)
10. Tel Aviv, Mondamin. (*für:* frz. C'est la vie, mon ami.)
11. Ich habe entdeckt, dass alles Unglück der Menschen von einem Einzigen herkommt: dass sie es nämlich nicht verstehen, in Ruhe in einem Zimmer zu bleiben. (*Blaise Pascal*)
12. Wenn du glaubst, du hast das Glück, dann zieht das Glück den Arsch zurück.
13. 's Glück is wiar a Vogl, es scheißt auf uns und fliagd davo. (*bayerische Weisheit*)
14. Selber die Schuld! (*Kindermund*)

Die Schuld bei anderen suchen
1. Es macht nichts, wenn etwas schiefgeht. Hauptsache, du findest einen, der schuld ist.
2. Wenn man nicht schwimmen kann, ist das Wasser scheiße.
3. Wenn der Bauer nicht schwimmen kann, ist die Badehose schuld.
4. Wenn der Reiter nichts taugt, hat das Pferd Schuld.
5. Die ganze Menschheit nervt mich! Ob sie das wohl absichtlich macht? (*Johann Mayr*)
6. Der Karnickel hat angefangen. (*berlinerisch*)
7. Schuld war nur der Bossa Nova. (*Manuela*)
8. Das ist heute nicht mein Tag.

Glück haben
1. Das Glück ist mit die Doofen.
2. Das Glück ist mit den Lumpen. (*französisches Sprichwort*)
3. Glücklich ist, wer vergisst, dass er nicht mehr zu retten ist.
4. Dumm sein und Arbeit haben, das ist Glück. (*Gottfried Benn*)
5. Mir läuft das Glück nach.
6. Statt gut zu sein, hab ich lieber Glück.
7. Besser Glück haben als schlau sein.
8. Glück allein macht auch nicht glücklich.
9. Glück, das ist einfach eine gute Gesundheit und ein schlechtes Gedächtnis. (*Ernest Hemingway*)
10. Dat Glück is de best Dokter. (*plattdütscher Schnack*)

Begeisterung ausdrücken
1. Voll genital. (*statt*: Voll genial.)
2. Pornös.
3. Richtig, richtig geil!
4. Ich bin bekleistert. (*statt:* Ich bin begeistert.)
5. Wow, einfach nur wow.
6. Echt irre!
7. Das ist ja voll Titte.
8. Das geht ab wie 'n Zäpfchen.
9. Das geht ab wie Schmidts Katze. (*bzw.* Schmidts Kanone)

10. Das geht ab wie ein rotes Moped.
11. Zum Reinbeißen schön!
12. Zum Reinlegen gut.

Jubel, Trubel, Heiterkeit
1. Da lacht die Koralle.
2. Da steppt der Bär.
3. Da zockt der Mob.
4. Es ist zum Eierlegen.
5. Das kannste unter Ulk verbuchen.
6. Spaß muss sein!
7. Das geht ab wie ein Schnitzel.
8. Geht ab wie Luzie.
9. Geht ab wie eine nasse Tapete.
10. Nun freu dich doch mal!
11. Freu dir 'nen runden Keks und beiß die Ecken zu.

Bewunderung ironisch rüberbringen
1. Großes Kino.
2. Großes Popcornkino.
3. Ganz, ganz großes Tennis.
4. Ganz großes Damentennis.
5. Ganz großes Lichtspielhaus.
6. Leider sehr gut.
7. Chapeau mit o.
8. Nicht schlecht, Herr Specht.
9. Nicht übel, Frau Zwiebel.
10. Kloßartig. (*statt:* Großartig.)
11. Samenhaft und eichelartig. (*statt:* Sagenhaft und einzigartig.)
12. Immerhinque. (*Walter Kempowski*)

Gleichgültigkeit signalisieren
1. Das ist mir Pumpe. (*bzw.* Wumpe)
2. Das ist mir Pepita.
3. Das ist mir Pomade.
4. Das ist mir Wurst mit Pomade.

5. Ist mir Pommes.
6. Völlig Bratwurst.
7. Ist mir völlig schnurps.
8. Ist mir Latte.
9. Es ist mir Leberwurst.
10. Det is mir schnurz piepe. (*berlinerisch*)
11. Ist mir Furz. (*statt:* schnurz)
12. Ist mir doch Schwanz. (*statt:* schnuppe)
13. Da pelle ich mir doch ein Ei drauf.
14. Das ist Pott wie Deckel.
15. Jacke wie Hose.
16. Wurst wie Käse.
17. Das ist mir Gottlieb Schulze.
18. Das ist mir doch völlig Piepenhagen!

Wenn etwas völlig gleichgültig ist
1. Es ist hinten vorne wie höher.
2. Es ist vorne hinten wie höher.
3. Es ist alles hinten lang wie vorne hoch.
4. Es ist vorne so hinten wie hoch.
5. Es ist hinten wie vorne so lang.
6. Es ist alles hinten so lang wie breit.
7. Es ist vorne so hinten wie hoch, in der Mitte wie ebenso.
8. Das wollte ich schon immer nicht wissen.
9. Das tangiert mich höchstens peripher.
10. Das perlt an mir ab wie das Wasser an der Ente.
11. Das läuft an mir herab wie an einer Entenfeder.
12. Da scheiß ich aus großer Höhe drauf.

Zu verstehen geben, dass etwas keine Rolle spielt
1. Drauf geschissen.
2. Scheiß der Hund drauf!
3. Das spielt doch jetzt keine Mandoline. (*statt*: Geige)
4. Das rollt keine Spule. (*statt:* Das spielt keine Rolle.)
5. Das spielt kein Klavier. (*dito*)
6. Dit spielt doch keen Walzer. (*berlinerisch*)

7. Das spielt keine Harmonika.
8. Ich pfeif drauf.
9. Gehupft wie gehickelt. (*statt:* Gehupft wie gesprungen.)
10. »Schicksal«, sprach die Leiche und starb weiter.
11. Schwamm drüber.
12. Weg mit Schaden.

Wenn etwas nicht so perfekt ist, wie es sein könnte
1. Das ist nicht das Gelbe vom Ei.
2. Das ist nicht so der Bär.
3. Das ist nicht der wahre Jakob.
4. Das ist nicht der wahre Bienenhonig.
5. Das Ei ist faul.

Wenn sich an einer Sache nicht viel ändert
1. Das macht den Kohl nicht fett.
2. Das zieht die Wurst nicht vom Teller.
3. Das ist dasselbe in Grün.
4. Das ist dasselbe in lila Tapeten.

Große Gelassenheit ausdrücken
1. Ist doch Hemd wie Hose.
2. Das ist Jacke wie Beinkleid.
3. Ist mir so was von Sack Reis.
4. Das ist mir so egal wie ein Sack leerer Bohnen.
5. Egal wie ein Paar Strümpfe.
6. Egal ist 88.
7. Egal ist 'n Harzkäse, der stinkt von allen Seiten.
8. Egal ist Lage von hinten.
9. Egal, Karl.
10. Das ist gehauen wie gestochen.
11. Das prallt an mir ab wie ein Vogel an der Fensterscheibe.
12. Das geht mir pizzabreit am Arsch vorbei.
13. Arsch geleckt und weggerannt.
14. Der Rest geht dann beim Duschen ab. (*Hans Kantereit*)
15. Besser als mit 'nem kaputten Regenschirm gepikt.

Entspannte Erhabenheit zum Ausdruck bringen
1. Ich lass den Bimbam baumeln.
2. Ich lass mir ein drittes Ei wachsen.
3. Ich lass erst mal faul die Eier schaukeln und tue gar nichts.
4. Ich liege wie immer neben dem Swimmingpool und mache nichts. (*Robert Mitchum*)
5. Jedem Tierchen sein Pläsierchen.
6. Uns kann keener. (*berlinerisch*)
7. Mia san mia. (*bayerisch*)
8. Morgen ist auch noch ein Tag.
9. So ein Tag, so wunderschön wie heute.
10. Ich bin glücklich und dicke durch.
11. Geld allein macht nicht glücklich … man muss auch auschlafen können.
12. Hummel, Hummel – Mors, Mors. (*hamburgisch*)

Zufriedenheit signalisieren
1. Hat Spaß gemacht!
2. Hasch mich, ich bin der Frühling.
3. Ich habe mich amüsiert wie Bolle auf dem Milchwagen.
4. Mir scheint die Sonne aus dem Arsch.
5. Heute Abend lassen wir mal richtig die Sau raus.
6. Ich schnall gleich ab.
7. Freu dich des Lebens.

Langeweile zeigen
1. Ist ja primitivlos.
2. Hab schon mal besser gelacht.
3. Da kannste ein Ei drüberschlagen.
4. Laaangweilig! (*Homer Simpson*)
5. Erzähl mir mehr! (*ironisch*)

Lässige Hymnen aufs Faulsein
1. Abends um sieben ist das Bett noch in Ordnung.
2. Ein warmes Bett und ein fauler Arsch trennen sich nicht so leicht.

3. Wenn allzu früh der Morgen graut, dann ist der ganze Tag versaut.
4. Wer früher anfängt, wird früher müde.
5. Wer morgens nicht arbeitet, ist abends trotzdem müde.
6. Arbeite nie vor dem Frühstück. Wenn du unbedingt vor dem Frühstück arbeiten musst, frühstücke vorher.
7. Aller Laster Anfang ist die Morgenstund, wer lange pennt, bleibt auch gesund.
8. Der frühe Vogel kann mich mal.
9. Der Vogel, der in der Früh singt, den holt abends die Katz.
10. Faulenzen schafft Arbeitsplätze.
11. Das Schlimmste am Faulenzen ist, dass man nicht weiß, wann man fertig ist.
12. Morgenstund hat Blei im Arsch.

Erstaunen ausdrücken
1. Was sehen meine entzündeten Hühneraugen?
2. Was meldet mir denn da meine Netzhaut?
3. Meine Fresse!
4. Das war doch früher nicht!
5. Alter Verwalter.
6. Alta Schalta.
7. Ich back mir 'nen Kuchen.
8. Da brat mir einer einen Storch und die Beine schön knusprig!
9. Der Zufall ist ein Eichhörnchen.
10. Sakrahund!
11. Satan!
12. Das wüsst ich aber!

Erschrecken signalisieren
1. Ach, du dicke Schlucht.
2. Ach, du dicker Puller.
3. Ach, du dicker Vater.
4. Ach, du dicker Nachmittag.
5. Ach, du dickes Ei.
6. Ach, du dickes Auge.

7. Ach, du grüne Gurke.
8. Ach, du grüne Neune!
9. Ach, du liebes bisschen.
10. Das sagt man immer, wenn die Bratkartoffeln angebrannt sind.

Ungläubiges Staunen demonstrieren
1. Mein lieber Scholli. (*bzw.* Schalli)
2. Mein Gott, Frau Beckmann.
3. Da schlag einer lang hin und steh kurz wieder auf.
4. Da scheißt der Hund ins Feuerzeug.
5. Da wird der Fuchs in der Pfanne verrückt.
6. O du grüner Tannenbaum!
7. Mamma mia!
8. Leck mich en de Täsch. (*Kölner Platt*)
9. Leck die Tante am Arsch.
10. Was das nun wieder soll? (*Walter Kempowski*)
11. Was du nicht sagst.
12. Sag bloß.
13. Schieß mich tot.

Verblüffung zu verstehen geben
1. Daher der Name Bratkartoffeln! (*alternativ*: Pellkartoffeln)
2. Ei vorbibbsch! (*sächsisch*)
3. Es geschehen noch Zeichen und Wunder. (*ironisch*)
4. Ist doch gediegen, dass die Ziegen beim Miegen den Schwanz umbiegen und danach nicht wieder gerade kriegen.

Verwirrung ausdrücken
1. Steht man da mit 'nem Dödel in der Hand.
2. Steht man da mit sauberem Hals – und es ist nicht Sonntag!
3. Steh ich da wie Pröppke.
4. Stehe ich da, kurze Hose, Holzgewehr.
5. Sitz ich da wie Klein Doofi mit Plüschohren.
6. Ick gloob, mir laust der Affe. (*berlinerisch*)
7. Ich stehe nun da wie bestellt und nicht abgeholt.

84 *Ausdrucksmittel für die alltägliche Unterhaltung*

8. Er/Sie stand da wie ein begossener Pudel.
9. Ich sehe aus wie ein durchnässter Hahn. (*chinesisch*)

Bestehende Skepsis oder Zweifel formulieren
1. Erzähl mir keinen vom Pferd!
2. Erzähl keinem Klempner, wie Scheiße riecht.
3. Willst du mich verglatteisen? (*statt*: veräppeln)
4. Piss mir nicht in die Hosentasche und erzähle mir dann, es würde regnen.
5. Das kannst du deiner Oma erzählen, die nichts mehr hört.
6. Das kannst du jemandem erzählen, der seine Hosen mit der Beißzange anfasst.
7. Das kannst du jemandem erzählen, der die Hose mit der Kneifzange anzieht.
8. Das kannst du jemandem erzählen, der die Strümpfe mit Messer und Gabel anzieht.
9. Das kannst du jemandem erzählen, der sich den Hut aufschraubt.
10. Das kannst du jemandem erzählen, der keine Krempe am Hut hat.
11. Hab ich eine Narrenkappe auf?
12. Bin ich Student? (*Theo gegen den Rest der Welt*)
13. Wenn das man gut geht! (*Walter Kempowski*)

Überflüssiges tun
1. Eulen nach Athen tragen.
2. Offene Türen nach Athen tragen.
3. Bier nach München tragen.
4. Holz in den Wald tragen.
5. Alten Enten das Schwimmen beibringen.

Sich lustig machen über unnötigen Schnickschnack
1. Das ist so überflüssig wie ein Kropf.
2. Das ist so überflüssig wie dicke Koteletten.
3. Das ist so überflüssig wie ein drittes Bein.
4. Das ist so überflüssig wie ein drittes Nasenloch.

5. Das ist so sinnvoll wie ein Sandkasten in der Sahara.
6. So sinnvoll wie ein doppelstöckiges Klo.
7. Nötig wie ein elektrischer Bananenschäler.

Nutzloses Bemühen
1. Gegen einen Backofen kann man nicht anpusten.
2. Gegen ein Fuder Mist lässt sich nicht anstinken.
3. Man kann nicht auf ein totes Pferd einprügeln.
4. Red nicht mit der Kuh französisch, wenn sie es nicht versteht.
5. Du kannst einem nackten Mann kein Bonbon ans Hemd kleben.
6. Einen Pudding kann man nicht an die Wand nageln.
7. Was soll man mit einem Weihnachtsbaum, wenn nichts dranhängt?
8. Meine Güte, da beißt sich die Katze in den Schwanz!

Enttäuschung oder Verzweiflung zu verstehen geben
1. Mein Gott, Walther!
2. Es ist zum Katholischwerden.
3. Es ist zum Mäusemelken.
4. Es ist zum Ochsenkitzeln.
5. Es ist zum Zuständekriegen.
6. Es ist zum Wahnsinnigwerden!
7. Es ist, um auf die Akazien zu klettern.
8. Das kann ja wohl nicht Warstein! (*statt:* wahr sein)
9. Das kann doch nicht Warzenschwein. (*dito*)
10. Es ist, um aus der Haut zu fahren und sich daneben zu setzen.
11. Da möchte man aus der Hose hüpfen!
12. So weit das Auge sieht, alles dicke Driet.
13. Da haben wir den Salat.
14. Schöne Bescherung.
15. Anna, ming Droppe! (*Kölner Platt für:* Anna, meine Tropfen!)

Überraschung ausdrücken
1. Heiliger Bimbam!
2. Heiliger Strohsack!

3. Heiliger Kukuschinski!
4. Heilige Makrele!
5. Heilige Pralinenschachtel!
6. Oh, mein Gott!
7. Das schockt!
8. Ick gloob ja, ick tille. (*berlinerisch*)
9. Potz Plunder!
10. Dicker Arsch mit Furz.
11. Mir wird das Blut sauer.
12. Ich bin total baff.
13. Von hinten durch die Brust ins Auge.
14. Au Backe!
15. Das haut dem Fass die Krone aus!
16. Das haut ja dem Fass die Hutschnur ins Gesicht!
17. Holla, die Waldfee.
18. Do legst di nieda! (*bairisch*)

Redewendungen, wenn man sprachlos ist
1. Mir fehlen die Worte.
2. Mit hat's die Sprache verschlagen.
3. Da bleibt mir doch glatt die Spucke weg!
4. Ich brauch jetzt einen Schluck aus dem Wörtersee.
5. Oh, du himmelblauer See! (*österreichisch*)

Fassungslosigkeit signalisieren
1. Unfassbier!
2. Es ist kaum unglaublich.
3. Schauderbar!
4. Schröcklich!
5. Fürchterbar!
6. Lächerbar!
7. Oh, no!

Unbehagen und Frust zu verstehen geben
1. Alles Scheiße, deine Elli.
2. Alles für'n Arsch.

3. Rabbel die Katz.
4. Do krisste en Aap. (*Kölner Platt für:* Da bekommt man einen Affen.)
5. Ich kriege die Krätze!
6. Ich kriege die Krise!
7. Echt nicht der Bringer. (*bzw.* Burner)
8. Alles für'n Friseur.
9. Ich fühl mich wie'n Schluck Wasser in der Kurve.
10. Jetzt hängste da wie Jesus am Karfreitag. (*Stromberg*)
11. Kann man das essen, oder spielt man das zu viert?

Entsetzen spiegeln
1. Holy Shit! (*statt:* Heilige Scheiße!)
2. Ich springe aus dem Kellerfenster.
3. Ich werfe mich vor einen Krankenwagen.
4. Ich werd verrückt und ziehe aufs Land.
5. Ich werd gleich zum Elch.
6. Das treibt einem ja die Schamhaare ins Gesicht.
7. Selbst der Vogel, der mal dringend muss, würde einen Bogen darum machen.

Verwunderung ausdrücken
1. Ach, du heilige Einfalt.
2. Ach, du dicker Donner.
3. Ach, du lieber August.
4. Ach, du liebes Radieschen.
5. Ach, du liebes Lieschen.
6. Mach mich nicht schwach.
7. Ich geh am Streichholz. (*statt:* am Stock)
8. Ich werd zur Minna.
9. Ich glaub, ich werd weich.
10. Du kriegst den Gang nicht rein.
11. Du kriegst die Tür nicht zu. (*Frau Lachmann*)
12. Du schreist Kakao.
13. Und so was verbraucht Sauerstoff!
14. Und so was schläft in einem Bett!

15. Und so was lebt in China!
16. Ich glaub, mein Holzbein kriegt Junge.
17. Junge, Junge!
18. Heiligs Blechle! (*schwäbisch*)
19. Satan Ziege.
20. Donnerkiesel! (*Fred Feuerstein*)

Trauer zeigen
1. Ich hab voll den Blues. (*bzw.* Durchhänger)
2. Ich bin voll depriletto. (*statt*: deprimiert)
3. Ein Gesicht wie drei Tage Regenwetter machen.
4. Rumstehen wie ein nasser Regenschirm.
5. Rumlaufen wie Falschgeld.
6. Ich bin traurig wie ein Huhn im Regen.
7. Traurig bin ich sowieso. (*Bettina Wegner*)
8. Ick bün 'n Wrack. (*Hans Albers in »Große Freiheit Nr. 7«*)
9. Ich armer Tropf! (*bzw.* Teufel)
10. Ich habe Rotz und Wasser geheult.

Mitleid ausdrücken
1. Du armes Lamm Gottes!
2. Armer Hund.
3. Armes Häschen, bist du krank, dass du nicht mehr hüpfen kannst?
4. Du Ärmster.
5. Ach, du armer Arsch.
6. Ich brech gleich in Tränen aus. (*scheinheilig*)
7. Man reiche mir mein Tränenglas. (*dito*)
8. Willkommen im Club!

Wenn jemand die beleidigte Leberwurst spielt
1. Hat es dir die Petersilie verhagelt? (*bzw.* die Himbeeren)
2. Hab ich dir ins Bier gepinkelt?
3. Bin ich dir auf den Schlips getreten?
4. Wo drückt der Schuh?
5. Ist was, oder klemmt's Höschen?

Angst signalisieren
1. Mir wackeln die Hosen.
2. Ich habe die Hosen gestrichen voll.
3. Mir geht der Arsch auf Grundeis.
4. Mir geht der Arsch mit Schneegestöber.
5. Wer keine Angst hat, hat keine Phantasie.
6. Ich habe Muffensausen eins zu tausend.
7. Angst essen Uwe Seeler auf. (*statt:* Angst essen Seele auf.)
8. Angst essen Käse auf. (*dito*)
9. Höre ich da ein leises Mutti? (*statt:* Heul doch!)
10. Mach dir nicht in die Hose. (*dito*)
11. Mögen hätte ich schon wollen, aber dürfen habe ich mich nicht getraut. (*Karl Valentin*)

Feige sein
1. Angst hat er keine, aber rennen kann er.
2. Er hat das Herz eines Hasen.
3. Mehr Angst als Vaterlandsliebe.
4. Da steht er nun wie Butter in der Sonne.
5. Angsthase Pfeffernase, morgen kommt der Osterhase. (*Kindermund*)

Sich in jeder Gefahr zu helfen wissen
1. Mit allen Wassern gewaschen sein.
2. Mit allen Salben gerieben sein.
3. Von allen Hunden gehetzt sein.
4. Bangemachen gilt nicht!

Scherzhafte Androhungen zur Vergeltung (Rache)
1. Rache ist süß.
2. Rache ist Blutwurst!
3. Rache ist ein Gericht, das am besten kalt serviert wird – altes klingonisches Sprichwort. (*Kill Bill Vol. 1*)
4. Kommt Zeit, kommt Rache.

Eine Sache abhaken

1. Der Keks ist gegessen.
2. Der Käse ist gegessen.
3. Der Drops ist gelutscht.
4. Der Fisch ist geputzt.
5. Die Knifte ist gefrühstückt.
6. Der Kittel ist geflickt.
7. Der Asphalt ist geglättet.
8. Der Knochen ist abgenagt.
9. Die Birne ist geschält.
10. Die Messe ist gelesen.
11. Leck mich am Arsch, ich gehe ins Kloster.
12. Guten Tach, auf Wiedersehen. (*Helge Schneider*)
13. Schnute auf, Kaugummi inne Fresse, und dann läuft dat wieder. (*Ruhrgebietsslang*)
14. Mund abwischen und weiter.
15. Weiter im Text.

Missfallen äußern

1. Er nun wieder. (*abfällig*)
2. Dir brennt wohl der Kittel?
3. Du hast wohl schlecht geschissen?
4. Geh mir nicht auf den Sack. (*Alternativen:* Senkel, Geist, Docht, Knorpel, Keks, Kanister, Pinsel, Puffer, Sender, Becher, Wecker, Zwirn, Zwickel, Zeiger)
5. Du gehst mir tierisch auf die Eier. (*dito*)
6. Du nervst wie Pusteln am Arsch. (*dito*)
7. Du bist hier so erwünscht wie ein Anruf beim Sex.
8. Du bist doch nicht mehr ganz knusprig!
9. Dir Aas kenn ick. (*Berliner Schnauze*)
10. Danke für nichts.
11. Quatsch nicht so kariert. (*statt:* Red kein Mumpitz.)
12. Quatsch keine Opern. (*dito*)
13. Da komm ich in Schwulitäten.
14. Da lachen ja die Suppenhühner!
15. Da werd ich elektrisch. (*statt:* Das kann ich nicht ab.)

16. Verarschen kann ich mich alleine. (*Antwort:* Aber nicht so gut.)
17. Du willst doch wohl nicht einem alten Trapper in den Colt pissen und sagen, es hätte geregnet.
18. Merkste selber, ne?
19. Hast du ein Rad ab? (*statt:* Nerv mich nicht.)
20. Das kann ja Eiter werden. (*statt:* heiter)

Protest einlegen
1. Schicht im Schacht.
2. Schluss mit lustig.
3. Papperlapapp.
4. Geh, Pepperl, plausch net! (*österreichisch*)
5. Forget it!
6. Alles Kokolores!
7. Alles Pillepalle!

Verärgerung signalisieren
1. Da krieg ich so 'n Hals.
2. Krieg isch Plack bei. (*Kölner Platt*)
3. Kruzitürken! (*bairisch*)
4. Ich glaub, es knistert.
5. Ich glaub, es hackt.
6. Ich glaub, es brummt.
7. Ich glaub, es tropft.
8. Ick gloob, ick spinne! (*berlinerisch*)
9. Ich glaub, es geht los.
10. Es nervt!
11. Arschlecken, rasieren – dreiuffzich.
12. Da zieht's mir die Zehennägel nach innen.
13. Scheibenkleister.
14. Halt deinen da raus.
15. Kreuzbirnbaumundhollerstauden. (*bayerisch*)
16. Ach menno!
17. Mannometer!
18. Ich bin nicht wütend, aber ich könnte jetzt alles kurz und klein schlagen.

Einer Sache überdrüssig sein
1. Mir reicht's!
2. Ich hab die Faxen dicke.
3. Ich hab das Backobst dicke!
4. Für heute hab ich den Kaffee auf.
5. Jetzt läuft mir aber die Milch über!
6. Das steht mir Oberkante Unterlippe. (*Anspielung auf Brechzwang*)
7. Genug ist genug!
8. Am Arsch hängt der Hammer.

Jemandem drohen
1. Noch so 'n Spruch – Kieferbruch.
2. Noch so 'n Wort – Krankentransport.
3. Noch so 'n Satz – Zahnersatz.
4. Noch so 'n Wimmern – Augenflimmern.
5. Noch so 'n Ding – Augenring.
6. Noch so 'n Gag – Zähne weg.
7. Noch so 'n Joke – Kiefer broke.
8. Noch so 'ne Aktion – Intensivstation.
9. Noch so 'n Gelaber – Protheseninhaber.
10. Noch so 'n Spruch, und die Lippe hängt.
11. Vorsicht – sonst greift deine Zahnbürste morgen ins Leere.
12. Hast du das auch schon mal ohne Zähne gesagt?
13. Aufmucken, Blut spucken.
14. Uppjemuck, Zäng jespuck! (*Kölner Platt für: Aufmucken = Zähne spucken.*)
15. Schnauze, sonst Beule.
16. Obacht geben – länger leben.
17. Hier fällt gleich der Watschenbaum um.
18. Noch ein Wort, und Sie betreten die Welt der Schmerzen.

Bei einem Wutausbruch
1. Du kannst mich mal am Abend besuchen!
2. Du kannst mich mal ohne Voranmeldung.
3. Du kannst mich mal am Tüffel tuten.

Gefühle und Stimmungen 93

4. Du kannst mich mal kreuzweise!
5. Du kannst mir mal im Mondschein begegnen.
6. Du kannst mir mal den Schritt schamponieren.
7. Du kannst mir mal 'nen Schuh aufblasen.
8. Du kannst mir mal an der Pupe schmatzen.
9. Du kannst mir mal die Nudel pudern.
10. Du kannst mir mal am Hobel blasen.
11. Lutsch mir doch die Fussel aus dem Nabel.
12. Man könnte sich vor Wut die Röcke hochheben.
13. Ich könnte vor Wut meinen Hintern in Brennnessel tauchen.

Schlagkräftige Antworten auf die Aufforderung »Leck mich am Arsch!«

1. Du mich auch.
2. Ein kleiner Arsch ist schnell geleckt.
3. Ich bin zu alt, um ihren Wünschen zu entsprechen. (*Nestor Burma*)
4. Lieber zehn Jahre nichts zu Weihnachten.

Hohn und Spott demonstrieren

1. Näh dir doch einen Knopf an die Backe und häng ein Klavier dran!
2. Bohr dir ein Loch ins Knie und füll Mett rein.
3. Geh in Salzsäure baden.
4. Friss meine Shorts. (*Bart Simpson*)
5. Knick dich ins Vieh. (*statt:* Fick dich ins Knie.)
6. Ich würde dich nicht mal anpissen, wenn du brennst.
7. Setz dich doch auf deinen Finger und entspann dich.
8. Du verschönerst jeden Raum beim Verlassen.

Prügel androhen (Grundwortschatz)

1. Das gibt gleich Nackenfutter!
2. Das gibt gleich Fratzengeballer.
3. Ruckzuck hängt der Kiefer tiefer.
4. Maul, Paul, sonst Kiefer tiefer.
5. Schnauze, Baby, sonst Beule am Kopf bis Haare blutig.

6. Du hast wohl lange nicht mehr mit verbundenem Kopf aus dem Krankenhausfenster geguckt?
7. Hast du schon mal versucht, mit gebrochenen Fingern deine Zähne einzusammeln?
8. Dich hau ich gleich unangespitzt in den Boden!
9. Ein Schlag, und das Hemd steht alleine.
10. Du rüttelst gefährlich nahe am Ohrfeigenbaum.
11. Riechst du das? Es riecht nach Backpfeifen.
12. Es klingelt gleich, aber nicht an der Tür.
13. Gleich klingelt's hier, aber nicht zur Pause.
14. Gleich kreist hier der Blocker, Freundchen!
15. Du hast gleich eine Lücke in deinem Backenbart.
16. Ich werde heute noch den Watschenbaum beuteln müssen.
17. Aus dir mach ich Rührei.
18. Gleich gibt's was auf die Augen!

Prügel androhen (Aufbauwortschatz)

1. Eine Watschen hast du schneller als lange Haare.
2. Wenn's im Gesicht brennt, ist nicht immer die Sonne schuld.
3. Ich verpasse dir gleich einen Satz heiße Ohren.
4. Ich spuck dir in die Augen und blende dich. (*Die Ritter der Kokosnuss*)
5. Aus dir mache ich Sülze! (*bzw.* Hackfleisch)
6. Gleich gibt's langen Hafer.
7. Lass deine Knochen nummerieren.
8. Hast du schon mal aus einem Gipsverband gelacht?
9. Dir häng ich den Arsch aus.
10. Schon mal 'nen Liter Blut durch die Nase gespendet?
11. Hast du schon mal das Buch gelesen »Wie esse ich ohne Unterkiefer?«?
12. Kennst du Anne? Anne Fresse!
13. Gleich gibt's Achterbahn!
14. Gleich klatscht's hier, aber keinen Beifall.
15. Gleich kreist hier der Hammer.
16. Hier tanzt gleich der Klappspaten. (*Stromberg*)
17. Arsch hat gleich Kirmes!

18. Noch een Wort, und ick hau dir uff'n Kopp, det de durch die Rippen kiekst wie der Affe durch't Jitter. (*berlinerisch*)

Antworten auf männliche Drohgebärden
1. Da müssen schon Männer kommen und keine Hampelmänner.
2. Da müssen schon Männer kommen und keine aufgewärmten Leichen.
3. Da müssen schon Männer kommen und keine ferngesteuerten Unterhosen.
4. Da müssen schon Männer kommen und keine Abziehbilder.
5. Da müssen Gärtner kommen und keine Setzlinge.
6. Mach mal halblang, Graf Koks von der Gasanstalt.

Einen Streit schlichten
1. Liebe Kinder, zankt euch nicht. Spuckt euch lieber ins Angesicht.
2. Zankt euch nicht und streitet euch nicht, kriegt euch lieber bei die Köppe.
3. Licht aus – Messer raus – haut ihn. (*scherzhaft*)
4. Bloß keinen Streit nicht vermeiden.
5. Habt euch lieb.
6. Seid nett zueinander – sonst gibt's Dresche, aber ordentlich!
7. Brüllen Sie nicht so. Vor allem nicht solche Wörter. (*Hélène Chatelain*)

Beleidigungen
1. Wenn ich aussehen würde wie du, würde ich meine Mutter anzeigen.
2. Deine Mutter steht vor Aldi und säuft Wurstwasser.
3. Der Schnauz deiner Mutter kratzt beim Küssen.
4. Sag deiner Mutter, sie braucht nicht mehr kommen. Wir haben jetzt eine Putzfrau, die nicht mehr klaut.
5. Mein Arsch und dein Gesicht könnten Freunde werden.
6. Leih mir mal dein Gesicht, ich will meine Kinder erschrecken.
7. Bei deinem Gesicht würde ich mir den Arsch rasieren und rückwärtslaufen.

8. Soll ich dir 'n Stück Fleisch um den Hals binden, damit wenigstens der Hund dich interessant findet?
9. Versteck dich, die Müllabfuhr kommt!

Schimpfwörter
1. Saftsack
2. Spackomat
3. Baumpisser
4. Dumpftröte
5. Dumpfdödel
6. Müllmütze
7. Vollpfosten
8. Du Opfer!
9. Du Lauch!
10. Dunkelbumser
11. Arschmade
12. Halbe Unterhose
13. Napfsülze
14. Torfnase
15. Pupsnase
16. Schnarchzapfen
17. Schwachstruller
18. Pissnelke
19. Fickfrosch
20. Sackgesicht
21. Matschbirne
22. Dreistöckiges Wanderscheißhaus
23. Kackbratze
24. Arschkrampe
25. Hohle Hupe

Voll korrekte Ausdrücke für ein Weichei
1. Rockzipfellutscher
2. Parkhausblinker
3. Schattenparker
4. Fahrradhelmträger

5. Turnbeutelvergesser (*veraltet*)
6. Warmduscher (*dito*)
7. Binnensegler
8. Rehstreichler
9. Pimmelfriseur
10. Schlitzpisser
11. Flitzpiepe
12. Foliengriller
13. Vollhorst
14. Nullchecker
15. Ömmes
16. Orgasmusansager
17. Weinerliche Pudelmütze
18. Beipackzettelleser
19. Vorwärtseinparker
20. Saunauntensitzer

Flüche
1. Du Sauhund, du verreckter.
2. Firmament, Gesäß und Faden. (*statt*: Himmel, Arsch und Zwirn.)
3. Himmelherrgottsakrament.
4. Himmiherrgottsakramentmileckstamarschscheißglumpvarreckts.
5. Duuu blödquatschender, arroganter, rotznäsiger, englischer Riesenschweinepriesterarschproletpfeifenwichssackgerichtsarschloch. (*Ein Fisch namens Wanda*)

Verwünschungen
1. Lass dich zuscheißen.
2. Es wird ein großer Arsch kommen und alles zuscheißen.
3. Mögen tausend Kamele auf dein Grab scheißen.
4. Mögen die Hunde deine Knochen aus dem Grab zerren.
5. Mögen dir alle Zähne ausfallen – bis auf einen, damit du noch Zahnschmerzen haben kannst.
6. Der Blitz soll dich beim Scheißen treffen.

7. Dich soll die Ente treten.
8. Hol dich der Geier. (*bzw.* der Kuckuck)

Peinliche Situationen meistern

Wenn jemand gähnt
1. Es zieht!
2. Hand vorn Mund.
3. Mund zu, die Milchzähne werden sauer.
4. Die Ohren sagen sich Guten Tag.
5. Ich kann dein Frühstück sehen.
6. Morgääääähn!

Wenn jemand heiser ist
1. Einen Frosch im Hals haben.
2. Einen Kapuziner geschluckt haben.
3. Die Stimme ist im Keller.

Wenn man vor Schreck nichts sagen kann
1. Frosch im Hals.
2. Kloß im Mund.
3. Nachbarin, euer Fläschchen.
4. Mein Riechsalz!

Wenn jemand rot wird
1. Ich hatte mal ein Auto in der Farbe.
2. Tomatenernte ist schon vorbei.
3. Da kommt Osram.

Wenn jemand mit vollem Mund spricht
1. Schluck es erst runter.
2. Was hast du gegessen? Batterien?
3. Hast du alte Putzlappen gegessen?
4. Nimm den Lappen aus dem Mund, wenn du mit mir sprichst.
5. Kannst du nicht den Flokati aus dem Mund nehmen?

6. Nimm den Hammer aus dem Mund.
7. Nimm die Kokosnuss aus dem Mund.
8. Nimm die heiße Kartoffel aus dem Mund.
9. Ab zwei Kilo wird's undeutlich.
10. Erst ab 300 Gramm wird's deutlich. (*ironisch*)

Wenn jemand einen Schluckauf hat
1. Na, wer denkt denn da an dich?
2. Jemand denkt an dich – und küsst eine(n) andere(n).
3. Das Fell des Bauches spielt das Spiel der tanzenden Wogen. (*chinesischer Volksmund*)
4. Ihn stößt der Bock.
5. Das Herz wächst.

Wenn jemand unrasiert ist
1. Willst du dir einen Bart stehen lassen?
2. Das soll wohl mal ein Bart werden.
3. Du willst wohl ein Mann werden.
4. Hast du eine Wette verloren?
5. Du hast Fisch gegessen – die Gräten gucken raus.
6. Ich glaube, du wirst am Apparat verlangt. (A*nspielung auf Rasierapparat*)
7. Hol den Föhn, dann brauchst du dich nicht zu rasieren. (*zu einem jungen Mann, bei dem der erste Flaum sprießt*)
8. Schlag die Tür zu, dann kannst du deine Stoppeln eliminieren. (*dito*)
9. Er kann sich mit dem Radiergummi rasieren. (*dito*)
10. Ich brauche keinen Bart. Ich habe doch ein Gesicht. (*Hans Saalfeld*)

Wenn jemand einen steifen Nacken hat
1. Don't look back! (*ironisch*)
2. Viagra muss sehr schnell eingenommen und runtergeschluckt werden. (*Anspielung auf die Arznei zur Behandlung der Erektionsstörungen beim Mann*)
3. Nacken und Hals – Gott erhalt's.

Wenn ein Mann die Hände in den Hosentaschen hat

1. Hast du irgendwo ein Eichhörnchen gesehen? Oder warum hast du Angst um deine Nüsse?
2. Spielst du Taschenbillard?
3. Kneifst du die Katze?
4. Nicht kratzen – waschen!
5. Hand von der Lenkstange!
6. Du willst wohl verreisen, da du den Sack schon eingepackt hast.
7. Wollen Sie ins Kino? Oder warum gewöhnen Sie Ihre Hände an die Dunkelheit?
8. Hast du heute Geburtstag? Nein? Dann nimm verdammt noch mal die Hände von deiner Kerze!
9. Rutschen Ihre Socken? Nein? Dann Hände aus den Taschen!
10. Haben Sie Angst vor Eichhörnchen? Dann Hände von der Eichel!
11. Sind Sie eine Vogelmama? Sie brauchen nicht auf Ihre Eier aufpassen!

Wenn der Hosenstall eines Mannes offen steht

1. Chef, dein Pferdestall steht offen.
2. Dein Kuhstall steht offen.
3. Dein Auto ist nicht korrekt geparkt.
4. Ist jemand krank in Ihrer Familie? Ihre Apotheke steht offen.
5. Mach das Portemonnaie zu – ich zahle.
6. So eine Hose hatte ich auch mal.
7. Offen gestanden gefällt mir Ihre Hose gut.
8. Ihre Hose gefällt mir offen gestanden nicht.
9. Ich dachte, Feinripp ist out?
10. Und unseren nächsten Gast müssen wir nicht vorstellen.
11. Pulleralarm!
12. Der Bulle ist los.
13. Die Toilette ist hinten links.

Prompte Antworten auf den Hinweis, dass die Hose offen steht

1. Der Fisch schnappt nach Luft.
2. Ein toter Vogel schnappt nach Luft.
3. Tote brauchen auch Luft.
4. Riesen atmen dünne Luft.
5. Wenn der Vogel tot ist, kann man den Käfig offen lassen.
6. Was keine Flügel hat, kann nicht wegfliegen.
7. Glück gehabt: Die Höhle ist zwar offen, aber der Löwe schläft.
8. Wenn das Schwein schläft, kann der Stall ruhig offen stehen.
9. Merkwürdig, um diese Zeit ist eigentlich längst geschlossen.
10. Ich hoffe, Sie haben meinen Geschäftsführer nicht gesehen. (*Antwort auf die Bemerkung*: Ihr Geschäft steht offen.)

Wenn ein Missgeschick passiert ist

1. Heute ist Valentinstag! (*wenn etwas aus der Hand zu Boden fällt*)
2. Lass liegen, tritt sich fest! (*wenn etwas heruntergefallen ist*)
3. Vorsicht, dass nichts runterfällt! (*dito*)
4. Herein! (*wenn ein Gegenstand mit lautem Geräusch zu Boden fällt*)
5. Das hast du mal wieder gekonnt! (*wenn einer etwas unbeabsichtigt zertrümmert*)
6. Wenn du wieder einen findest, dann schenkst du ihn mir. (*wenn einer einen Gegenstand fallen lässt und sich nach ihm bückt*)
7. Hast du etwas abgemessen? (*scherzhaft an einen, der zu Boden gefallen ist*)

Peinliches Schweigen unterbrechen

1. Jetzt rauscht ein Engel durchs Zimmer.
2. Ein Schutzmann geht durch die Stube.
3. Euch wird jetzt ein Polizist geboren. (*funktioniert nur in Russland*)
4. Ja, da leckst mi am Oasch. (*bairisch*)

5. Sagt der Affe mit der Kokosnuss.
6. Erzähl mal einen Schwank aus deiner Jugend.
7. Es kommt ein Schneider in den Himmel.
8. Ruhe, Großmutter kriegt Zähne.

Wenn jemand seufzt
1. »Ach ja«, seufzte der alte Oberförster und hüpfte von Geweih zu Geweih, um die neuen Tapeten zu schonen.
2. Man müsste Kontrabass spielen können.
3. Wie soll dat nur wigger jon? (*Kölner Platt für:* Wie soll das nur weitergehen?)
4. Schalala umpf!
5. Am liebsten Bier! (*Entgegnung auf:* »Was seufzt du?«)

Wenn jemand stottert
1. Dein Vater ist wohl Schuster? (*der Betreffende spricht in »Absätzen«*)
2. Du kommst wohl aus dem Harz, weil du so brockenweise sprichst? (*dito*)
3. Hast du Rost an den Zähnen?

Wenn jemand ungewollt beim Sprechen spuckt
1. Du hast eine feuchte Aussprache.
2. Say it, don't spray it!
3. Wassersyntax.

Wenn jemand O-Beine hat
1. Ihn kann man nehmen, um die Schweine zu zählen.
2. Gut als Schafzüchter zu verwenden.
3. Der hat die Strümpfe über einer Regentonne getrocknet.

Wenn jemand X-Beine hat
1. Du hast zwei linke Beine.
2. Das liegt an den krummen Hosen.
3. Besondere Kennzeichen: Beine.

Wenn jemand in der Nase bohrt
1. Machst du den Bergmann?
2. Wenn einer in der Nase bohrt, ist das noch kein Beweis dafür, dass er in sich geht.
3. Wenn du oben bist, schreib mir eine Ansichtskarte.
4. Wer in sich geht, darf sich nicht wundern, wenn da auch nichts los ist.
5. Bist du auf Öl gestoßen?
6. Brich dir nicht den Finger.
7. Nimm dir nicht zu viel raus, es ist einem schon mal der Finger in der Nase abgebrochen.

Wenn jemandem die Nase läuft
1. Am Weihnachtsbaum die Lichter brennen.
2. Hochziehen und runterschlucken.
3. Ein Stück Brot dazu?

Wenn man niesen musste
1. Verreck, du Aas!
2. Zerspring!
3. Haschisch!
4. Hatschi!
5. Schön war's in Mexiko!
6. Trittst du's bitte tot?
7. Tritt noch mal drauf. Ich glaub, das bewegt sich noch.

Wenn jemand niest
1. Na? Hand voll?
2. Lappen oder Notarzt?
3. Bring nicht den Schwamm in die Bude.
4. Aufwischen!
5. Uffputze!
6. Schönheit! (*statt:* Gesundheit!)
7. Zur ewigen Schönheit! (*Erwiderung darauf:* Danke, aber du hast es nötiger.)
8. Schönheit und Reichtum – gesund bist du ja.

9. Stirb leise!
10. Dreimal ist Bremer Recht. (*wenn jemand nur zweimal niest*)

Wenn man rülpsen musste
1. Elche? Hier in dieser Gegend?
2. Entschuldigung, sollte ein Lied werden.
3. Noten her, die Sau will singen.
4. Der Landfunk meldet: Die Sau ist satt.
5. Mein Bandwurm bellt.
6. Mein Dänisch wird immer besser.
7. Obste warme Würstchen hättst? (*lautmalerisch*)
8. Ob se Geld hat? (*dito*)
9. Obstsalat! (*dito*)
10. Uppsala! (*dito*)
11. Ulf! (*dito*)
12. Das ist reine Körperbeherrschung – andere hätten gekotzt.
13. Solange es die Vorderzähne aushalten.
14. Ein Rülpser ist ein Magenwind, der den Weg zum Arsch nicht find'.
15. Wegen Reparatur des Arsches furzen über die Zunge.
16. Besser ein Schwein auf dem Tisch als unter dem Tisch.
17. Mahlzeit.

Wenn man furzen musste (Grundwortschatz)
1. Hinaus in die Ferne.
2. Telegramm aus Darmstadt.
3. Das war ich nicht.
4. Passiert mir sonst nie.
5. Bin ich auf einen Frosch getreten?
6. Da bin ich wohl auf einen Trompetenkäfer getreten.
7. Salomon der Weise spricht: Laute Fürze stinken nicht.
8. Bohnen und Linsen bringen den Arsch zum Grinsen.
9. Jedes Böhnchen gibt ein Tönchen.
10. Bis 250 Gramm ist es ein Furz.
11. Mir ist der Arsch eingeschlafen. (*Antwort:* Das kann ich bezeugen, ich hab ihn schnarchen gehört.)

Wenn man furzen musste (Aufbauwortschatz)
1. Aus einem verzagten Hintern kommt kein fröhlicher Furz.
2. Wenn's Arscherl brummt, ist's Herzerl g'sund.
3. Gesundheit geht vor Anstand.
4. Akustik wie in einem Bauernbett.
5. Gewitter im Anzug.
6. Was will denn jetzt die Ente hier?
7. Ich hab einen toten Vogel in der Tasche.
8. Ich habe einen Drachen steigen lassen.
9. Ich habe einen fahren lassen.
10. Ich habe einen alten Schirm in die Ecke gestellt.
11. Ich hab hier einen Koffer stehen lassen.
12. Draußen ist mehr Platz.
13. Analhusten ist eine anerkannte Krankheit.
14. Wer anderen eine Grube gräbt, selber in die Hose pupt.
15. Der Furz kann laut oder leise sein, er geht nur raus, nie mehr hinein.
16. So geht's halt im Schwarzwald, wenn der Furz knallt, dann stinkt's halt.
17. Wenn man es nicht riecht oder hört, war es kein Furz.

Wenn es irgendwie komisch riecht
1. Es riecht wie feuchte Kaninchen.
2. Riecht nach toter Katze.
3. Da liegt ein toter Esel in der Ecke.
4. Das stinkt hier wie in einem Streichelzoo.

Wenn man sich übergeben muss
1. Ich muss nach Augsburg reisen. (*lautmalerisch*)
2. Ich muss nach Bruno rufen. (*dito*)
3. Ich muss Rolf rufen. (*dito*)
4. Ich muss mit Jörg telefonieren. (*dito*)
5. Ich muss mit Uruguay telefonieren. (*dito*)
6. Ich will den heiligen Ulrich anrufen. (*dito*)
7. Ich geh mal kurz mit dem weißen Telefon telefonieren.
8. Ich geh einen Töpferkurs machen.

9. Ich lass mir noch mal das Essen durch den Kopf gehen.
10. Ich will die Speisekarte rückwärts faxen.
11. Ich geh mal eben die Keramik anbrüllen.
12. Ich muss die Schüssel anschreien.
13. Ich will den Porzellangott anbeten.
14. Ich glaube, ich muss Bröckchen lachen.
15. Ich hab Würfelhusten.
16. Ich muss die Fische füttern. (*auf hoher See*)
17. Mir wird achtzig.
18. Mein Magen schaltet auf Schubumkehr.

Höflichkeitsfloskeln zwischen Tür und Angel

Wenn ein Mann einer Dame den Vortritt lässt
1. Schönheit vor Alter.
2. Perlen vor Säue.
3. Mundgeruch vor Achselnässe. (*scherzhaft*)
4. Ladies first – James last.

Wenn es an der Tür geklopft hat
1. Komm'se rein, könn'se rausgucken.
2. Nur immer herein in die gute Stube.
3. Immer rin in die gute Stube.
4. Hinein, was Beine hat!
5. Hinein, Onkel Otto.
6. Herein, wenn es kein Schneider ist.
7. Kommen Sie herein. Sie können auch im Sitzen geistreich sein.
8. Nehmen Sie Platz und Anteil. (*wenn die Tür offen steht*)
9. Tritt ein, bring Glück herein.

Wenn jemand die Tür nicht hinter sich zumacht
1. Habt ihr zu Hause Säcke vor der Tür?
2. Bist wohl im Rohbau aufgewachsen.
3. Bist wohl in der U-Bahn groß geworden.

4. Bist wohl inne S-Bahn jebor'n? (*berlinerisch*)
5. Du bist wohl im Aufzug geboren.
6. Bist du im Zelt aufgewachsen?
7. Perlenvorhang!
8. Wohnst du am Hang? (*bzw.* am Berg)
9. Kommt noch einer?
10. Hier zieht's! (*Erwiderung darauf*: Dreh dich um, dann schiebt's!)

Wenn man sich im Gedränge einen Weg bahnen möchte
1. Vorsicht, heiß und fettig!
2. Vorsicht, Daddy hat Vorfahrt.
3. Achtung, Mutter mit Kind!
4. Aus dem Weg, Kühe!
5. Lassen Sie mich Arzt! Ich bin durch!
6. Platz für den Landvogt!
7. Mamaplatzda!

Galante Antworten, um die Abwesenheit einer Person zu erklären
1. Ist mit dem Fahrrad unterwegs und kann nicht absteigen.
2. Er/Sie ist mit dem Fahrrad nach Italien, um die Tomaten rot anzustreichen.
3. Ist mit 'm Rad weg – Bier holen.
4. Ist schon umme Ecke – Brötchen holen.
5. Der/Die geht Wasser holen.
6. Der/Die muss noch Ravioli holi.
7. Ist auf dem Friedhof – Probe liegen.
8. Ist auf dem Dachboden und hängt Sauerkraut auf.
9. Sitzt im Keller und fängt Agenten.
10. Ist im Keller und stapelt Heizöl.
11. Ist im Keller und sägt dicke Milch.
12. Ist die Kuh am Schwanz am raus am ziehen am tun.
13. Übt Wendungen im Wertfach. (*bei der Bundeswehr*)
14. Er/Sie schaufelt Wind um die Ecke.
15. Er stemmt dicke Weiber.

16. Wohnt bei Mutter unterm Rock.
17. Kann er hier nicht, Kanada.

Konversationsfüller

Ausrufe
1. Ätsch! (*Ausdruck der Schadenfreude*)
2. Buh! (*Ausruf der Verachtung*)
3. Gähn! (*Ausdruck der Langeweile*)
4. Grmpf! (*Ausdruck des Ärgers und Unmuts*)
5. Gosh! (*Ausruf des Entzückens, des Erstaunens*)
6. Gulp! (*Ausdruck der Aufregung*)
7. Gurk! (*Ausruf der Verlegenheit*)
8. Heißa! (*Ausruf der Freude*)
9. Herrje! (*Ausruf der Bestürzung*)
10. Hoppla! (*Ausruf der Überraschung*)
11. Huch! (*Ausruf des Erschreckens*)
12. Humpf! (*Ausdruck der Zerknirschung*)
13. Juhu! (*Ausruf der Begeisterung*)
14. Keuch! (*Ausdruck bei körperlicher Anstrengung*)
15. Oje! (*Ausruf des Bedauerns*)
16. Pah! (*Ausdruck der Verachtung*)
17. Puh! (*Ausdruck der Erleichterung*)
18. Rabäh! (*Ausdruck der Trauer*)
19. Tja! (*Ausdruck beim Nachdenken*)
20. Ups! (*Ausruf bei einem Missgeschick*)
21. Yippie! (*Ausruf der Freude*)

Schüttelreime
1. Speziell das dunkle Malzbier verhilft zu toller Balz mir. (*Gerhard Schreier*)
2. Man offeriert den Damen Sekt, bevor man sie mit Samen deckt. (*Georg Kreisler*)
3. Die Braut schon beim Kosen pennt, wenn er nur fade Posen kennt. (*Franz-Joseph Schindler*)

4. Ich war Vikar.
5. Du bist Buddhist.
6. Es klapperte die Klapperschlang, bis ihre Klapper schlapper klang.
7. Es graust vor nichts den Bademeister, in die dickste Made beißt er.
8. Mach mir mal 'ne Nudelsuppe, bevor ich dich besudel, Puppe.

Tipptopp sinnfreie Aussprüche
1. Alle Tage sind gleich lang, nur verschieden breit.
2. Am Tag ist es wärmer als draußen.
3. Nachts ist es kälter als draußen.
4. Nachts fährt die Straßenbahn schneller als auf Schienen.
5. Tage, an denen man plant, Bananen zu essen, nennt man Bananenplantage.
6. Besser ist schlechter als gut.
7. Das Pferd ist hinten vorne als höher.
8. Wenn die Wurst so dick wie's Brot, ist Wurst wie dickes Brot.
9. Wenn Albert albert, ruht Ruth. Wenn Albert ruht, albert Ruth.
10. Es gibt solche und solche, aber mehr solche wie solche.
11. Das ist genauso lang wie breit.
12. Das ist draußen wie vor der Tür.
13. Je tiefer das Loch, desto plumps.
14. Je tiefer, desto Knall.
15. Such das Heu im Nadelhaufen!
16. Es stimmt alles hinten wie vorne hoch.
17. Dahinten wird's dunkel, geht nicht zu neblig.
18. Das ist hin wie weg.
19. Muss man nicht verstehen.
20. Und alle so: Yeah!

Rhetorische Fragen
1. Schneit es in Kanada?
2. Warst du gerade draußen?

3. Was soll das Verfallsdatum auf saurer Sahne?
4. Leben Verheiratete länger oder kommt ihnen das nur so vor?
5. Kann man Toastbrot einfrieren?
6. Machen wir nicht alle Fehler?
7. Ist der Papst katholisch?

Antworten auf die ironische Frage »Wie kommt Kuhscheiße aufs Dach?« (wird häufig bei großer Verwunderung über eine Sache gestellt)

1. Hat sich Kuh auf Schwanz geschissen, Scheiße dann aufs Dach geschmissen.
2. Der Dachdecker hieß Kuhscheiße.
3. Wenn das Dach an den Hang anlehnt.
4. Wenn die Schildbürger sie hochgezogen haben.
5. Wenn man die Kuhfladen als Brennmaterial benutzt.
6. Ja, wie kommt denn der Spinat aufs Dach? Die Kuh kann doch nicht fliegen.

Zehn Zungenbrecher zwischendurch

1. Zwischen zwei Zwetschgenzweigen sitzen zwei zechenschwarze tschechisch zwitschernde Zwergschwalben.
2. In dem dichten Fichtendickicht pickten dicke Fichten tüchtig, dicke Fichten pickten tüchtig in dem dicken Fichtendickicht.
3. Der Whiskeymixer mixt Whiskey, Whiskey mixt der Whiskeymixer.
4. Mischwasserfische heißen Mischwasserfische, weil Mischwasserfische im Mischwasser Mischwasserfische sind.
5. Brautkleid bleibt Brautkleid und Blaukraut bleibt Blaukraut.
6. Fischers Fritze fischt frische Fische. Frische Fische fischt Fischers Fritze.
7. Auf den sieben Robbenklippen sitzen sieben Robbensippen, die sich in die Rippen stippen, bis sie von den Klippen kippen.
8. In Ulm, um Ulm und rund um Ulm herum.
9. Der Cottbuser Postkutscher putzt den Cottbuser Postkutschkasten blank.
10. Der Kaplan klebt klappbare Pappplakate.

Palindrome

1. Ein Neger mit Gazelle zagt im Regen nie.
2. Diva dreimal, bat er Greta, blamier David.
3. Horst Beil liebt's roh.
4. Tunk nie ein Knie ein, Knut.
5. Regal mit Sirup pur ist im Lager.
6. Nette Rehe retten.
7. Erika feuert nur untreue Fakire.
8. Grasmitte, da kniet ein Kadett im Sarg.
9. Trug Tim eine so helle Hose nie mit Gurt?
10. Vitaler Nebel mit Sinn ist im Leben relativ.

Eselsbrücken

1. Welcher Seemann liegt bei Nelly im Bett? (*Reihenfolge der Ostfriesischen Inseln: Wangerooge – Spiekeroog – Langeoog – Baltrum – Norderney – Juist – Borkum*)
2. Zeigt der Schutzmann Brust und Rücken, musst du auf die Bremse drücken. Zeigt er seine Seite, suche schnell das Weite. (*Verkehrserziehung: Verhalten als Autofahrer, wenn ein Polizist den Verkehr an einer Kreuzung regelt*)
3. Nie ohne Seife waschen. (*Reihenfolge der Himmelsrichtungen im Uhrzeigersinn: Norden – Osten – Süden – Westen*)
4. Wer brauchen ohne zu gebraucht, braucht brauchen gar nicht zu gebrauchen. (*im Deutschunterricht*)
5. Erst das Wasser, dann die Schorle, sonst geschieht das Ungehorle. (*richtige Zubereitung von Schorle in der Gastronomie*)
6. Ist der Bauch konkav, war das Mädchen brav. Ist der Bauch konvex, hatte das Mädchen Sex. (*zur Unterscheidung der Linsentypen in der Optik*)
7. Gäste müssen mehr sein als die Anzahl der Musen (*9*) und weniger als die der Tugenden (*12*), damit das Fest gelingen soll. (*Regel von Goethe, wie viele Gäste man einladen soll*)
8. Die Eselsbrücke ist die beste Verbindung zwischen zwei Gedächtnislücken. (*Merksatz*)
9. Geh du alter Esel hole Fische. (*#-Tonarten G-Dur bis Fis-Dur*)

10. Frische Brötchen essen Assessoren des Gesangs. (*b-Tonarten F-Dur bis Ges-Dur*)

Scherzfragen
1. Welches Pferd hat sein Arschloch oben? (*Antwort:* Das Polizeipferd.)
2. Wohin fliegt ein schwuler Adler? (*Antwort:* Zu seinem Horst.)
3. Warum haben Fische Schuppen? (*Antwort:* Weil sie ihre Fahrräder im Trockenen abstellen wollen.)
4. Was ist unsichtbar und riecht nach Möhre? (*Antwort:* Ein Kaninchenfurz.)
5. Wie kastriert man einen Kühlschrank? (*Antwort:* Tür auf, Eier raus, Tür zu.)
6. Wie bekommt man ein Pferd in den Kühlschrank? (*Antwort:* Tür auf, Pferd rein, Tür zu.)
7. Und wie bekommt man eine Kuh in den Kühlschrank? (*Antwort:* Tür auf, Pferd raus, Kuh rein, Tür zu.)
8. Was ist ein Pensch? (*Antwort:* Das Mittelstück vom Lampenschirm.)
9. Was ist, wenn ein Spanner stirbt? (*Antwort:* Dann ist er weg vom Fenster.)
10. Wo wohnen Katzen? (*Antwort:* Im Mietshaus.)
11. Wie begrüßen sich zwei Päpste? (*Antwort:* Es gibt nur einen.)
12. Warum können Hunde nicht gut Poker spielen? (*Antwort:* Weil sie bei jedem guten Blatt mit dem Schwanz wedeln.)
13. Was ist grün und fetzt mit 200 Sachen über eine Wiese? (*Antwort:* Ferngesteuerte Essiggurke.)
14. Was ist sieben Meter lang und hat elf Zähne? (*Antwort:* Eine Polonaise im Altenheim.)
15. Was ist der schönste Abend? (*Antwort:* Der Feierabend.)

Witze (dreimal kurz gelacht)
1. Sag mal, raucht deine Frau eigentlich nach dem Sex? – Keine Ahnung, ich habe noch nie nachgeschaut.
2. Kommt eine Frau zum Arzt und sagt: »Herr Doktor, ich

habe einen Knoten in der Brust.« – Sagt der Arzt: »Wer macht denn so was?«
3. Ein zum Tode Verurteilter wird nach seinem letzten Wunsch gefragt. »Eine Tasse Kaffee, bitte!« – »Und wie viele Stücke Zucker möchten Sie?« – »Zucker? Mann, sind Sie wahnsinnig? Ich bin Diabetiker!«

Reaktionen auf einen schlechten Witz
1. So lustig wie Gehwegplatten schleppen.
2. Füße hoch, Witz!
3. Witz komm raus, du bist umzingelt. (*bzw.* umklammert)
4. Alter Hut mit Krempe.
5. Du hast wohl einen Clown gefrühstückt?
6. Hast du Clownflakes gefrühstückt? (*Wortspiel*)
7. Hast du Kasperwasser getrunken?
8. Hast du dich mit Quatschsalbe eingerieben?
9. Hast du in Didi-Hallervorden-Unterwäsche geschlafen?
10. Hast du heute Nacht in der Witzkiste geschlafen?
11. Hast du wieder am lustigen Stein geleckt?
12. Wohl mit Peter Lustig gebadet?
13. Ist dein Clownskostüm in der Reinigung?
14. Gibt's dich auch in witzig?
15. Hoffentlich ist mein nächster Mann/meine nächste Frau auch so witzig wie du. (*ironisch*)
16. Und wann gehst du damit auf Tournee?
17. Ich habe schon mal mehr gelacht.
18. Ich gehe zum Lachen in den Keller.
19. Ich lach später.
20. Hahaha, ich lach morgen weiter.

Lebensweisheiten
1. Es ist schwere Arbeit, ein leichtes Leben zu führen.
2. Erstens kommt es anders und zweitens, als man denkt.
3. A bisserl was geht immer. (*Monaco Franze*)
4. Arschlöcher sind Leute, die nicht wissen, dass sie Arschlöcher sind. (*Kinky Friedman*)

5. Der eigene Furz riecht jedem am besten.
6. Du kannst niemandem vertrauen, selbst der eigene Arsch bescheißt dich.
7. Meine Oma hat immer gesagt: Wo Geld ist, kann auch Liebe sein. (*Atze Schröder*)
8. So ist das Leben: Der eine kommt nach Paris, der andere nicht.
9. Der eine isst gerne Harzer Käse, der andere geht in die Kirche.
10. Wer die Musik bestellt, muss sie auch bezahlen.
11. Das Leben ist das, was passiert, während du damit beschäftigt bist, Pläne für etwas ganz anderes zu machen. (*John Lennon*)
12. Das Wichdichste im Lebm iss imma: Rechtzeitich in'n Sack haun. (*Arno Schmidt*)
13. Von der Wiege bis zur Bahre: Formulare, Formulare, Formulare.
14. Das sind meine Grundsätze. Wenn sie Ihnen nicht passen, ich habe noch andere. (*Groucho Marx*)

Weise Worte für alle Gelegenheiten
1. Lass dich nicht ins Bein beißen.
2. Tu, was du nicht lassen kannst.
3. Was man nicht gerne tut, soll man zuerst tun.
4. Wer für alles offen ist, kann nicht ganz dicht sein.
5. Wer im Bilde ist, kann nicht aus dem Rahmen fallen.
6. Wer will, kann, wer nicht will, muss. (*Seneca*)
7. Kein Schwanz ist so hart wie das Leben.
8. Geld allein macht nicht glücklich ... man muss auch ausschlafen können.
9. Das Leben ist kein Ponyhof – geritten wird trotzdem.
10. Es ist noch kein Meister vom Himmel gefallen – die sind noch alle oben. (*alte Pilotenweisheit*)
11. Ein guter Abgang ziert die Übung. (*alte Kunstturnerweisheit*)
12. Schlagfertigkeit ist etwas, worauf man erst 24 Stunden später kommt. (*Mark Twain*)

13. Worte sind schön, aber Hühner legen auch Eier.
14. Rede mit den Hühnern, dann kriegst du die Eier umsonst.
15. Rede wenig, rede wahr, zehre wenig, zahle bar.
16. Rede, was wahr ist, trinke, was klar ist, und vögel, was da ist.
17. Wer abends kann, der kann auch morgens.

Sprüche aus Omas Apotheke, die okay sind
1. Das Leben ist kein Wunschkonzert.
2. Das Leben ist kein Mädchenpensionat.
3. Das Leben ist keine Waldorfschule.
4. Das Leben ist kein Streichelzoo.
5. Das Leben ist kein Trainingslager.
6. Das Leben ist kein Zuckerlecken.
7. Das Leben ist kein bunter Teller.
8. Das Leben ist kein Malbuch.
9. Das Leben ist kein Kindergeburtstag.
10. Das Leben ist kein Kaffeekränzchen.
11. Das Leben ist kein Klosterschülerinnenpicknick.
12. Das Leben ist kein Deutsch-Leistungskurs.
13. Das Leben ist keine Abifeier.
14. Das Leben ist keine Wundertüte.
15. Das Leben ist kein Deckchenhäkeln.

Adorno-Zitate, die man immer mal anbringen kann
1. Mit dieser Welt gibt es keine Verständigung; wir gehören ihr nur in dem Maße an, wie wir uns gegen sie auflehnen.
2. Langeweile ist der Reflex auf das objektive Grau. Langeweile ist objektive Verzweiflung.
3. Was nützt einem die Gesundheit, wenn man ansonsten ein Idiot ist?
4. Jeder Mensch heute fühlt sich zu wenig geliebt, weil jeder zu wenig lieben kann.
5. Amüsement ist die Verlängerung der Arbeit im Kapitalismus.
6. Es gibt kein richtiges Leben im falschen.
7. Das Ganze ist das Unwahre.

Sätze von Schopenhauer, die zu fast jeder Gelegenheit passen

1. All unser Übel kommt daher, dass wir nicht allein sein können.
2. Die ersten vierzig Jahre unseres Lebens liefern den Text, die folgenden dreißig den Kommentar.
3. Wir denken selten an das, was wir haben, aber immer an das, was uns fehlt.
4. Der Mensch kann zwar tun, was er will, aber er kann nicht wollen, was er will.
5. Höflichkeit ist Klugheit, folglich ist Unhöflichkeit Dummheit.
6. Im Alter versteht man besser die Unglücksfälle zu verhüten, in der Jugend, sie zu ertragen.
7. Der Reichtum gleicht dem Seewasser: Je mehr man davon trinkt, umso durstiger wird man.
8. Das Leben im Ganzen betrachtet ist ein Trauerspiel, jedoch das Leben en détail ist immer Lustspiel, wenn es auch noch so verdrießlich ist.

Sensationelle chinesische Spruchweisheiten

1. Glück ist, in beiden Händen Blumen zu halten.
2. Wenn du Zitronen hast, mach Limonade.
3. Die lange Bank ist des Teufels liebstes Möbelstück.
4. Hüte dich vor Männern, deren Bauch beim Lachen nicht wackelt.
5. Wenn du nicht lächeln kannst, eröffne nie ein Geschäft.
6. Wer rundum immer nur lächelt, kriegt nichts als Falten ins Gesicht.
7. Nichts geht voran, alles geht nur weiter.

Alte Indianerweisheiten

1. Richte nie über einen Menschen, solange du nicht zwei Monde lang in seinen Mokassins gelaufen bist.
2. Du kannst den Regenbogen nicht haben, wenn es nicht irgendwo regnet.
3. Wenn du am Fluss leben willst, dann schließe Freundschaft mit den Krokodilen.

4. Du findest oft in Flüssen, was du in Ozeanen nicht finden kannst.
5. Setz dich an einen Fluss und warte: Die Leichen deiner Feinde werden bald vorbeischwimmen.
6. Du kannst nie zweimal denselben Fluss betreten.
7. Wer die Wahrheit sagt, braucht ein schnelles Pferd.
8. Wenn das Pferd tot ist, sollte man absteigen.
9. Es ist verdammt einsam, seit das Pferd tot ist.
10. Niemand vergisst, wo er das Kriegsbeil begraben hat.
11. Amis raus aus USA, Winnetou ist wieder da.
12. Die Bösen tragen schwarze Hüte.

Saucoole Eskimo-Sprüche
1. Alte Lappen wirft man nicht weg. Sie können noch gut die Rentiere versorgen.
2. Wer rodeln will, der muss auch mal den Schlitten ziehen.
3. Abwarten und Schnee trinken.
4. Das ist Schnee von gestern, wie der Dichter sagt.
5. Der Schnee von gestern hält sich manchmal besonders lange.
6. Man ist so kalt, wie man sich fühlt.
7. Besser der Arsch leidet Frost als die Kehle Durst.
8. Die wärmsten Jäckchen sind die Conjäckchen. (*scherzhaft*)
9. Sei immer höflich zu Leuten, die kälter sind als du.
10. Mögen alle meine Fehler sich auf ihre Plätze begeben und möglichst wenig Lärm dabei machen.

3

»Man ist so jung, wie man sich anfühlt«

Sexualität und Partnerschaft

Kennenlernen

Sprüche für den Mann, um die Aufmerksamkeit einer Frau zu erlangen
1. Bist du öfter hier?
2. Haben Sie Wasser in den Beinen? Meine Wünschelrute schlägt aus.
3. Wenn du die Farbe von meinem roten Auto errätst, gehöre ich heute Nacht dir.
4. Dich würde ich nicht von der Bettkante stoßen.
5. Sie sind nicht auf mich angewiesen, aber ich auf Sie, merken Sie sich das! (*Karl Valentin*)
6. Ich möchte der Knopf an deiner Bluse sein. (*Bata Illic*)
7. Ich bin vom ADAC. Kann ich dich abschleppen?
8. Ich hab gehört, im Himmel wird ein Engel vermisst.
9. Ist dein Leben nicht furchtbar langweilig ohne mich?
10. Nimm's leicht, nimm mich.
11. Ich bin neu in der Stadt – kannst du mir den Weg zu dir nach Hause zeigen?
12. Sag mir, wo du wohnst, dann geh ich voraus.
13. Und wenn du mir sagst, wo du wohnst, zahl ich auch deine Miete.
14. Zieh dich aus, leg dich hin – ich muss mit dir reden.
15. Willst du die Mutter meiner Kinder werden?
16. Ich Tarzan – du Jane?

Sprüche für die Frau, um die Aufmerksamkeit eines Mannes zu erlangen
1. Kennen wir uns nicht irgendwoher?
2. Ich trage dieses Kleid heute zum ersten Mal und frage mich die ganze Zeit, ob das Dekolleté zu tief ausgeschnitten ist. Was meinen Sie?
3. Entschuldigung, ich habe meine Telefonnummer vergessen, kann ich deine haben?

4. Was bist du für 'n Sternzeichen?
5. Du hast wunderschöne Lippen. Kann man die küssen?
6. Du wärst bestimmt ein guter Vater.
7. Du solltest unbedingt die Länge deiner Koteletten überdenken. (*Bridget Jones*)
8. Haben Sie eine Pistole in der Tasche, oder freuen Sie sich nur, mich zu sehen? (*Mae West*)
9. Glaubst du an Liebe auf den ersten Blick? Oder soll ich noch mal reinkommen?
10. Wie fühlt man sich, wenn man der einzige vernünftige Mann im Raum ist?
11. Hat es doll wehgetan, als du vom Himmel gefallen bist?
12. Der Brioni-Anzug, den Sie da anhaben, würde sich allerliebst auf meinem Schlafzimmerboden machen.
13. Was machst du denn hier? Du müsstest schon längst in meinem Bett sein.
14. Dich würde ich nicht aus dem Bett schubsen.
15. Ich bin so schlecht im Bett, das müssen Sie erlebt haben.

Ausgezeichnete Antworten bei blöder Anmache

1. *Habe ich dein Gesicht nicht schon mal woanders gesehen?* – Nein, das trage ich eigentlich immer an derselben Stelle.
2. *Du kommst mir irgendwie bekannt vor.* – Entzugsklinik oder Knast?
3. *Die Welt ist klein.* – Ich wüsste nicht, wann ich je eine kleinere gesehen hätte.
4. *Darf ich Ihnen einen ausgeben?* – Danke, ich möchte lieber das Geld.
5. *Hat Ihnen schon mal jemand gesagt, dass Sie eine hübsche kleine Schlange sind?* – Ja, schon viele Männer.
6. *Wie war noch mal dein Name?* – Den habe ich bislang noch gar nicht genannt.
7. *Ihre Art gefällt mir nicht.* – Das geht in Ordnung, ich verkaufe sie sowieso nicht.
8. *Was ist dein Problem?* – Habe ich denn nur eins?
9. *Was ist los?* – Alles, was nicht angebunden ist.

10. *Ich beobachte Sie schon den ganzen Abend von da drüben.* – Dann gehen Sie zurück und beobachten weiter.
11. *So einen tollen Abend habe ich selten erlebt.* – So? Wo haben Sie denn bis jetzt Ihre Abende verbracht?
12. *Kommst du noch mit auf einen Kaffee?* – Nein, gegen ein bisschen Sex hätte ich ja nichts, aber auf Kaffee habe ich abends keinen Bock.
13. *Würden Sie am Samstagabend mit mir tanzen gehen?* – Tut mir leid, aber dann habe ich Kopfschmerzen.
14. *Ich weiß wirklich nicht, was ich sagen soll.* – Vielleicht was Unanständiges?
15. *Wir sollten heiraten.* – Denkst du, ich würde eine gute Ex-Frau abgeben? (*Mad Men*)
16. *Ich nehme an, Sie haben in Ihrem Leben schon alles gesehen?* – Zweimal! (*Frau K.*)
17. *Ist das alles?* – Alles, was du zu hören kriegst.

»Geistreiches« fürs Blind Date
1. Man ist so jung, wie man sich anfühlt.
2. Lebe jeden Tag so, als wäre es dein letzter.
3. Ich suche keine Frau fürs Leben, sondern ganz dringend eine fürs Bett.
4. Zieh dich aus, ich glaub, ich liebe dich.
5. Welche Frau sucht einen Mann, der eine Frau sucht, die einen Mann sucht?
6. Schließ einfach die Augen und stell dir vor, ich wär Heinz Kluncker. (*Max Goldt*)
7. Nie vor mittags aufstehen. (*Erwiderung auf:* Du siehst fantastisch aus. Was ist dein Geheimnis?)
8. Du bist der Traum meiner eingeschlafenen Füße.
9. Wie wär's mit einem kleinen Spaziergang im Schondmein? (*statt:* Mondschein)
10. Wie ramontisch! (*statt:* romantisch)
11. Nimm die Hand aus meiner Hose – ich zähle bis tausend.

Kontaktanzeige aufgeben
1. Krümel sucht Keks.
2. Topf sucht Deckel.
3. Fisch sucht Fahrrad.
4. Waschlappen sucht Kehrseite zum gemeinsamen Badevergnügen.
5. Hahn sucht Henne zum gemeinsamen Eierlegen.
6. Einsamer sucht Einsame zum Einsamen.
7. Psychoanalytiker sucht Frau, die ihn versteht.
8. Ich suche eine Frau, die sich einen Koch leisten kann.
9. Durchschnittlicher Typ sucht perfekte Frau. Wenn's geht, reich.
10. Suche Mann mit Pferdeschwanz, Frisur egal.
11. Ich bin gut drauf – bist du auch gut drunter?
12. Alles kann, nichts muss.

Unverhofftes Wiedersehen mit der Jugendliebe an einem trostlosen verregneten Sonntagnachmittag
1. Für einen Quickie hast du doch Zeit, oder?
2. Marmor, Stein und Eisen bricht, aber unsere Liebe nicht. (*Drafi Deutscher*)
3. Mein schober Lilli. (*statt:* Mein lieber Scholli.)
4. Alte Liebe rostet nicht. (*veraltet*)

Lobeshymnen auf rothaarige Frauen
1. Wenn das Dach rostig ist, ist der Keller feucht.
2. Rothaarig macht hartrohrig.
3. Diese rothaarige Furie – das ist keine Frau, sondern Zauberei. (*Wenedikt Jerofejew, »Die Reise nach Petuschki«*)
4. Sie ist so scharf, sie braucht einen Waffenschein.
5. Ich bin ja so verschossen in deine Sommersprossen.

Sex und Liebe

Im Bordell
1. Na, wie sieht's use, Beate?
2. Hey, ich bin kein Mann für eine Nacht, aber ein, zwei Stunden hätte ich schon Zeit.
3. Pferdchen reiten kostet Geld.
4. Haben Sie schon gewusst, dass Polen und Indianer die besten Liebhaber sind? Ach, übrigens, mein Name ist Winnetou Koslowski.
5. Jeder ist seines Glückes Schmied, doch nicht jeder hat ein schmuckes Glied.
6. Ich wär gerührt, wenn du mir einen schüttelst.
7. Ein hübsches kleines Nichts, das Sie da beinahe anhaben. (*James Bond in »Diamantenfieber«*)
8. Machen wir Schluss. Ich habe meiner Frau versprochen, heute pünktlich nach Hause zu kommen.
9. Ich muss nach Hause. Das ganze Bett voll Arbeit.
10. Komm ich heut' nicht, komm ich morgen zweimal.
11. Können Sie mir noch einen Tipp geben, wie man am besten Frauen anspricht, die man gerne kennenlernen möchte?

Für die erste Liebe
1. Ich beiße nicht.
2. Du fehlst mir.
3. Du fehlst mir noch in meiner Käfersammlung.
4. Ich könnte die ganze Welt umarmen.
5. Lass uns nach Las Vegas fahren und die Sonne putzen.
6. Was sich liebt, das neckt sich.
7. Frauen lieben immer, Männer haben zwischendurch zu tun. (*Bridget Jones*)
8. Liebe auf den ersten Blick ist ungefähr so zuverlässig wie Diagnose auf den ersten Händedruck. (*George Bernard Shaw*)
9. Platonische Liebe ist vegetarischer Sex.
10. Das Schönste der Gefühle: ein Mädchen aus Heidmühle. (*Weisheit aus Friesland*)

11. Muss Liebe schön sein!
12. Für dich schmeiß ich mich hinter jeden Zug.
13. Für dich nehme ich mir einen Strick und erschieß mich.
14. Ich bin ganz Karussell in die Kopf.
15. Küsse mich, sonst küsse ich dich.
16. Mit dir würde ich alles teilen – sogar deine Freundin.

Ausruf der Männer beim Anblick einer schönen Frau
1. Die würde ich nicht von der Bettkante stoßen.
2. Entzickend! (*Wortspiel mit* Entzückend *und* Zicke)
3. Scharfer Feger!
4. Scharfer Braten!
5. Strammer Hase!
6. Heiße Braut!
7. Eine Blondine, wegen der ein Bischof ein Loch ins Kirchenfenster getreten hätte. (*Raymond Chandler*)
8. Kneif mich mal, Karl.
9. Wirklich geiler Lack!
10. Was für ein Fahrgestell!
11. Leeven Jott, hätt die en Milchjeschäf. (*Kölner Platt für:* schöne Oberweite)
12. Korrekte Theke! (*anderes Wort für weibliche Oberweite*)
13. Hab ich Zucker in den Augen? Oder warum ist die so süß?
14. Ist das 'ne Knuspertüte!
15. Voll die Sahnemuddi!
16. Die ist ein steiler Zahn. (*veraltet*)
17. Ja, die ist wirklich eine richtige Wuchtbrumme. (*dito*)
18. Da wird die Eichel zur Kastanie.
19. Auf Dauer kann man ihr den Beischlaf nicht verweigern.
20. Oh, Sünde! (*Steffi Prigge*)

Ausruf der Frauen beim Anblick eines anziehenden Mannes
1. Den würde ich nicht von der Bettkante schubsen.
2. Die Farbe seiner Augen passt super zu meiner Bettwäsche.
3. Er ist wirklich süß, aber ich bin Diabetikerin.
4. Ein Paradehengst!

5. Voll der Wuchtbulle.
6. Geil wie Pavianscheiße.
7. Geil wie Schafscheiße.
8. Geil wie Pogo in Togo.
9. Scharfer Hahn!
10. Toller Typ!
11. Macht mich ganz zappelig!
12. Schwanz zum Einrahmen.
13. Ein Prachtkerl dank Chappi.
14. Ganz großer Macker.
15. Der Allergrößte!

Was kleine Männer zu großen Frauen sagen
1. Stille Wasser haben kurze Beine.
2. Ich bin nicht klein, sondern platzsparend.
3. Ich bin nicht klein, nur konzentriert.
4. Ich bin nicht klein, sondern mittelgroß.
5. Beter kleen un kregel as'n groten Flegel. (*niederdeutsch für:* Besser klein und kregel als ein großer Flegel.)
6. Klingt vielleicht eingebildet, aber ich bin ein klein wenig anders. (*selbstironisch*)
7. Etwas weniger ist mehr.
8. Das nächste Mal komme ich auf Stelzen.

Scherzhafte Bezeichnungen für Männer unter 1,70 Meter
1. Abgebrochener Riese
2. Fruchtzwerg
3. Dreikäsehoch
4. Kurzer
5. Shorty
6. Bodenfurz
7. Nabelküsser

Wenn man Lust hat – für Männer
1. Ich bin scharf wie Salzsäure.
2. Ich bin scharf wie eine Axt.

3. Ich bin scharf wie eine Rasierklinge.
4. Ich bin scharf wie ein frisch gewetztes Messer.
5. Ich bin spitz wie ein achtziger Rettich.
6. Ich bin heiß wie Frittenfett.
7. Ich könnt schon wieder.
8. Mach dich nackig, mir ist hart.
9. Mach breit, ich habe hart.
10. Mit scharf?

Wenn man Lust hat – für Frauen
1. Ich bin scharf wie sieben Sensen.
2. Ich bin spitz wie Nachbars Lumpi.
3. Ich bin heiß wie ein Waffeleisen.
4. Ich bin bereit wie eine Nonne im Spagat.
5. Ich bin ganz raschelig.
6. Ich bin ganz wuschig.
7. Ich brenne.
8. Meine Brosche juckt.

Ausdrucksmittel für den Mann, wenn er Sex haben, also vögeln oder eine Frau flachlegen will
1. Den Lachs in die Butter stecken
2. Den großen Grauen reinhängen
3. Das Tanzbein schwingen
4. Den Sir Rocco machen
5. Das Fass anbohren
6. Das Perlhuhn stempeln
7. Die Pflaume pflücken
8. Ein Rohr verlegen
9. Die Lok in den Schuppen fahren
10. Die Gurke einparken
11. Die Salami verstecken
12. Das Boot ins Wasser lassen
13. Eine Dame verräumen
14. Eine Nummer schieben
15. Zur Sache, Schätzchen!

Sex und Liebe 129

Ausdrucksmittel für die Frau, wenn sie Sex haben, also poppen oder Liebe machen will
1. Das Tier füttern
2. Den Hahn krähen lassen
3. Den Dachs in den Bau jagen
4. Den Delfin versenken
5. Den Wempling bergen (*veraltet*)
6. Die Vögel zwitschern lassen
7. Die Truhe aufmachen
8. In die Kiste hüpfen
9. Den Kasper einwickeln
10. Den Keks eintunken
11. Das Gürkchen einlegen (*hessisch*)
12. Den Hering wässern
13. Den Tank vollmachen
14. Einen Braten in die Röhre schieben
15. Hollalulu machen

Was Frauen beim Sex rufen können
1. Tiefer!
2. Fester!
3. Schneller!
4. Nicht so schnell, nicht so schnell!
5. Langsam, Tiger!
6. Mach mir den Hengst!
7. O jaaaa, gib mir Tiernamen!
8. Mach weiter!
9. Oh, ist das gut!
10. Ich will dich spüren!
11. O ja, drück mich!
12. Du bist so schön hart!
13. Ooooh, bist du guuut!
14. OHMEINGOTTICHKOMME!
15. OA-OA-OAHH-OHH-OH-OA-OAHH-OHHH!
16. Hab ich aufhören gesagt?

Was Männer beim Sex rufen können

1. So ist es gut, Baby.
2. Mann, ist das gut.
3. Geil wie Gummi.
4. Spürst du mich?
5. Seile Gau! (*statt:* Geile Sau!)
6. RRAUGHAAH-AH-AH-AH-JAA-JAAA!
7. Geht ab wie 'n nasser Drache.
8. Mein Horst hat Schnappatmung! (*statt:* Ich komme!)
9. Fertsch. (*statt:* Fertig.)
10. Haste mal Feuer? (*für die Zigarette danach*)

Was man beim Sex niemals sagen sollte

1. Ich pass auf.
2. Es ist eine Arbeit wie jede andere. Immer dieselbe Bewegung. Hauptsache, man hält durch.
3. Extras kosten extra.
4. Sagst du mir Bescheid, wenn du fertig bist?
5. Glaubst du, mir macht das Spaß?
6. Noch was vor heute Nacht?
7. Nimmst du eigentlich ... die Pille?
8. Sag mal, schläfst du schon?
9. Ich mache das nur, weil ich betrunken bin.
10. Ich frage mich, wie unsere Kinder mal aussehen würden.
11. Küche! (*Erwiderung auf:* Sag mir was Schmutziges!)
12. Die Decke müsste mal wieder gestrichen werden.
13. Riech ich dein Aroma, fall ich gleich ins Koma.
14. Wie hast du mich gerade genannt?
15. Nimm mein Lachen nicht persönlich. Alle Menschen sehen nackt komisch aus.
16. Nimm lieber deinen Finger, der ist größer.
17. Da kann ich ja ebenso gut ein Pfund Gehacktes nehmen.
18. Du bist so gut, du könntest das auch professionell machen.
19. Im Dunkeln siehst du besser aus.
20. Im Bett liegen und nichts tun – das könnte dir so passen.
21. Achtung, meine Frisur.

22. Ich empfinde Sex als etwas sehr Intimes.
23. Bis jetzt hat sich noch keine(r) beschwert.
24. Ich könnt schon wieder ... wüsste ich nur, wie es heißt.
25. Bist du schon drin?

Partnerwahl

Wenn man gut zusammenpasst
1. Das passt wie angegossen.
2. Passt wie Arsch auf Eimer.
3. Sie haben die gleiche Blutgruppe.
4. Sie haben sich gesucht und gefunden.
5. Sie sind beide aus demselben Holz geschnitzt.
6. Sie sind auf derselben Wellenlänge.
7. Sie sind ein Herz und eine Seele.
8. Sie schmeckt ihm, er schmeckt ihr.
9. Er bringt ihre Saiten zum Klingen.
10. Sie hat ein geheimes Glockenspiel, das kann nur er hören.
11. Sie hat was, das kitzelt ihn.

Wenn man nicht zusammenpasst
1. Das passt wie Senf auf Sahneschnitten.
2. Das passt wie der Igel zum Taschentuch.
3. Das passt wie der Igel zur Türklinke.
4. Der Schlüssel passt nicht.
5. Seine Nase passt ihr nicht.
6. Er passt ihr nicht in den Kram.
7. Sie geht ihm gegen den Strich.
8. Sie ist nicht seine Kragenweite.
9. Sie ist nicht sein Typ.
10. Sie sind wie Katz und Hund.
11. Es knistert im Gebälk.
12. Es hat keinen Zwerg. (*statt:* Zweck)
13. Der Haussegen hängt schief.

Beziehungsgespräche

Was Frauen sagen können, wenn es um die Beziehung geht

1. Wir müssen reden.
2. Wir müssen mal unsere Beziehung definieren.
3. Ich hab viel über uns nachgedacht.
4. Du denkst immer nur an dich.
5. Ihr denkt immer nur an das eine.
6. Das glaub ich jetzt nicht.
7. Appetit kannste dir woanders holen – gegessen wird zu Hause.
8. Musst du immer überall deine Socken rumliegen lassen?
9. Ich kann nicht mit jemandem zusammen sein, der sich für rein gar nichts interessiert.
10. Du siehst müde aus. (*bzw.* traurig)
11. Du liebst mich nicht.
12. Hörst du mir überhaupt zu?
13. Hauptsache, du hast deinen Spaß. (*ironisch*)
14. Ich bin nicht sauer, nur enttäuscht.
15. Das glaubst du doch wohl selbst nicht!
16. Mir ist langweilig, lass uns was unternehmen.
17. Das hört sich ja super spannend an.
18. Hast du mich überhaupt noch lieb?
19. Du könntest mir auch mal wieder den Rücken kraulen.
20. Seit wann kommt der Knochen zum Hund?

Was Männer sagen können, wenn es um die Beziehung geht

1. Wo ist das Problem?
2. Ich habe doch gar nichts gemacht.
3. Ich kann mich an nichts mehr erinnern.
4. Das krieg ich nicht gebacken.
5. Da hab ich meine Schwierigkeiten mit.
6. Ich bin dermaßen fix und foxi.
7. Ich bin mit der Gesamtsituation unzufrieden.

8. Das darfst du jetzt nicht persönlich nehmen.
9. Komm wieder runter, Baby.
10. Sei nicht albern, gib mir einen Kuss.
11. Natürlich will ich Kinder, aber nicht die ganze Zeit.
12. Ich will, dass du glücklich bist.
13. Du bist wie eine Klette.
14. Zieh dich schon mal aus, wir müssen reden.
15. Komma lecker bei mich bei. (*im Ruhrpott*)

Unwahrheiten und kleine Notlügen – typisch Frau
1. Oh! Bartnelken! Meine Lieblingsblumen.
2. Auf dem Foto siehst du jung aus.
3. Deine Eltern sind wirklich sehr nett.
4. Wir können ja Freunde bleiben.
5. Ich habe nichts zum Anziehen.
6. Ich habe Kopfschmerzen.
7. Du bist nicht fett.
8. Deine Haare sehen super aus.
9. Es liegt nicht an dir.
10. Das kann doch jedem mal passieren.

Unwahrheiten und kleine Notlügen – typisch Mann
1. Ich habe nur zwei Bier getrunken.
2. Aber Liebling, ich war nicht betrunken, ich war nur in einer fremden Fantasiewelt. (*Homer Simpson*)
3. Ich liebe nur dich.
4. Schönes Kleid.
5. Natürlich bleiben wir Freunde.
6. Sie ist nicht meine Freundin. Ich helfe ihr nur, schwanger zu werden. (*The Big Lebowski*)
7. Du bist anders als die anderen.
8. Ich denke an dich.
9. Ich rufe dich an.
10. Ich melde mich.
11. War nett.

Liebeskummer haben

1. Lass das Mädchen sitzen, das dir nicht liegt.
2. Adelheid ist eine Zier, doch Walter geht nun ohne ihr.
3. Da geht er, der Peter.
4. Wer einsam ist, der hat es gut, weil keiner da, der ihm was tut. (*Wilhelm Busch*)
5. Lieber glücklich einsam sein, als alleine zu zweit.
6. Alleinsein wäre nicht so übel, könnte man es mit jemandem teilen.
7. Zusammen ist man weniger allein.
8. Es gibt nichts Gutes, außer man knutscht es.
9. Liebeskummer lohnt sich nicht. (*Siw Malmkwist*)
10. Die Liebe beginnt damit, dass man sich selbst betrügt, und sie endet damit, dass man andere betrügt. (*Oscar Wilde*)

Was Frauen noch sagen können, wenn es um die Beziehung geht

1. Hast du denn überhaupt nichts kapiert?
2. Weißt du, was dein Problem ist?
3. Du hörst mir nie zu.
4. Du musst mir auch mal zuhören.
5. Du bist so gemein!
6. Ich hab Schmopfkerzen. (*statt:* Kopfschmerzen)
7. Ich kann gut kochen und an allem rummeckern.
8. Wenn du dich nicht änderst, haben wir ein Problem.
9. Bitte sehr, es hindert dich niemand daran.
10. Du warst so eklig beim letzten Mal.
11. Das letzte Mal warst du ja ein bisschen betrunken.
12. Alles muss ich machen.
13. Schatz, ich muss dir was gestehen.

Was Männer noch sagen können, wenn es um die Beziehung geht

1. Entschuldigung, ich habe gerade nicht zugehört.
2. Heute war nicht mein Tag.
3. Musste mir nicht sagen.

4. Ich bin doch nicht dein Pausenclown!
5. Ich bin leider unfähig, mein ganzes Leben lang mit einer Frau auszukommen. (*Roger Vadim*)
6. Ich habe einen Sprachfehler, ich kann nicht Nein sagen.
7. Wenn ich tanze, tanze ich, und wenn ich schlafe, schlafe ich. (*Michel de Montaigne*)
8. Ich kann alles erklären.
9. Mein Gott, ist das beziehungsreich – ich glaub, ich übergeb mich gleich. (*Robert Gernhardt*)
10. Bist du jetzt zufrieden?

Oberfiese Fangfragen von Frauen
1. Woran denkst du gerade?
2. Hast du eine Affäre?
3. Bin ich zu dick?
4. Fällt dir an mir was auf?
5. Steht mir das?
6. Liebst du mich?
7. Betrügst du mich?
8. Hast du schlechte Laune?
9. Hast du zugenommen?
10. War das alles?
11. Was machen wir jetzt?
12. Hörst du mir eigentlich nie zu?
13. Wer bin ich? Deine Mutter?
14. Liebst du mich noch?

Antworten der Männer auf pfiffige Fangfragen von Frauen
1. Dass ich viel Glück gehabt habe, dich getroffen zu haben. (*Erwiderung auf*: Woran denkst du gerade?)
2. Du hast den schönsten Arsch der Welt. (*Erwiderung auf*: Bin ich zu dick?)
3. Wenn ich nach deinem Körper schiele, denke ich nur an Doktorspiele. (*Erwiderung auf*: Bin ich schön?)
4. Du siehst heute besonders gut aus. (*Erwiderung auf*: Fällt dir an mir was auf?)

5. Das wirst du wohl alleine schaffen! (*Erwiderung auf:* Würdest du jetzt um Hilfe schreien, wenn ich dich küsse?)
6. Was denn sonst? Glaubst du, ich mache Liegestütze? (*Erwiderung auf:* Liebst du mich?)
7. Ja, aber nur, wenn du auch welchen hast. (*Erwiderung auf:* Hast du gern Sex?)
8. Es ist die beste, die ich habe. (*Erwiderung auf:* Das ist keine Antwort.)

Fragen, auf die Männer Frauen keine ehrliche Antwort geben können
1. Wie alt sehe ich aus?
2. Magst du meine Haare?
3. Wie war ich?
4. War es auch gut für dich?
5. Wo bleibt das Positive?

Hochzeit, Ehe und Scheidung

Beim Junggesellen- und -gesellinnenabschied
1. Hackedicht ist Pflicht.
2. Haste keine Knete, kriegste keine Käthe.
3. Wenn es keine Hochzeiten gäbe, würden Männer durchs Leben gehen und glauben, sie machten keine Fehler. (*Kim Basinger*)
4. Das Glück des Mannes heißt: ich will; das Glück des Weibes heißt: er will. (*Friedrich Nietzsche*)
5. Da sitzt ein Zuhälter in der Flasche! (*wenn der Korken nicht rausgeht*)

Einen Heiratsantrag oder eine Liebeserklärung machen
1. Ich brauche dich wie ein Indianer seinen Regentanz. (*veraltet*)
2. Ich liebe dich mit allen Fasern meines Herzens.
3. Ich liebe dich nicht, weil wir zueinander passen, sondern ich liebe dich einfach.

4. Lieber spät und richtig als nie und falsch.
5. Wir sind ein schönes Paar. Besonders du!
6. Magst' mich heiraten, Purzel?
7. Ein bleicher weicher Kopfsalat und ein kaputter Schuh; ein nasser Hut, ein Stückel Draht – viel schöner bist doch du. (*F. W. Bernstein*)
8. Du bist das klügste Mädchen, mit dem ich je eine Nacht in einem Zug verbracht habe. (*Der unsichtbare Dritte*)
9. Du bist das Schärfste, was mir jemals zwischen Heringsdorf und Borkum begegnet ist. (*Pappa ante Portas*)
10. Ich liebe es, deinen Arsch zu sehen, wenn du gehst. Ist er nicht wundervoll, oder was? Dass den keiner antatscht, das ist meiner. (*Ein Fisch namens Wanda*)
11. Ich liebe dich einmal zum Himmel und zurück.
12. Ich liebe dir, du Ungetier.
13. Bitte sagen Sie jetzt nichts, Hildegard. (*Loriot*)

Gedichte für den Polterabend
1. Der Haubenbär spricht mit Bedacht: »Die Bären werden nachts gemacht!« Dann rennt er mit Gegröle in seine Bärenhöhle. (*Arnold Hau*)
2. In der Nacht, in der Nacht, wenn der Büstenhalter kracht, kommt der Lange mit der Stange, macht Schwiegermutter bange.
3. Licht aus, Licht aus, Mutter zieht sich nackend aus, Vater holt den Dicken raus, einmal rein, einmal raus, fertig ist der kleine Klaus.
4. Wenn meine Frau sich auszieht, wie das wohl aussieht? Zwei Schenkel wie Säulen – es ist zum Heulen.
5. Erwin aus der Unterschicht liebt die Oberklasse nicht. Doch vom Chef die Tochter sah er gern und mocht er. (*F. W. Bernstein*)
6. Soll die Ehe glücklich sein, kauf bei Hoops die Ringe ein. (*Juwelier in Bremerhaven*)

Anregendes zur Hochzeit

1. Heiraten macht eine Woche glücklich.
2. Hochzeitstag und Unglückstag haben dasselbe Datum.
3. Für ein Glas Milch brauchste doch nicht die ganze Kuh kaufen.
4. Die Frau weint vor der Hochzeit, der Mann danach.
5. Vor der Hochzeit Küsse, nach der Hochzeit Schmisse.
6. Das Geld ist nur noch die Hälfte wert.
7. Frauen heiraten, um eine große Veränderung herbeizuführen, und Männer heiraten, damit alles so bleibt, wie es ist. (*David Carkeet*)
8. Die Ehe ist eine lange Mahlzeit, die mit dem Dessert anfängt.
9. Die Ehe ist ein Vertrag, bei dem der Mann auf die Hälfte seiner Lebensmittel verzichtet, damit sie ihm die andere Hälfte kocht. (*Fred Feuerstein*)
10. Stall zu, Affe drin.
11. Die Schwiegermutter lächelt vor der Hochzeit, aber nach der Hochzeit furzt sie.
12. Man soll nur schöne Frauen heiraten. Sonst hat man keine Aussicht, sie wieder loszuwerden. (*Danny Kaye*)
13. Es kommt nicht darauf an, wen man heiratet, denn am nächsten Morgen stellt man so oder so fest, dass es jemand anderes war. (*Samuel Rogers*)
14. Heirate oder heirate nicht, du wirst beides bereuen. (*Søren Kierkegaard*)
15. Wer arm ist, sehnt sich nach Reichtum, wer reich ist, nach Glück, wer einsam ist, nach der Ehe, und wer verheiratet ist, nach dem Tod. (*Nora Mars*)
16. Alle Tragödien beendet der Tod, alle Komödien die Ehe. (*Lord Byron*)
17. Die Ehe ist eine wunderbare Erfindung, aber das ist ein Fahrradflickkasten auch. (*US-Schauspieler Billy Conolly*)
18. Drum prüfe, wer sich ewig schindet.

Szenen einer Ehe

1. Mach nicht so ein Gesicht.
2. Für mich brauchst du die Dessous nicht zu tragen.

3. Steck ihn rein und lass ihn drin, bis ich eingeschlafen bin.
4. Schnauf doch nicht so!
5. Fass mich nicht an, wir sind hier nicht im Streichelzoo.
6. Ich bin nicht schwerhörig, ich ignoriere dich einfach.
7. Du schaffst es, dass man die Stille zu schätzen weiß.
8. Aspirin gab's nicht, da habe ich dir Zigaretten mitgebracht. (*Homer Simpson*)
9. Das ist nicht der Mann/die Frau, den/die ich vor zehn Jahren kennengelernt habe.
10. Du bist zu blöd, einen Pudding an die Wand zu nageln.
11. Du bist graziös wie eine Elfe – oder wie heißt das große graue Tier mit dem Rüssel?
12. Appetit kannst du dir woanders holen, aber gegessen wird zu Hause.
13. Wenn ich heimkomme, ist immer, immer, immer der Hund im Putzeimer. Mich nervt das! (*Friedrich Karl Waechter*)
14. Wenn hier einer schreit, dann bin ich es.
15. Die Liebe hat ihre eigene Sprache. In der Ehe kehrt man zur Landessprache zurück. (*russisches Sprichwort*)
16. Ick könnt dir uff'n Mond schießen! (*berlinerisch*)

Standards im Trennungsgespräch

1. Du redest dauernd vom Urlaub. Wir haben nicht mal das Geld zum Daheimbleiben.
2. Ich lernte dich als Perle kennen – nun gehste mit die Kerle pennen.
3. Ich bin nie fremdgegangen, ich kannte die alle.
4. Wasch mir den Pelz, aber mach mich nicht nass.
5. Träum weiter.
6. Ich bin eigentlich ganz anders, komme nur nicht dazu.
7. Bei mir Kurzschluss. (*statt:* Ich will dich nicht verstehen.)
8. Du wirst schon sehen, was ich davon habe.
9. Dich kann ich nur betrunken für voll nehmen.
10. Was du nicht kannst, das kann ich auch.
11. Kann-Nicht wohnt ja meistens in der Will-Nicht-Straße.
12. Es ginge wohl, aber es geht nicht.

13. Dann gute Nacht, Marie. Das Geld liegt auf der Fensterbank.
14. Abschied ist ein schweres Schaf. (*statt:* scharfes Schwert)
15. Schade um den schönen Sex. (*Simon Borowiak*)

Beim Eheberater
1. Schwanz rein, Alltag raus.
2. Verführe deinen Mann täglich, sonst tut es eine andere.
3. Früher machte er mir den Hof, heute mache ich ihm das Bett.
4. Die kleinste Handschelle der Welt ist der Ehering.
5. Heiraten heißt, zu der Katze, die man im Sack gekauft hat, hineinzukriechen.
6. Heiraten ist gut, aber nicht heiraten ist besser.
7. Die Ehe ist ein Vogelhaus, wer drinnen ist, will wieder raus.
8. Die Ehe ist ein Versuch, zu zweit mit den Problemen fertig zu werden, die man allein niemals gehabt hätte.
9. Verzeih mir, Marge, dass ich kein besserer Ehemann war. Es tut mir auch leid, dass ich versucht habe, Gulasch in der Badewanne anzurühren, und das Auto mit deinem Hochzeitskleid gewachst habe. Ich bedaure auch – ach, sagen wir einfach, ich bedaure unsere ganze Ehe bis zu diesem Zeitpunkt. (*Homer Simpson*)
10. Lieber Nürburgring als Ehering.
11. Bessa zwoa Ring unta de Augn ois oa Ring am Finga. (*bayerische Weisheit*)

Zum Thema Scheidung
1. Der Hauptgrund für Scheidungen sind Hochzeiten.
2. Eine lange Verlobungszeit verkürzt die Ehe.
3. Treue ist der Zeitraum zwischen zwei Seitensprüngen.
4. Ich muss verrückt gewesen sein.
5. Ich hasse dich, du hast mein Leben zerstört.
6. Man lernt seinen Mann nach der Scheidung erst richtig kennen.
7. Das Portemonnaie ist der empfindlichste Körperteil des Mannes.
8. Nur Witwer haben einen Engel als Frau.

9. Die kluge Frau behält bei der Scheidung alles, bis auf den Mann.
10. Bleibe schlau, werde niemals Ehefrau.
11. Die Axt im Haus erspart den Scheidungsanwalt.
12. Scheiden tut weh.

Vermischtes

Lustige Bezeichnungen für die Masturbation des Mannes (aus der Sicht des Mannes)

1. Sich einen von der Palme wedeln
2. Das Blümchen pflücken
3. Die Boa würgen
4. Den Jürgen würgen
5. Den Struppi melken
6. Den elften Finger melken
7. Den Bebbo hetzen
8. Den Hansi auswringen
9. Fünf gegen Willie spielen
10. Hau-das-Eichhörnchen spielen
11. Die Fleischpeitsche polieren
12. Die Pfeife ausklopfen
13. An der Gurke schütteln
14. Würg die Gürk (*kiezdeutsch*)
15. Sich die Wurst pellen
16. Sich die Fiedel streichen
17. Sich einen von der Linse pinseln
18. Ein Date mit Frau Faust haben
19. Einen Termin bei Dr. Wichskowski haben
20. Dem Milchmann die Hand schütteln
21. Einhandsegeln veranstalten
22. Sich ins Fäustchen lachen
23. Den Kasper schneuzen

Über die Masturbation (aus der Sicht des Mannes)
1. Kasperle, Kasperle, was machst du mit mir? (*Friedrich Karl Waechter*)
2. Besser ein Spatz in der Hand als eine Taube auf dem Dach.
3. Steter Tropfen höhlt das Bein.
4. Ich tomm! (*Friedrich Karl Waechter*)
5. Masturbation ist die Mutter der Erfindung. (*Benjamin Franklin*)
6. Wichsen? Bringt doch alleine keinen Spaß. (*Fritz Eycken*)
7. Ich halte an der Uni ein Seminar über Masturbation. Wenn ich nicht rechtzeitig da bin, fangen die ohne mich an. (*Woody Allen*)
8. Das ist das Schönste beim Masturbieren: das Knuddeln hinterher. (*ders.*)

Lustige Bezeichnungen für die Masturbation der Frau (aus der Sicht der Frau)
1. In sich gehen.
2. Die Hände in den Schoß legen.
3. Der Schwester die Hand geben.
4. Sich um den kleinen Finger wickeln.
5. An der Spieldose drehen.
6. Die Zwetschge polieren.
7. Die Truhe wuzzeln.
8. Auf den Tasten klimpern.
9. Mit der Balalaika spielen.
10. Das Pony klatschen.
11. An der Harfe zupfen.

Bezeichnungen für Menstruation (aus der Sicht der Frau)
1. Bei mir ist gerade der rote Porsche da.
2. Ich hab Besuch von Tante Kathi.
3. Hab gerade Erdbeerwoche.
4. Los Wochos.
5. Die Rotröcke sind gelandet.
6. Die Rote Flotte ist gerade ausgelaufen.

7. Ich hab die Maler im Keller.
8. Rotwein im Keller.
9. Der rote Vorhang ist unten.
10. Mein Bär ist auf die Nase gefallen.
11. Teddybär hat Nasenbluten.
12. Bei mir gibt's ein Verkehrshindernis.
13. Ich lebe Diät – drei Tage rote Grütze.

Klischees über Männer
1. Männer, die gut aussehen, sind nicht gut im Bett, weil sie meinen, sie hätten's nicht nötig. (*Sex and the City*)
2. Es gibt nur zwei Sorten Männer: Die einen sind dämlich, die anderen sind tot.
3. Männer können keine Kritik ertragen, am allerwenigsten an ihren Unterhosen.
4. Männer haben Angst, impotent zu werden, wenn sie einen Putzlappen anfassen.
5. Männer sind immer für die Kinder da, es sei denn, die Kleinen sind wach.
6. Männer kümmern sich nur um das, was sie direkt betrifft, zum Beispiel, dass zur Sportschau genug Bier im Kühlschrank ist. (*Jenny Eclair*)
7. Dass die das nie merken, wie sie vor einem liegen wie ein offenes Buch mit einer einzigen Seite … das macht die Männer so langweilig. (*Fanny Müller*)
8. Die Phantasie der Männer reicht bei Weitem nicht aus, die Realität der Frau zu begreifen. (*Anna Magnani*)
9. Wenn die Frauen verblühen, verduften die Männer.
10. Männer können seine Gefühle nicht zeigen. (*Fischmob*)
11. An der Nase des Mannes erkennt man seinen Johannes.
12. Männer haben Probleme für jede Lösung.

Klischees über Frauen
1. Frauen können nicht rückwärts einparken, in Würde dick werden, keine Landkarten lesen und frieren immer.
2. Frauen, die nicht im Bad sind, sind am Telefon.

3. Frauen, die die Wimpern pinseln, sind die Frauen, die beim Pimpern winseln.
4. Frauen beurteilen Männer nach ihrem Geruch. Am besten, er riecht nach Geld.
5. Die Frau ist das mit Abstand teuflischste Folterinstrument, das erdacht wurde, um den Männern das Leben zur Hölle zu machen. (*O Brother Where Art Thou*)
6. Frauen wollen Kinder. Dabei können sie nicht mal den Inhalt der Überraschungseier zusammenbasteln.
7. Weltfrauentag – hieß das nicht mal Frühjahrsputz?
8. Frauen sind wie Fluglotsen: Wenn sie nicht wollen, kann keiner landen.
9. Männer wollen immer. Frauen können immer.
10. Warum schauen sich Frauen Pornofilme bis zum Schluss an? – Weil sie denken, dass die da noch heiraten.

Im Swingerclub
1. Ran an die Möpse.
2. Besser oben ohne als unten gar nichts.
3. Finden Sie, ich sehe lächerlich aus in diesem Kostüm? Ich könnte es ausziehen.
4. Lieber in der Kaiserin als Imperator.
5. Ich würde dir ja gerne einen blasen, aber meine Nase ist zu lang.
6. Ich kann das Küssen nicht leiden, wenn ich nicht dabei bin.
7. Nüchtern bin ich schüchtern, aber voll bin ich toll.
8. Komm, Mausi, umarme mich, dein Make-up reicht für uns beide.
9. Bock auf Kreisverkehr?
10. Es muss gehen, andere machen es doch auch. (*Loriot*)
11. Leute, macht Gruppensex, zu zweit oder auch alleine.
12. Drei sind besser als einer, aber zwei sind besser als drei.
13. Mein Name ist Gummi, ich verziehe mich. (*statt:* Ich haue ab.)
14. Bei mir Kölnisch Wasser. (*statt:* Ich verdufte.)
15. Schade, dass du da warst. Komm doch mal wieder vorbei, wenn du weniger Zeit hast.

4

»Die Stirn gewinnt an Höhe«

Tägliches Leben

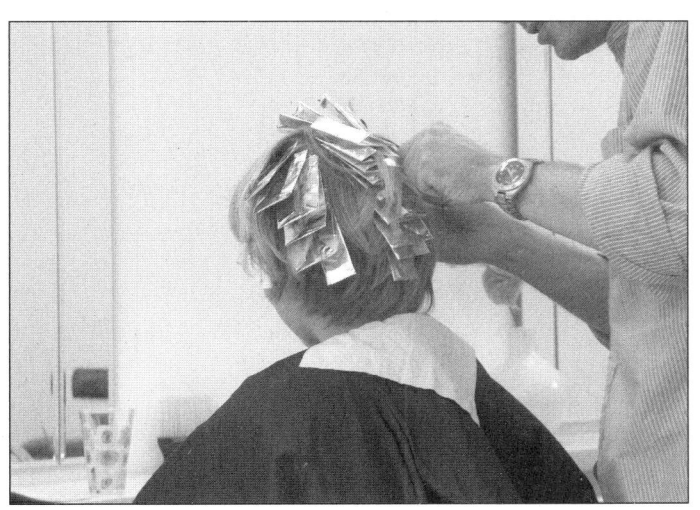

Telekommunikation

Beim Telefonieren (Festnetzanschluss)
1. Das wird wohl das Telefon sein. (*zu sich selbst, wenn es klingelt*)
2. Mein Telebimfont. (*dito*)
3. Am Apparat!
4. Hier Hollywood, wer dort?
5. Crane and Company – Neuigkeiten, Krimskrams, Damenschlüpfer. (*William Crane*)
6. Büro für erotische Fundsachen. (*Nestor Burma*)
7. Bei Bertram Wooster, hier spricht der Hausherr persönlich. (*Bertram Wooster*)
8. Was treibt Sie an mein Ohr?
9. Kasse dich furz! (*statt:* Fasse dich kurz!)
10. Ich verstehe Sie so schlecht.
11. Hallo, bist du noch dran?
12. Mein Akku ist gleich alle.
13. Dafür ist jetzt nicht der richtige Augenblick. (*Erwiderung auf:* Bist du eingeschlafen?)
14. Ich hab keine Groschen mehr. (*veraltet*)
15. Lass uns noch mal telefonanieren. (*statt:* telefonieren)
16. Schön, dass du angerufen hast, aber ich wünschte mir, dass du das nächste Mal weniger Zeit hast. (*scherzhaft*)
17. Leg dich wieder hin. (*am Ende des Gesprächs*)
18. Auf Wiederhörnchen! (*dito*)

Beim Telefonieren (Mobiltelefon)
1. Hallo?
2. Wo bist du gerade?
3. Hömma! Wo bisse? (*Ruhrgebietsslang*)
4. Hörst du mich?
5. Kannst du sprechen?
6. Hast du meine Mail gekriegt?

7. Dein Typ wird verlangt. (*statt:* Du sollst kommen.)
8. Salut bis morgen früh. (*statt:* Auf Wiederhören.)
9. Ist irgendwas? Du klingst so komisch.
10. Im Umgang mit dem Handy gibt es eine simple Regel: Es ist immer unhöflich, Anwesende zugunsten nicht Anwesender zu vernachlässigen. (*Agnes Anna Jarosch, Der Deutsche Knigge-Rat*)
11. Die Verbindung ist so schlecht. (*wenn man nicht weitertelefonieren will*)
12. Der Zug fährt gerade in den Bahnhof ein.
13. Ich melde mich später noch mal.
14. Ich hab keine Zeit, ich muss noch ins Internet.
15. Ich hab dir was auf den AB gesprochen. (*statt*: Anrufbeantworter)
16. Ich mach Schluss. Wird mir sonst zu teuer.
17. Ich mach Schluss, aber wir haben noch Kuchen da. (*scherzhaft*)
18. Ich verstehe dich ganz schlecht.
19. Wir telenieren noch, o.k. (*statt*: telefonieren)
20. Ich dich auch. (*Antwort auf*: Ich liebe dich.)

Beim Überbringen von schlechten Nachrichten

1. Sitzt du bequem?
2. Sitzt du gerade?
3. Halt dich fest!
4. Stehst du stabil?
5. Setz dich lieber hin.
6. Du musst jetzt sehr tapfer sein.
7. Schlimmer gehts nimmer.

Witzige Texte für den Anrufbeantworter

1. Dies wird ein kurzes und recht einseitiges Gespräch. [Piep]
2. Mein Name ist Band – Ton Band. Bitte sprechen Sie nach dem Piepton. [Piep]
3. Hallo, hier Caritas, Schnürsenkelknotennotdienst, Sie wünschen? [Piep]

4. Bitte piepen Sie nach dem Sprechton. [Piep]
5. Bitte erbrechen Sie sich nach dem Piepton. [Piep]
6. Der Dude ist nicht da. Nachricht nach dem Piep. Peace. [Piep]
7. Hallo, Mutter nix da, Vater nix da, ich nur sauber machen, sprechen nach Pfiffton. [Piep]
8. Hier ist der BND. Sie brauchen keine Nachricht zu hinterlassen, da wir Ihr Telefon abhören. [Piep]
9. Ihr Anruf wurde registriert. Bitte legen Sie auf. [Piep]
10. Anrufbeantworter leider kaputt. Ich bin der Kühlschrank. Sprechen Sie bitte schön langsam, dann lege ich die Nachricht ins Gefrierfach. [Piep]
11. Hiermit ist die Aufnahme beendet, das Gerät schaltet sich ab und zerstört sich innerhalb weniger Sekunden selbst. Vielen Dank für Ihren Anruf. Leben Sie wohl. [Piep]

Für Mitarbeiter einer Telefon-Hotline
1. Das übersteigt eindeutig meinen Kompetenzbereich.
2. Das ist nicht mein Ressort.
3. Dafür bin ich nicht zuständig.
4. Frag mich in zehn Minuten noch mal. Ich brauche erst mal einen Kaffee.

Für Vorgesetzte im Callcenter
1. Wenn es darauf ankommt, verkaufen wir einem Eskimo einen Kühlschrank.
2. Heutzutage muss man seine Leute motivieren, Anbrüllen allein nützt nichts mehr.
3. Wie lange arbeiten Sie schon bei uns – diesen Arbeitstag nicht mitgerechnet?
4. Bei dir piept's wohl.

Spaßige Sprüche, mit denen man sich im Internet auf Facebook als witziger Mensch darstellt
1. Und Gott sprach, es werde Licht, doch Petrus fand den Schalter nicht.

2. Das Reh springt hoch, das Reh springt weit – warum auch nicht, es hat doch Zeit.
3. Der Dorsch zum Barsch: »Ich glaube, ich werde krank.« – »Dann geh doch zum Heilbutt.«
4. Wenn du heute ein Brot kaufst, ist es morgen schon von gestern.
5. Wer gegen ein Minimum Aluminium immun ist, hat eine Aluminiumminimumimmunität.
6. Nachts um halb eins auf der Datenautobahn: Reste klicken.
7. Hallo Hänsel! Ich mache Schluss. Ich hab es satt, dass du den ganzen Tag bei der alten Hexe rumhängst. Deine Gretel.
8. Steck mich sofort in die Tasche zurück. Mir ist kalt. Dein Handy.

Geschäfte, Mode und Shopping

Gängiges an der Supermarktkasse (Kunde)
1. Ich hab's passend.
2. Sie haben es – und ich bin's los.
3. Hab's nicht kleiner.
4. Gutes muss teuer sein.
5. Dafür muss eine alte Frau lange stricken. (*statt:* Das ist teuer.)
6. Zuzüglich Märchensteuer. (*statt:* Mehrwertsteuer)
7. Und ein paar Zerquetschte.
8. Nur Cash macht fresh.
9. Für so einen Scheiß kriegst' keinen Preis.
10. Ist noch Luft im Preis?
11. Auf Wiederblechen! (*statt:* Auf Wiedersehen!)
12. Der Kunde ist König. Aber der Kaiser sitzt an der Kasse.

Gängiges an der Supermarktkasse (Kassierer/in)
1. Auf der Rückseite unterschreiben.
2. Geheimzahl eingeben und zweimal bestätigen.
3. Und dann bekomme ich hier noch ein Autogramm.
4. Den Bon? (*bzw.* Beleg)

5. Tüte?
6. Tütchen?
7. Wer klaut, kriegt keine Tüte.
8. Sammeln Sie Punkte?
9. Ein Glückspfennig für Sie. (*bzw.* Glückscent)
10. Aber nicht sofort alles ausgeben. (*beim Rausgeben des Wechselgelds*)

Legendäre Reklameschilder in Oldenburg in Oldenburg

1. Kaufst du Farben nur bei Rieger, bleibst du bei Wind und Wetter Sieger. (*Malergeschäft*)
2. Großes B und kleine Ente – Spielzeug kauf ich nur bei Bente. (*Spielzeugladen*)
3. Onken hat vieles, manches hat nur Onken. (*Schreib- und Bürobedarf*)
4. Greif zum Glück auf Wulff zurück. (*Lotto- und Toto-Annahmestelle*)
5. Immer gerner – Wurst von Werner. (*Bratwurststand*)
6. Probierst du die Bratwurst von Bley, nimmst du gleich zwei oder drei. (*Imbiss*)
7. Mein letzter Wille: eine Wurst von Spille. (*Schlachterei*)
8. Geht dir dein Zuhause auf den Keks, fahr mal weg mit Unterwegs. (*Touren- und Reiseanbieter*)
9. Egal wie viel Kekse du isst – Schuhe passen immer. (*Schuhgeschäft*)
10. Ob Bus, Bahn, Flugzeug oder Schiff, Pekol ein fester Begriff. (*Reisebüro*)
11. Warum die armen Füße quälen, 25 0 25 wählen. (*Auto Bald*)
12. Eine gute Idee: von Schäuble der VW. (*Autohaus Schäuble*)
13. Kosten sparen, selber fahren. (*Autoverleih Schwettmann & Park*)
14. Bist du trocken oder nass, komm ins Pulverfass. (*Nachtclub*)
15. Vorsicht herunterfallende Birnen! (*Schild im Herbst an einem Birnbaum*)

Markennamen und was sich dahinter verbirgt (scherzhaft)
1. IKEA = Ich kaufe einfach alles.
2. Edeka = Ein dummer Esel kauft alles.
3. SAP = Software aus Polen.
4. AEG = Auspacken – Einschalten – Geht nicht. (*oder:* Alles ein Gammel.)
5. Nike = Nur Idioten kaufen es.
6. Puma = Probier unbedingt mal adidas.
7. Adidas = Alle deutschen Idioten denken an Sex.
8. Fanta = Fuck and never touch again.
9. H & M = Hasi & Mausi. (*oder:* Hager & Mager)
10. C & A = Charme und Anmut.
11. IBM = Ich bin müde. (*oder:* Idioten bezahlen mehr.)
12. Siemens = Suche innerhalb eines Monats eine neue Stelle. (*oder:* So viel ist erwiesen, man erhält nur Schrott.)
13. Opel = Ohne Power ewig Letzter.

Holprig übersetzte Bedienungsanleitungen ins Deutsche
1. Die Armatur eignet sich nur für die feste Befestigung und kann deshalb nicht durch ein Anschlusskabel an die Stromquelle angeschlossen werden. (*Leuchtstofflampe*)
2. Wenn die Lampe nicht gut waere, darf man nur mit der Ersatzlampe (oder gleichen Type Lampe) wechseln. Bei dem Wechseln muss die Lampe gleicher Richtung in die Lampedose zustecken sein. Wenn man die Lampe nicht wechseln koennte, kann man mit Hersteller. (*Lichterkette*)
3. Die Kinder und die Versager dürfen das Gerät nicht benutzen. (*Waschmaschine*)
4. Die Kleidung während des Tragens nicht bügeln. (*Bügeleisen*)
5. Nimmer Etwas auf den Stromschnur liegen zu gestatten. Nimmer diesen Monitor legen, wo der Schnur von Personen darauf spazierengehen grausam behandelt wird. (*Monitor*)
6. Wenn das Wetter kalt ist, wird die Puff Unterlage sich langsam puffen. Entrollen die Puff Unterlage und liegen auf ihr, dann wird sie von der Wärme sich Inflationen bekommen. (*Luftmatratze*)

7. Setzen Sie das Stereo in Kopfphon Wagenwinde ein, die Macht ist an, sonst ist die Macht ab. (*Kopfhörer*)

Für Modeverkäuferinnen
1. Was kann ich gegen Sie tun? (*statt:* Womit kann ich dienen?)
2. Suchen Sie etwas Bestimmtes?
3. Querstreifen machen dick.
4. Gucken kostet nichts.
5. Das ist reine Baumwolle.
6. Alles, was da hängt.
7. Müsste ich nachschauen.
8. Haben wir nicht, können wir nicht, kriegen wir auch nicht mehr rein.
9. Tun haben wir noch keins, aber kriegen könnt sein, dass wir bald welche täten.
10. Sie können das tragen.
11. Wie für Sie gemacht.
12. Wir haben reduziert.
13. Alles muss raus.
14. Bitte nicht mehr als drei Teile mit in die Kabine nehmen.
15. Wenn Sie hier mal reinschlüpfen wollen?

Modefarben der Saison
1. Komisch blau
2. Taxifahrergrün (*statt:* Gelb)
3. Elfenbeinschwarz
4. Leberwurstbraun
5. Rentnerbeige
6. Puterrot
7. Zinnoberrosa

Passendes zum Thema Mode
1. Apricot ist eine Farbe, von der einst Ray Charles sagte, dass es sich dafür lohne, blind zu sein.
2. Ich trage so lange Schwarz, bis es etwas Dunkleres gibt.
3. Schwarz ist keine Farbe.

4. Schwarz macht schlank.
5. Schwarz ist dicker als Grün.
6. Bunt ist meine Lieblingsfarbe.
7. Gelb ist meine Lieblingsfarbe. Ich würde am liebsten reinbeißen.
8. Das ist alles ganz schön und grün. (*statt:* schön und gut)
9. Das ist dasselbe in Grün, bloß einen Schein dunkler. (*statt:* fast dasselbe)
10. Ganz nett, aber gibt's das nicht auch in teurer?
11. Gibt's das auch in schön?
12. Grün und Blau schmückt die Sau.
13. Was kostet der Spaß?
14. Wenn ich die Wahl hätte zwischen dem Weltfrieden und einer Prada-Handtasche, würde ich mich für die Letztere entscheiden. (*Marian Keyes*)
15. Wer eine Jogginghose trägt, hat die Kontrolle über sein Leben verloren. (*Karl Lagerfeld*)

Bissige Kommentare für die Modenschau
1. Die Mode ist so hässlich, dass man sie alle sechs Monate ändern muss.
2. Hässlich wie Katzenfutter.
3. Hässlich wie eine Kiste mit Kröten.
4. So hässlich, dass es schon wieder schön ist.
5. Eine schöne Frau gehört der ganzen Welt, eine hässliche dir allein.
6. Was gut ist gegen die Kälte, ist auch gut gegen die Hitze.
7. Mode kann man kaufen, Stil muss man haben.
8. Kurze Röcke machen noch lange keine schönen Beine.
9. Das Preisschild ist noch dran. (*statt:* neu)
10. Geschenkt ist noch zu teuer.

Im Piercing- und Tattoo-Studio
1. Blechpickel (*Piercingstecker in Nase oder Wange*)
2. Nippel-Knochen (*Stäbchen-Piercing in den Brustwarzen*)
3. Prinz Eisenherz (*im Intimbereich gepiercter Mann*)

4. Gipfelkreuz (*Bauchnabelpiercing*)
5. Pornoschmuck (*Zungenpiercing*)
6. Unterschichtenschmuck (*scherzhaft für Tätowierung*)
7. Bauernmalerei (*dito*)
8. Knastcomic (*Bezeichnung für ein misslungenes Tattoo*)
9. Ranzenstanzer (*flapsige Bezeichnung für den Tätowierer*)
10. Pocasso (*anderes Wort für Arschgeweih*)

Im Schuhgeschäft
1. Dieser Schuh macht einen kleinen Fuß.
2. Eine Nummer kleiner wäre ein Geigenkasten. (*scherzhaft bei großer Schuhgröße*)
3. Nun lauf mal ein paar Schritte.
4. Die laufen sich noch ein.
5. Ich stehe stramm im Schuh.
6. Die Schuhe müssen zum Gürtel passen.
7. Hohe Schuhe sind wärmer als braune. (*scherzhaft*)
8. Gibt's den auch in Schwarz?
9. Macht einen schlanken Fuß.
10. Wozu Socken? Sie schaffen nur Löcher. (*Albert Einstein*)

Beim Herrenausstatter
1. Lieber 'n bissken mehr, aber dafür wat jutet. (*berlinerisch*)
2. Je schlechter das Hirn, desto teurer der Zwirn.
3. Ein Affe bleibt ein Affe, auch in Seide gekleidet. (*italienisches Sprichwort*)
4. Ach, das ist gestreift!? (*Loriot, »Ödipussi«*)
5. Es gibt nichts Schlimmeres als unansehnliche Socken. (*Nick Wheeler, Gründer von Charles Tyrwhitt*)
6. Und, ist das reine Baumwolle?
7. Du bleibst der König, auch in Unterhosen.
8. Wenn man jahrelang Jeans kauft für zwei lebhafte Kinder und einen breit gebauten Ehemann, entwickelt man einen sechsten Sinn für schlechte Nähte, wie bei diesen hier im Schritt. (*Marge Simpson*)
9. Die Hosen kneifen unterm Arm.

10. Passt, aber juckt unter den Armen.
11. Hosenträger tragen Hosenträger.
12. Das passt ja wie die Kuh aufs Auge.
13. Wie aus dem Ei gepellt.

Auf dem Fischmarkt
1. Liberal als Hering.
2. Kabeljau, den ess ich gern, doch niemals seh ich Kabel fern.
3. Fischstäbchen sind auch nur toter Fisch.
4. So jung und schon so verdorben. (*wenn der Fisch riecht*)
5. Auch Fische können riechen, besonders wenn sie lange liegen.
6. Einem geschenkten Barsch schaut man nicht in… die Kiemen.
7. Und noch 'n Aal dazu.

Was der scheißfreundliche Fotograf sagt
1. Da kommt gleich ein Vögelchen raus.
2. Wenn Sonne lacht, nimm Blende acht.
3. Am Tag und in der Nacht: Blende acht.
4. Bitte recht peinlich!
5. Ich mach ein Fotooooo.
6. Du Scheiße. Jetzt hab ich das Vögelchen zu Hause vergessen!

Was man zum Fotografen sagen muss, wenn vor der Kamera gelacht werden soll
1. Cheese!
2. Spaghetti!
3. Ameisenscheiße!
4. Regenwürmer!
5. Marmelade!
6. Backpflaume!
7. Whisky! (*in Uruguay üblich*)
8. Dienstag!
9. Ferrari!
10. Sexy!

Was die Wurstfachverkäuferin sagt
1. Wer ist am dransten?
2. Geschnitten oder am Stück?
3. Dünn schneiden?
4. Darf es ein bisschen mehr sein?
5. Darf's eine Scheibe mehr sein?
6. Gernstens!

Beim Fleischer (Metzger)
1. Die Schweine von heute sind die Koteletts von morgen.
2. Aus Hackepeter wird Kacke später.
3. Mord im Keller. (*statt:* Mortadella)
4. Und natürlich wird die Mortadella von Blinden gemacht.
5. Alles hat ein Ende, nur die Wurst hat zwei.
6. Können Sie mir das bitte dünn schneiden?
7. Ein Viertel Aufschnitt, aber bitte recht dünn, wir sind zwölf Personen. (*scherzhaft*)

Was die Bäckereifachverkäuferin sagt
1. Bekommen Sie schon?
2. Was kann ich Ihnen Gutes tun?
3. Darf es sonst noch etwas sein?
4. Noch 'n Wunsch?
5. Noch was dann?
6. Und sonst noch?
7. Und außerdem?
8. Außerdem?

Beim Bäcker
1. Bin ich schon dran?
2. Wenn der Kuchen spricht, haben die Krümel zu schweigen.
3. Kuchen sollst du suchen, Teilchen sollst du weichen.
4. Kuchen bleiben länger frisch, wenn man sie später bäckt. (*Nonsens*)
5. Der Bäcker schlägt die Fliegen tot und macht daraus Rosinenbrot. (*dito*)

6. Der Mensch lebt nicht von Brot allein, es muss auch etwas Wurst sein.
7. In der allergrößten Not schmeckt die Wurst auch ohne Brot.
8. Das Brot von gestern ist nicht hart. Gar kein Brot, das ist hart.

Wunderbar beknackte Namen für Bäckereien
1. Brötchengeber
2. Backwahn
3. Brotique
4. Bäckstage
5. Gebäckschalter
6. Voll Corner
7. Fairdauung
8. Kornsequent

Megakrasse Namen für Eis-Salons
1. Blitzeis
2. Eiszeit
3. Eisdealer
4. Eisbrecher
5. Zungenbrecher
6. Frollein Frost
7. Dr. Sommer
8. Waffelplatz
9. Kugellager
10. Scheißladen

Beim Friseur
1. Der Esel bricht durch. (*Haare werden grau*)
2. Bitte nur die Spitzen.
3. Wie immer.
4. Krauses Haar – krauser Sinn.
5. Langes Haar – kurzer Verstand.
6. Bitte die Ohren freischneiden. (*statt:* Bitte einmal in sich kürzen.)

7. Einmal NaSchwaMip. (*statt:* Nackenschwanz mit Pony)
8. Einmal Vokuhila. (*statt:* vorne kurz, hinten lang)
9. Die Frisur eines Mannes sollte nicht höher als ein Tennisball sein. (*Bart Simpson*)
10. Wenn du mit einem deiner Haare die Welt retten könntest, gib es nicht her.

Wenn jemand beim Friseur gewesen ist
1. Warst du beim Friseur?
2. Na, beim Glatzenschneider gewesen?
3. Und? Biste drangekommen?
4. Und warum bist du nicht drangekommen?
5. Bist du die Treppe runtergefallen?
6. Unter einen Rasenmäher gekommen?
7. Das hat sich ja gelohnt!
8. Was ist dein Friseur eigentlich von Beruf?
9. Den Prozess gewinnst du aber.
10. Nur Friseure können, was Friseure können.
11. Na, das wächst ja wieder.

Salonfähige Namen für Friseurgeschäfte
1. Haarpunzel
2. Haarmonika
3. Haarald
4. Haarlekin
5. Philhaarmonie
6. Mata Haari
7. O'Haara
8. Haarmäleon
9. Hairport
10. Shampoonat
11. KreHaartiv
12. GmbHaar
13. Chaarisma
14. Kaiserschnitt
15. Feinschnitt

16. Scherenzauber
17. Schnittstelle
18. Schneideraum
19. Kamm In
20. Ohne Termin

Scherzhafte Umschreibungen für Glatze

1. Mir wächst das Knie durch die Haare. (*beginnende Glatzenbildung*)
2. Die Kniescheibe wächst durch den Kopf. (*dito*)
3. Ihm ist die Kniescheibe auf den Kopf gerutscht. (*dito*)
4. Die Stirn gewinnt an Höhe. (*dito*)
5. Wo das Gehirn wächst, müssen die Haare weichen. (*dito*)
6. Was vorne fehlt, ist hinten zu wenig. (*dito*)
7. Sich eine Platte wachsen lassen. (*dito*)
8. Yul-Brynner-Scheitel (*Vollglatze*)
9. Er braucht kein Licht. (*dito*)
10. Vögel brauchen auch einen Spiegel. (*dito*)
11. Der Mond geht auf. (*dito*)
12. Schicke Fleischmütze! (*ironisch*)
13. Landeplatz im Urwald (*Glatze in der Kopfmitte mit Haarkranz*)
14. Urwald mit Spielwiese (*dito*)
15. Bubikopf mit Planschbecken (*Glatze in der Kopfmitte*)
16. Bubikopf mit Tennisplatz (*Glatze mit Haarrand*)
17. Pony mit Rennbahn (*Halbglatze*)
18. Dachgarten (*dito*)
19. Rutschbahn (*Glatze in Scheitelrichtung*)
20. Sich Sardellen auf die Semmel legen. (*die Haare vom Scheitel über die Glatze kämmen; auch als »Heinz-Maegerlein-Gedächtnisfrisur« bekannt*)
21. Mondschein mit Pelzbesatz (*Tonsur*)
22. Nachts sind alle Glatzen kahl.
23. Lieber 'ne Glatze bis an den Arsch als 'nen Arsch bis an die Glatze.
24. Glatze ist besser als gar keine Haare.

Überraschende Antworten auf die Frage von ortsunkundigen Besuchern »Wo geht's denn hier zum Klinikum?«

1. Immer der Blutspur nach.
2. Immer der Nase nach.
3. Treppe hoch und rechts halten.
4. Keine Ahnung, aber ich fahre Sie schnell hin.
5. Umwege erweitern die Ortskenntnis.
6. Sie haben also die Orientierung verloren. Passiert Ihnen das öfter?
7. Sind Sie krank?

5

»Bier gibt keine Rotweinflecken«

Heim und Familie

Schöner Wohnen

Saubere Sprüche für die Fußmatte
1. Wir kaufen nichts.
2. Der Stall ist voll.
3. Betreten auf eigene Gefahr.
4. Vorsicht Hund! Bitte nicht drauftreten.
5. Meine Geräte sind alle angemeldet.
6. Bier steht im Kühlschrank.
7. Du bist die Schönste im Treppenhaus.
8. Willkommen, Fremder, mein Mann ist auf Montage.
9. Haxn abkratzn. (*bayerisch*)
10. Klingeln – warten – und falls keiner öffnet, bitte Unkraut zupfen und Rasen mähen.

Wenn man zu Hause ist
1. Zu Hause ist es am schönsten.
2. Nein, wie isses schön!
3. Ham wir's nicht schön?
4. Home, sweet home.
5. Unterm Dach, juchhee.
6. Unter jedem Dach ein Ach.

In der Küche
1. Wir haben unsere Finger nicht, um sie uns nicht zu verbrennen.
2. Diesen leckeren Pferdeapfelkuchen habe ich selbst gebacken.
3. Viele Köche verderben den Brei.
4. Kalt kochen kann man nicht.
5. Die Heimat der Salmonellen ist nicht ausschließlich der Kartoffelsalat. (*Gerhard Polt*)
6. Bei uns herrscht Ordnung. Ein Griff, und die Sucherei geht los.

7. Am Arsch ist die Ente fett.
8. Kinder, kommt meckern, das Essen ist fertig!

Gewitzte Antworten auf die Frage »Was gibt es denn heute zu essen?«
1. Was Warmes auf'm kalten Teller.
2. Junge Hunde mit Perücken.
3. Leerer Teller mit Besteck zum Trommeln.
4. Kalter Arsch mit Birnen.
5. Subsalat und Silbersand!
6. Schwuppdiwupp Kartoffelsupp.
7. Heute gibt es Kürbissuppe mit ganzen Früchten aus der Tüte.
8. Heute gibt es Gans: ganz wenig.
9. Heute gibt es Dasmussdringendweg mit Reis.
10. Scheiße mit Reis – und Reis ist aus.
11. Schatz, dein Essen steht im Kochbuch auf Seite 139! (*Zettel auf dem Küchentisch*)

Alte Hausfrauenregeln
1. Fensterputz bei Sonnenschein bringt dir nur Enttäuschung ein.
2. Bier gibt keine Rotweinflecken.
3. Wasser auf Kirschen verträgt sich nicht.
4. Was nützt einem das beste Raumklima, wenn der Alte/die Alte bescheuert ist?
5. A Ausred und a Nudlholz is a guads Ding im Haus. (*bayerische Weisheit*)
6. Die meisten Frauen werden dir erzählen, dass es völlig unmöglich ist, einen Mann zu ändern. Aber ich sage dir, diese Frauen sind Drückeberger. (*Marge Simpson*)
7. Ein Onkel, der was mitbringt, ist besser als eine Tante, die Klavier spielt.
8. Kinder kann man nicht erziehen. Sie machen einem eh alles nach.
9. Neue Besen kehren gut, aber die alten wissen, wie man in die Ecken kommt.

10. Wenn Gott gewollt hätte, dass Frauen putzen, dann wäre Staub rosa und würde glitzern.

Tolle Sprüche fürs Sofakissen
1. Guck mich nicht so billig an.
2. Eten, freten, supen, pupen. (*niederdeutsch für*: Essen, fressen, saufen, furzen.)
3. Set di dol, sup di dun, fret di dick und hol dien Muul von Politik. (*niederdeutsch für:* Setz dich hin, sauf dich voll, friss dich dick und rede nicht über Politik.)
4. Tu dir keinen Zwang an.
5. »Ach ja«, seufzte der alte Oberförster und schwang sich von Hirschgeweih zu Hirschgeweih, um den Teppich zu schonen, der aufgerollt in der Ecke stand.

Für Heimwerker
1. Irgendwas ist ja immer.
2. Dreimal abgeschnitten und immer noch zu kurz.
3. Leim dich, oder ich kleb dich.
4. Das haben wir gleich, das machen wir morgen.
5. Worüber man nicht tapezieren kann, darüber muss man schweigen. (*Peter Licht*)
6. Ein Brett vor dem Kopf erspart den Zimmermann.
7. Nicht übel, sprach der Dübel und verschwand in der Wand.
8. Wenn es in die Suppe hagelt, war das Dach wohl schlecht vernagelt.

Handwerker im Haus
1. Wir kommen pünktlich zwischen 7 und 15 Uhr.
2. Normal hält das.
3. Normal ist das dicht.
4. Normal passiert da nix.
5. Das macht keinen Dreck.
6. Da ham wa ein Problem.
7. Das war ich nicht, das war schon vorher kaputt.
8. Das kann man kleben.

9. Das zahlt die Versicherung.
10. Da muss ich erst ein Ersatzteil holen.
11. Fahrtzeit ist Arbeitszeit.
12. Na klar wird das heute fertig.
13. Verdammt trockene Luft hier. (*Aufforderung, Bier zu holen*)
14. Was nicht passt, wird passend gemacht.
15. Schief ist Englisch – und Englisch ist modern.
16. Passt schon, kann der Maurer wieder zumachen.
17. Den Rest macht der Maler.

Ausruf der Befriedigung
1. Sitzt, passt, wackelt und hat Luft.
2. Sitzt, passt, wackelt und klemmt sich.
3. Na bitte, fusioniert ja. (*statt:* funktioniert)
4. Geht doch.
5. Zack, die Bohne!

Beim Umzug
1. Schwer gibt es nicht, es gibt nur sperrig.
2. Dreimal umgezogen ist wie einmal abgebrannt.
3. Was weg ist, beißt nicht mehr.
4. Was nicht geht, wird geschoben.
5. Nur ein fauler Esel trägt sich auf einmal tot.

Familie und alles, was dazugehört

Typisch Mutter
1. Iss dein Gemüse.
2. Erkälte dich nicht.
3. Iss nicht so viel Süßes, sonst hast du keinen Hunger mehr.
4. Senf macht dumm.
5. Hast du ein Unterhemd an?
6. Das Essen wird kalt.
7. Erde an Kind – bitte melden.
8. Ich halte das für keine besonders gute Idee.

9. Kind, zieh dir eine Jacke über. Es ist kalt draußen.
10. Das nennst du Aufräumen?
11. Das sieht hier ja aus wie beim Häuptling hinterm Tipi!
12. Dein Ärmel ist kein Taschentuch.
13. Du bist ja nicht aus Zucker. (*wenn es regnet*)
14. Eine Mutter fühlt so was.
15. Ich bin nicht deine Putzfrau.
16. Ich bin immer noch deine Mutter.
17. Lass doch die Bücher und spiel ein wenig mit deiner Mutter. (*Friedrich Karl Waechter*)
18. Ich mache drei Kreuze, wenn die Schule wieder losgeht.
19. Bei Siebenunddreißigzwo schreib ich dir keinen Entschuldigungszettel. (*Friedrich Karl Waechter*)
20. Jetzt ist Schlafenszeit.
21. Wie heißt das Zauberwort?
22. Hilf Papi mal im Garten.

Typisch Vater
1. Na, wie war's heut in der Schule?
2. Du darfst wohl alles essen, aber du darfst nicht alles wissen.
3. Iss, bevor es kalt wird.
4. Iss wenigstens das Fleisch auf.
5. Dreck reinigt den Magen.
6. Kopf hoch, auch wenn der Hals dreckig ist.
7. Sitz gerade.
8. Wenn du deinen Teller nicht aufisst, gibt's morgen Regen.
9. Der Junge muss an die frische Luft. (*Hape Kerkeling*)
10. Auch andere Mütter haben schöne Töchter/Söhne.
11. Verliebe dich oft, verlobe dich selten, heirate nie.
12. Es wird gegessen, was auf den Tisch kommt.
13. Mach die Musik leiser!
14. Ein Junge, der nichts anstellt, ist wie eine Bowlingkugel ohne Kern. (*Homer Simpson*)
15. Trägt man das jetzt so?
16. Hör auf zu zappeln.
17. Um diese Zeit willst du noch ausgehen?

18. Keinen Ton, nicht mal Anton.
19. Der Pfarrer predigt nur einmal.
20. Mach doch eine Lehre bei der Bank.
21. Um elf Uhr hängt die Hose kalt am Bett.
22. Solange du die Füße unter meinen Tisch stellst, tust du, was ich sage.

Typisch Kind
1. Sind wir bald da?
2. Krieg ich ein Eis?
3. Ich will aber nicht ins Bett.
4. Fang mich doch, Eierloch.
5. Nett ist die kleine Schwester von Scheiße.
6. Nett sind kleine Hunde.
7. Geschenkt ist geschenkt, wiederholen ist gestohlen.
8. Mir ist langweilig.
9. Was macht ihr da?
10. Ihr seid echt krank.
11. Du bist total peinlich.
12. Meine Klamotten sind doof.
13. Hast du mir etwas mitgebracht?
14. Hab ich gefunden! Darf ich behalten?
15. Mama, ich kann jetzt nicht, im Internet geht es gerade um Katzen.
16. Ich brauch keinen Hustensaft, ich kann alleine husten.
17. Ich hab die ganze Wärmflasche ausgetrunken, aber die Bauchschmerzen sind immer noch da.
18. Schrei mich nicht an, ich bin ein Wunschkind.

Abzählreime für den Spielplatz
1. Drei Polizisten pissten in die Kisten, einer pisst vorbei, und du bist frei.
2. Ene mene mink mank, klink klank, Ose Pose Packedich, eia weia weh.
3. Ene mene mink mank pink pank, ene mene acke backe eia peia weg.

4. Ene mene miste, es rappelt in der Kiste, ene mene muh, und raus bist du.
5. Salamander, Arsch auseinander, Arsch wieder zu, raus bist du.
6. Eins zwei drei vier fünf sechs sieben, eine alte Frau kocht Rüben, eine alte Frau kocht Speck, und du bist weg.
7. Ettchen Dettchen Dittchen Dattchen, Zebe de Bebe de bunte Klattchen, Zebe de Bebe de Buff.
8. Icke acke Hühnerkacke, icke acke weg.
9. Wir machen keinen langen Mist, und du bist.
10. Kriegst einen Tritt, spielst nicht mehr mit.

Auf dem Wortspielplatz der Kita
1. Putti und Mapa. (*statt:* Mutti und Papa)
2. Na Bernd! (*statt:* 'n Abend *bzw.* Guten Abend.)
3. Pupsburger Augenkiste. (*statt:* Augsburger Puppenkiste.)
4. Ich Bochum die Ecke umzu pinKöln. (*Wortspiel mit:* Bochum *und* Köln)
5. Koppsula Bölter. (*statt:* Rolle vorwärts.)
6. An und Pfirsich. (*statt:* An und für sich.)
7. Eierfarben! (*statt:* Feierabend!)

Im Kindergarten
1. Bei der Wahl der Eltern ist Vorsicht geboten. (*scherzhaft*)
2. Deine Mutter lässt bei ALDI anschreiben! (*dito*)
3. Deine Mutter klaut bei KIK! (*dito*)
4. Kinder mit'm Willen kriegen was auf die Brillen.
5. Vorsicht, ich kann Mikado!
6. Meine Mama ist Rechtsanwältin und ruft fremde Leute an.
7. Es braucht ein ganzes Dorf, um ein Kind aufzuziehen. (*Sprichwort*)
8. Die ganze Vanille. (*Alternative zu:* Die ganze Familie.)
9. Blöder Name. (*Erwiderung auf:* Mein kleiner Bruder wird Mittwoch getauft.)
10. Satt, Blatt, mäh. (*statt:* Ich bin so satt, ich mag kein Blatt – mäh, mäh.)

11. Nee, nee, nee, sagt die Nähmaschine.
12. Ich muss noch Klafünf üben. (*statt:* Klavier)
13. Piep, piep, piep, wir haben uns alle lieb.

Im Garten
1. Ich habe (k)einen grünen Daumen.
2. Der Apfel fällt nicht weit vom Birnbaum.
3. Eine Glühbirne ist kein heißes Obst.
4. Dumme rennen, Kluge warten und Weise gehen in den Garten.
5. Willst du übern Rasen laufen, musst du dir ein Grundstück kaufen.
6. Gras wächst nicht schneller, wenn man daran zieht.
7. Duckt euch, die Pilze schießen.
8. Der Apfelpflücker holt sich munter einen nach dem andern runter.
9. Wer Möhren will, muss wühlen.
10. Kannst du dein Haus nicht mehr erspähen, wird es Zeit zum Rasenmähen.
11. Zum Ende des Jahres verlieren die Bäume an Laubwürdigkeit.

Tiere in Haus und Hof
1. Dass mir keiner den Hund beißt.
2. Der schönste Hund ist immer noch der Rollmops.
3. Leihe nie einem Fisch deinen Kamm – er könnte Schuppen haben.
4. Von der Katze lernen heißt liegen lernen. (*Robert Gernhardt*)
5. Hilfe, mein Fisch ertrinkt!
6. Ich mag Pferde nicht – sie sind unbequem in der Mitte und gefährlich an beiden Enden.
7. Der Atem meiner Katze riecht nach Katzenfutter. (*Ralph Wiggum*)
8. Hunde haben Besitzer, Katzen haben Personal.
9. Ist die Katze gesund, freut sich der Hund.

10. Mein Hund heißt Ferrari und meine Katze Rolex.
11. Das beliebteste Haustier der Deutschen ist und bleibt das halbe Hähnchen.

Beim Gassigehen
1. Wir gehen mal nach dem Wetter schauen.
2. Früher hatte ich Zeit und Geld – heute habe ich einen Hund.
3. Der tut nichts, der will nur spielen.
4. Der beißt nicht, der schluckt im Ganzen. (*scherzhaft*)
5. Der beißt nicht, der verschlingt seine Beute im Stück. (*dito*)
6. Vorsicht Kampfhund! Unser Hund kämpft mit seinem Übergewicht. (*dito*)
7. Feiner Hund, feine Klöten.
8. Zwischen Rosen und Narzissen hat ein großer Hund geschissen.
9. Tölentorte (*scherzhaft für Hundehaufen*)
10. In sieben von acht Fällen verlernt der Mops das Bellen. (*Robert Gernhardt*)
11. Schönes Knochenende! (*statt:* Schönes Wochenende!)

Wahnsinnig originelle Graffiti-Sprüche
1. Ich bin ein Butterbrot.
2. Rettet die Ozonschicht.
3. Ob Bottenfeld der Arsch der Welt oder Zentrum des glühenden Seins, liegt einzig an Heinz. (*Friedrich Karl Waechter*)
4. Lakritz macht spitz, Pizza macht spizza.
5. Kiffen macht gleichgültig – mir egal.
6. Sauer macht lustig.
7. Sex hat keine Kalorien.
8. Guter Sex ist, wenn selbst deine Nachbarn danach eine rauchen.
9. Wenn du das lesen kannst, danke deinem Lehrer.
10. Füttert eure Kinder mit Knoblauch, dann findet ihr sie auch im Dunkeln wieder.
11. Pinkel doch an einen Elektrozaun.
12. Hört auf zu lesen!

In der Nachbarschaft
1. Ein guter Nachbar ist besser als ein Bruder in der Ferne.
2. Der liebe Gott sieht alles, die Nachbarn wissen alles.
3. Bauer bleibt Bauer, auch wenn er bis Mittag schläft.
4. Die Hölle, das sind die anderen. (*Sartre*)
5. Trau, schau, wem.

Wenn die bucklige Verwandtschaft zu Besuch kommt
1. Hereinstrapaziert! (*statt:* Hereinspaziert!)
2. Habt ihr kein Zuhause?
3. Spät kommt ihr, aber ihr kommt.
4. Wollt ihr euch nicht aufhängen? (*an der Garderobe*)
5. Fühlt euch wie zu Hause.
6. Fühlt euch wie zu Hause, nur benehmt euch nicht so.
7. Platzt euch. (*statt:* Bitte nehmt Platz.)
8. Jetzt geht's rund, erst die Oma, dann der Hund. (*scherzhaft*)
9. Nein, ich habe keine Gäste da; das sind alles meine Schuhe. (*genervter Ausruf der Ehefrau mit Schuhtick*)
10. Besuch ist wie Fisch: Nach drei Tagen fängt er an zu stinken.
11. Besucher machen immer Freude – wenn nicht beim Kommen, dann beim Gehen.
12. Wir müssen uns langsam aus dem Fenster lassen. (*statt:* verabschieden)
13. Geht mit Gott, aber geht. (*scherzhaft*)
14. Auf Wiedersehen, aber es eilt nicht. (*dito*)
15. Grinse nie, wenn deine Verwandten wieder abreisen.

Wenn unerwarteter Besuch vor der Haustür steht
1. Welch Glanz in meiner Hütte!
2. Nun komme ich, sagte Bajazzo, der Spaßmacher.
3. Das hat mir gerade noch gefehlt. (*ironisch*)
4. Weihnachten ist öfter. (*dito*)
5. Ich räume Ihnen aber nicht auf.
6. Tretet ein! Auch hier wohnen Götter.
7. Kommse ruhig rein. Wir duschen gerade.
8. Es hat schon mehr geregnet und die Leute sind gegangen.

9. Hör mal, du Abfluss verstopfender, Kekse fressender, R-Gespräche kriegender Schnorrer, ich will, dass du sofort mein Haus verlässt! (*Homer Simpson*)
10. Mutter, schüttel die Betten auf, die Leute wollen heim.

Typisch heikler Gast
1. Och, schön habt ihr's hier. (*ironisch*)
2. Hübsch hässlich habt ihr's hier. (*dito*)
3. Da liegt die Butter neben dem Kamm. (*wenn jemand in unordentlichen Verhältnissen lebt*)
4. Da wird das Brot in der Toilette eingeweicht. (*wenn jemand in ärmlichen Verhältnissen lebt*)
5. Es ist hier nicht wie bei armen Leuten, wo das Klavier in der Küche steht. (*wenn jemand in angenehmen Verhältnissen lebt*)
6. Wie bei Grafens. (*statt:* sehr vornehm und komfortabel)
7. Hast du die alle gelesen? (*vor dem Bücherregal*)
8. Das Sodawasser prickelt ja kaum, und diese Brombeermarmelade hat einen ekligen Fischgeschmack. (*Kritik an Champagner und Kaviar*)

Tratsch im Treppenhaus
1. Die Wahrheit schadet nur dem, der sie sagt.
2. Plappern gehört zum Handwerk.
3. Das Leben gleicht der Hühnerleiter, man kommt vor lauter Mist nicht weiter.
4. Wer morgens zerknittert ist, hat tagsüber viele Entfaltungsmöglichkeiten.
5. Morgens um sieben ist die Welt noch in Dortmund. (*statt:* in Ordnung)
6. Da sieht es aus wie bei Hempels unterm Sofa.
7. Schwarze Unterwäsche wird nicht schmutzig.
8. Alzheimer ist toll. Man lernt täglich neue Leute kennen.
9. Ein Glück, dass man nicht alle kennt, die man nicht mag.
10. Wer hinter meinem Rücken redet, redet mit meinem Arsch.
11. Schon das von Anne gehört?

6

»Hupen Sie ruhig, mein Radio ist lauter«

Unterwegs

Zu Fuß

Auf Schusters Rappen
1. Über den Berg ist es weiter als zu Fuß.
2. Den Berg rauf ist es steiler als zu Fuß.
3. Bergab ist schneller als zu Fuß.
4. Zu Fuß ist es kürzer als nach Hause.
5. Ab hier kommen die Bären von rechts.

Im Fahrstuhl
1. Wie Sardinen in einer Büchse. (*wenn der Aufzug voll ist*)
2. Hier kann kein Apfel zur Erde fallen. (*dito*)
3. Reibung erzeugt Wärme – und Wärme erzeugt Behaglichkeit. (*dito*)
4. Du solltest mal wieder das Badewasser wechseln. (*wenn jemand unangenehm riecht*)
5. Und dabei war die Wunde so schön verheilt. (*wenn man furzen musste*)
6. Nieder mit dem Fahrstuhl. (*scherzhaft*)
7. Runter kommen sie immer. (*dito*)

Am Speakers' Corner
(*Stelle im Londoner Hyde Park, an der sonntags jeder, der etwas verkünden will, öffentlich seine Reden schwingen kann.*)
1. Leute, kauft Kämme! Es kommen lausige Zeiten.
2. Bewahr dein bestes Hemd nicht für den Sonntag auf. (*Kinky Friedman*)
3. Wer am Freitag lacht, der wird vielleicht am Sonntag weinen.
4. Bei Rot über die Ampel zu gehen ist keine Lösung. Drück die Ampel, umarme das Leben.
5. Vielleicht ist hinterm Weltall noch eine Blumenwiese.
6. Nieder mit dem Winterschlaf, es lebe die Frühjahrsmüdigkeit.
7. Sex ist wie Studieren: Bücher alleine reichen nicht aus.
8. Schinken ist die beste Wurst.

9. Es ist schon alles gesagt, nur noch nicht von allen. (*Karl Valentin*)
10. Bevor Sie noch näher kommen, stellen Sie sich gefälligst vor!

Mit dem Fahrrad

1. Mia san mit 'm Radl da. (*bayerisch*)
2. Mit dem Fahrrad ist es weiter als nach Frankreich. (*scherzhaft*)
3. Mir ist es eingefallen, während ich Fahrrad fuhr. (*Albert Einstein*)
4. Allzeit gute Fahrt und immer Wind von achtern. (*Radfahrergruß*)
5. Lieber mit dem Fahrrad zur Kneipe als mit einem Mercedes zur Arbeit.
6. Wer sein Fahrrad liebt, der schiebt.
7. Schraub doch den Sattel runter, dann macht's gleich mehr Spaß.
8. Quäl dich, du Sau! (*Udo Bölts auf einer Tour-de-France-Etappe zu Jan Ullrich*)
9. Lieber Sex im Auto als eine Acht im Fahrrad.
10. Fahrräder sind fast so gut wie Gitarren, um Frauen kennenzulernen. (*US-amerikanischer Sänger und Gitarrist Bob Weir, Gründungsmitglied von Grateful Dead*)
11. Eine Frau ohne Mann ist wie ein Fisch ohne Fahrrad. (*Spruch der Frauenbewegung*)
12. Das ist keine Zahnspange. Ich esse dein Fahrrad. (*scherzhaft*)

Im Zug

Im Abteil

1. Lieber schwarz mit der Bahn als blau gegen den Baum.
2. Nun wird's aber Tag. (*wenn der Zug aus dem Tunnel kommt*)
3. Ist schon wieder Tag? (*dito*)
4. Ist da noch frei?

5. Wollen Sie sich nicht hier rübersetzen? Dann sind Sie näher bei Ihren Füßen.

Vor der Zugtoilette
1. Scheißende soll man nicht aufhalten. (*statt*: Reisende)
2. Wer reist, braucht Schuhe, wer scheißt, braucht Ruhe.
3. In diesem Klo, da wohnt ein Geist, der jedem, der zu lange scheißt, von hinten in die Eier beißt.
4. Überall, wo ich hinkomme, gibt's Ärger mit Klopapier. (*Nach fünf im Urwald*)
5. Und für Leute, die überhaupt nicht lesen können, ist die Zigarette durchgestrichen. (*Tex Rubinowitz*)

Im Flugzeug

1. Das einzige Gefährliche am Fliegen ist die Erde.
2. Auf der linken Seite sehen Sie Kassel. (*Durchsage*)
3. Wenn hinter Fliegen Fliegen fliegen, fliegen Fliegen Fliegen hinterher.
4. An Bord befindet sich Bombe! – Eine Bo…? – Nein, keine Bo, eine Bombe. (*Die unglaubliche Reise in einem verrückten Flugzeug*)
5. Ich will hier raus! Macht die Tür auf! Ich will raus! Raus! Raus! Raus! Raus! Raus! Raus! Raus! Raus! Raus! (*Marge Simpson*)
6. Paris, Athen, auf Wiedersehen.
7. Goodbye, Hawaii.
8. Wenn man Australien kommt, ist man gleich Indonesien.
9. Vergiss nicht, afrikanische Schwalben sind für den Charterverkehr nicht zugelassen. (*Die Ritter der Kokosnuss*)
10. Wenn der eine den anderen zum Flughafen bringt, ist das der Beginn einer Beziehung. (*Harry & Sally*)
11. Statistisch gesehen kommen Todesfälle durch Flugzeugabstürze seltener vor als durch Eselstritte. (*für die Statistiker unter uns*)

12. Saftschubsenballett. (*statt:* Sicherheitsanweisungen im Flugzeug.)

Im Heißluftballon

1. Von hier oben sehen die Menschen aus wie Ameisen.
2. Die Wolken sehen aus, als wenn Tante Else umkippt.
3. Wer Schmetterlinge lachen hört, der weiß, wie Wolken schmecken.
4. Wenn ich falle, werde ich weinen vor Glück. (*Samuel Beckett*)
5. Die Erde ist ein Toastbrot.

An Bord eines Kreuzfahrtschiffes

1. Ein sicheres Mittel gegen Seekrankheit: Setzen Sie sich unter einen Baum. (*Spike Milligan*)
2. Alle Fische wollen bumsen, nur nicht Flipper, der hat Tripper.
3. Wasser hat keine Balken.
4. Der Seestern durch das Weltmeer segelt; es quietscht, wenn man im Wasser vögelt.
5. Auf jedem Schiff, das dampft und segelt, ist einer, der die Putzfrau vögelt.
6. Als Rentner hat man nie Zeit.
7. Ich bin schrecklich reich und habe nur noch zwei Wochen zu leben.
8. Der Käpt'n blickt nicht mehr durch, und die Matrosen machen, was sie wollen. (*Charles Bukowski*)

Auf dem Segelboot

1. Viel Wind und wenig Fahrt.
2. Ist der Kai nicht trocken, kriegt der Segler nasse Socken.
3. Auch stille Wasser sind nass.

4. Segeln ist die teuerste Art, unbequem zu reisen.
5. Allzeit gute Fahrt und immer eine Handbreit Wasser unterm Kiel. (*Seglergruß*)
6. Mast- und Schotbruch! (*statt:* Hals- und Beinbruch)
7. Zünde niemals eine Zigarette an einer Kerze an, sonst stirbt ein Seemann. (*Aberglaube*)
8. Alles im Lot auf dem sinkenden Boot.

Im Auto

Auto- und Motorradmarken und was sich dahinter verbirgt (scherzhaft)
1. VW = Verliererwagen
2. Golf = Gerät ohne logische Funktion
3. BMW = Bald mein Wagen
4. Seat = Sehr einfach, aber teuer (*oder:* Sehen-Einsteigen-Aussteigen-Totlachen)
5. Fiat = Für Italiener ausreichende Technik
6. Ford = Für Ossis reicht der.
7. Opel = Offensichtlich Prolet, eventuell Landwirt
8. Mazda = Müll auf zwei dünnen Achsen
9. Man = Mist aus Nürnberg
10. Manta = Mein Auto nervt täglich Anwohner.
11. Kawasaki = Kaum auszuhalten, was an Schrott alles käuflich ist.
12. Yamaha = Yeti auf Motorrad am Himalaya abgestürzt
13. Honda = Hab ohne nachzudenken dich angeschafft. (oder: Heute ohne nennenswerten Defekt angekommen.)

Autokennzeichen und was sich dahinter verbirgt (scherzhaft)
1. AA = Alles Arschlöcher (*Aalen*)
2. BA = Blutiger Anfänger (*Bamberg*)
3. BRA = Bauern rechts ab (*Brake*)
4. DA = Dämlicher Anfänger (*Darmstadt*)

5. DGF = Deutschlands gefährlichster Fahrer (*Dingolfing*)
6. DON = Depp ohne Namen (*Donauwörth*)
7. ED = Entsprungener Depp (*Erding*)
8. ESW = Esel sucht Weg (*Eschwege*)
9. EU = Esel unterwegs (*Euskirchen*)
10. FD = Fahrer döst (*Fulda*)
11. FFB = Fahrer fährt blöd (*Fürstenfeldbruck*)
12. FS = Fährt scheiße (*Freising*)
13. GAP = Größter anzunehmender Penner (*Garmisch-Partenkirchen*)
14. GS = Gefährlicher Sonntagsfahrer (*Goslar*)
15. HH = Halbes Hirn (*Hansestadt Hamburg*)
16. HRO = Hier rasen Ossis (*Hansestadt Rostock*)
17. HSK = Hilfe, sie kommen! (*Hochsauerlandkreis*)
18. KB = Komplette Blödmänner (*Korbach*)
19. LEV = Leider etwas verrückt (*Leverkusen*)
20. LÜD = Links überholender Depp (*Lüdenscheid*)
21. ME = Motorisierter Esel (*Mettmann*)
22. OF = Ohne Führerschein (*Offenbach*)
23. PI = Pennt immer (*Pinneberg*)
24. PLÖ = Pennt leider öfter (*Plön*)
25. RÜD = Rechts überholender Depp (*Rüdesheim*)
26. SB = Ständig besoffen (*Saarbrücken*)
27. SFA = So fahren Arschlöcher (*Soltau-Fallingbostel*)
28. SU = Suche Unfall (*Siegburg*)
29. VIE = Vollidiot im Einsatz (*Viersen*)
30. WHV = Wir haben Vorfahrt. (*Wilhelmshaven*)

Unglaublich lässige Autoaufkleber

1. Alt, aber bezahlt.
2. Nicht blinken, kämpfen.
3. Follow me, if you can.
4. Folgen Sie mir nicht, ich hab mich auch verfahren.
5. Entschuldigung, dass ich so dicht vor Ihnen herfahre.
6. Bitte nicht am Lack lecken.
7. Bitte nicht hupen, Fahrer träumt von Werder Bremen.

8. Hupe kaputt – achten Sie auf meinen Finger.
9. Wer später bremst, ist länger schnell.
10. Ich bremse auch für Hauptschüler.
11. Bitte Abstand halten, so gut kennen wir uns ja nicht.
12. Wenn Sie dies lesen können, sind Sie zu dicht aufgefahren.
13. Haltbarkeitsdatum siehe Bodenblech.
14. Überholen Sie ruhig, ich kauf Ihren Schrott auf.
15. Überholen Sie ruhig – wir schneiden Sie raus. (*auf einem Feuerwehrauto*)
16. Wenn du so bumst, wie du einparkst, kriegst du ihn nie rein.
17. Wenn ich groß bin, überhole ich euch alle.
18. Eilige Alkoholika!
19. Bitte keine Werbung einwerfen.
20. Hupen Sie ruhig, mein Radio ist lauter.
21. Lieber mehr Hubraum als Wohnraum.
22. Ein Herz für Arschlöcher.
23. Bleifuß statt bleifrei.
24. Testwagen – nicht waschen.
25. Ich könnte schneller fahren, aber ich liebe den Klang deiner Hupe.
26. Bitte nicht zuparken – Fluchtfahrzeug.

Sagenhaft unspektakuläre Aufkleber auf Wohnmobilen
1. Reise vor dem Sterben, sonst tun es deine Erben.
2. Lieber mit dem Womo in den Urlaub als mit dem Jaguar zur Arbeit.
3. Zuhause ist da, wo mein Wohnmobil parkt.
4. Früher mussten wir auch ins Hotel.
5. Klar, du bist schneller, aber ich fahre vor dir.
6. Du bist zwar schneller, aber wir haben Urlaub.
7. Wir sind dann mal weg.

Für Autofahrer und Beifahrer
1. Kippe aus, anschnallen, Schnauze halten.
2. Ersten Gang langsam kommen lassen.

3. Gas ist rechts.
4. Zieht heut schlecht. (*wenn man vergessen hat, die Handbremse zu lösen*)
5. 4-Zylinder fährt jeder Blinder.
6. Zähne putzen! (*beim Schalten ohne Kupplung*)
7. Hallo, du Arsch!
8. Hinten hab ich keine Augen.
9. Schönen Gruß vom Getriebe.
10. Ich bremse nur für Obst.
11. Mach mal das Mösenstövchen an, ich frier mir den Arsch ab. (*statt:* Sitzheizung)
12. Gib mir Deckung, ich wechsele die Spur.
13. Fahr ruhig rein, ich brauche das Geld.
14. Wozu rasen? 230 km/h genügen.
15. Enno, den feg ich von der Bahn! (*Theo gegen den Rest der Welt*)
16. Strafzettel sind billiger als Parkscheine.
17. Eigentlich wollte ich einen Lamborghini, aber ich wusste nicht, wie man das ausspricht.
18. Gott schütze uns vor Sturm und Wind und Autos, die aus Wolfsburg sind.
19. Meine Autos können alle Farben haben, solange sie schwarz sind.
20. Fahre niemals ohne Licht, denn ohne Licht sieht man dich nicht.

Der Verkehrsfunk meldet
1. Auf der Autobahn Köln-Frankfurt schneit es in beiden Fahrtrichtungen.
2. Aus bisher noch unbekannten Gründen mündet die neue Autobahn-Teilstrecke Iserlohn-Itzehoe bei St. Pauli in die Elbmündung. Lkw-Fahrer, die Trockenmilch geladen haben, mögen auf der Hut sein. (*Rudolf Kunz*)
3. Wir bitten die Autofahrer, die Gegend weiträumig umzufahren.
4. Mit Tempo 200 bist du schneller an der Unfallstelle.

5. Straße nass, Fuß vom Gas – Straße trocken, rauf mit den Socken.
6. Herr Sondermann, unterwegs in einem lila Sakko mit grünem Einstecktuch, wird gebeten, umgehend seinen Herrenausstatter anzurufen. (*Bernd Pfarr*)
7. Die Panne am Anfang bitten wir zu verzögern.

Fatale Sprüche bei der Fahrzeugkontrolle
1. Könnten Sie bitte mein Bier halten, während ich meine Fahrzeugpapiere suche?
2. Wie soll ich Ihnen meinen Führerschein zeigen? Den haben mir doch Ihre Kollegen vor zwei Jahren abgenommen.
3. Ich hab noch nie Fahrerflucht begangen; ich musste immer weggetragen werden.
4. Ich verbitte mir diese Bettelei. (*auf die Frage:* Haben Sie noch Restalkohol?)
5. Sorry, Herr Wachtmeister, ich hatte nicht gesehen, dass mein Radarwarner ausgeschaltet war.
6. Links, links, hinterm Schutzmann stinkt's. (*Erwiderung auf:* Ihr linkes Blinklicht geht nicht.)
7. Ich konnte die rote Ampel gar nicht erkennen. Ich bin doch farbenblind.
8. Respekt! Sie müssen ja mindestens 200 gefahren sein, um mich zu stoppen.
9. Sind Sie nicht dieser Typ von »Village People«?
10. Sie kontrollieren aber wenigstens nicht meinen Kofferraum, oder?
11. Mann, ich zahle mit meinen Steuern Ihr Gehalt.
12. Alle Menschen sind bestechlich, sagte die Biene zur Wespe.
13. Alles klar, Herr Hauptwachtelmeister. (*statt:* Herr Hauptwachtmeister)
14. Ich bin nockstüchtern, Herr Machtweister! (*statt:* Ich bin stocknüchtern, Herr Wachtmeister!)
15. Nur einen Wachtmeister, Herr Jägermeister! (*dito*)
16. Die haben mir Alkohol ins Bier gemischt.

Faule Ausreden, wenn man zu schnell gefahren ist
1. Die Kinder müssen rechtzeitig in die Schule.
2. Ich muss meinen Flieger kriegen.
3. Der Wind hat mich angeschoben.
4. Die Straße war leer.
5. Das Schild hab ich gar nicht gesehen.
6. Ich musste dringend aufs Klo.
7. Als ich auf die Bremse treten wollte, war sie nicht da.
8. Bei dem Tempo kann ich nicht auch noch auf den Tacho schauen.

Scherzhafte Bezeichnungen für Polizisten
1. Polente
2. Polypen
3. Cops
4. Buletten
5. Bullerei
6. Bullinskis
7. Bullemannzisten
8. Freund und Helfer
9. Arm des Gesetzes
10. Schupo (*veraltet für:* Schutzpolizei)
11. Streifenhörnchen
12. Schnittlauch
13. Blaumann
14. Bewegungsmelder
15. Ordnungshüter
16. Gendarm (*österreichisch*)

Wenn man in einen Stau gerät
1. Stau ist scheiße, es sei denn man ist vorne.
2. Stau ist nur hinten blöd, vorne geht's.
3. Es muss nicht immer schnell gehen – Hauptsache ist, es macht Spaß und es bringt dich weiter.
4. Warum zu Fuß gehen, wenn man noch vier gesunde Reifen hat?

5. Kannste nicht oder willste nicht?
6. Es macht den Bauern gar nicht froh, regnet es in sein Cabrio.
7. Die Stoßstange ist aller Laster Anfang.
8. Wir stehen nicht im Stau – wir sind der Stau.
9. Den Motor lass ich laufen, weil ich gleich Eva. (*Wortspiel mit:* weil ich gleich eh fahre)
10. Da ist ein Stau? Da fahren wir hin!

Typische Aussprüche, wenn man nachts bei Regen im Auto an einer Bahnschranke steht und es rumpelt ein Güterzug vorbei, der nie aufhört

1. Och nö, ne?
2. Da muss irgendwo ein Nest sein.
3. Meine Güte, so viel Bonbons in einer Tüte!?
4. Vis-à-vis: So ist das Leben! (*Udo Martens*)
5. Scheiß die Wand an!
6. Es ist nur eine Phase, Hase.

Im Taxi

1. Bringen Sie mich irgendwohin. Ich werde überall gebraucht.
2. Kutscher, zum Flughafen! Und geben Sie den Pferden die Peitsche.
3. Der Kutscher kennt den Weg.
4. Folgen Sie diesem Wagen.
5. Fahr mich nach Hause.
6. He, Meister, ich habe hier keine Stadtrundfahrt bestellt.
7. Wer vorne sitzt, bezahlt.
8. Wenn der Benz bremst, brennt das Benz-Bremslicht.
9. Besser schlecht gefahren als gut gelaufen.
10. Wenn ich Mercedes-Benz fahren will, rufe ich ein Taxi.
11. Ist hier noch Platz für einen Passagier, eine Currywurst und eine Kiste Bier? (*wenn man sich übergeben muss*)

An der Tankstelle

1. Normal ist das nicht.
2. Raps ist doch der Beste.

3. Ey, volltanken und einmal Ellenbogen freikratzen, ey. (*Mantafahrer im Winter*)
4. Meine Batterie braucht ein neues Auto.
5. Autofahrer sind die Melkkühe der Nation.
6. Die Firma tankt! (*Abschiedsgruß*)

In der Werkstatt
1. Ich bin von der Stolizei gepoppt worden. (*statt*: von der Polizei gestoppt)
2. Ich habe keinen Dunst, wie man ein Auto repariert, denn meine Talente beschränken sich darauf, am Lenkrad zu drehen und mit der Hupe zu hupen. (*Bertram Wooster*)
3. Der Wagen macht so ein komisches Geräusch.
4. Ein Getriebe ist ein Getriebe und nicht Supermann.
5. Wird nur vom Rost zusammengehalten.
6. Fährt man rückwärts an den Baum, verkleinert sich der Kofferraum.
7. Auto fängt mit A an und hört mit O auf.
8. Der Motor ist verreckt.
9. Man steckt nicht drin.

In der Fahrschule
1. Was im Rückspiegel erscheint, befindet sich hinter Ihnen.
2. Das andere links. (*wenn der Fahrschüler auf die Anweisung »Links abbiegen« rechts abbiegt.*)
3. Donnerstag rechts abbiegen. (*dito*)
4. Links ist frei, und rechts kommt auch einer. (*übler Scherz*)
5. Rechts ist frei, links zahlt die Versicherung. (*dito*)
6. Rechts ist da, wo der Daumen links ist.
7. Rot: stehen bleiben. Grün: fahren. Gelb: noch schneller fahren.
8. Schöner Gruß vom Getriebe. (*wenn der Fahrschüler einen Gang einlegen will, ohne zu kuppeln*)
9. Das nennt man Zähneputzen. (*dito*)
10. Schalten ist keine Kunst, kann jeder hören. (*dito*)
11. Grüner wird's nicht.

12. Das üben wir noch.
13. Übung macht den Meister.
14. Wer bremst, verschwendet Energie.
15. Wenn Ihnen schwarz vor Augen wird, sind Sie eingeschlafen.
16. So ist das Leben: Fahr gegen einen Baum und nicht daneben. (*scherzhaft*)
17. Wenn's kracht, noch'n Meter! (*dito*)

Beim Sehtest
1. Ausgerechnet die Leute, die dauernd ihre Brille suchen, haben auch noch schlechte Augen.
2. Du hast wohl einen Knick in der Optik.
3. Eine Brille ist der Sieg der Neugier über die Eitelkeit.
4. Es sind nicht unbedingt nur Optiker, die ständig nach Kontaktlinsen.
5. Ich bin schüchtern auf den Augen. (*wenn jemand schielt*)
6. Wer nicht sehen will, dem hilft keine Brille.
7. Autofahren ohne Brille schärft die Reflexe.

7

»Lieber am Busen der Natur als am Arsch der Welt«

Reise und Erholung

Reise und Erholung 195

Vor dem Urlaub

Im Reisebüro
1. Buchen Sie jetzt! Eichen können Sie später.
2. Wer nicht weiß, wohin er will, darf sich nicht wundern, wenn er woanders ankommt.
3. Lieber am Strand braten als am Herd kochen.
4. Mit allem Komfort und komm zurück.
5. Reisen bildet.

Am Grenzübergang
1. Gib mir deinen Ausweis, und ich sage dir, wer du bist.
2. Wenn Sie so aussehen wie Ihr Passfoto, sind Sie zu krank zum Reisen.
3. Sperma den Hund in den Kofferraum, damit es ihn bei einem Unfall nicht Vorhaut. (*Wortspiel*)
4. Gänsefleisch den Koffer uffmache? (*Sächsisch:* Können Sie vielleicht den Koffer aufmachen?)
5. Wie nennt man den Auszubildenden beim Zoll? – Filzstift. (*kleiner Scherz*)

Wenn man frierend am Bahnsteig steht und der Zug sich laut Durchsage um zwei Stunden verspätet
1. Nee, nich?
2. Da machste ein Rennen mit.
3. Das macht mich voll aggro!
4. Das geht gar nicht, Alter!
5. Hallo knallo!
6. Heul doch!
7. Herr, gib mir Geduld, aber ein bisschen dalli.
8. Erst mal dumm gucken! (*Erwiderung auf:* Und was machen wir jetzt?)
9. Jetzt machen wir erst mal nichts und dann warten wir ab.
10. Ganz ruhig, keine Panik. Ich hol die Arche und du die Tiere.

Beliebte Reiseziele

Städte

1. Venedig des Nordens (*statt:* Amsterdam, Hamburg, Stockholm, Brügge)
2. Venedig des Westens (*statt:* Nantes)
3. Venedig des Südens (*statt:* Dubrovnik)
4. Venedig des Ostens (*statt:* Bangkok, Breslau)
5. Amsterdam des Ostens (*statt:* St. Petersburg)
6. Amsterdam des Südens (*statt:* Venedig)
7. Amsterdam des Nordens (*statt:* Friedrichstadt)
8. Florenz des Nordens (*statt:* Schwerin, Krakau)
9. Florenz des Ostens (*statt:* Lemberg, Dresden)
10. Florenz des Südens (*statt:* Lecce)
11. Rom des Ostens (*statt:* Istanbul, Magdeburg, Vilnius)
12. Rom des Nordens (*statt:* Salzburg)
13. Wien des Nordens (*statt:* Oslo)
14. Wien des Westens (*statt:* Bregenz)
15. Paris des Ostens (*statt:* Prag, Budapest, Bukarest, Beirut)
16. Paris des Südens (*statt:* Buenos Aires)
17. Paris des Nordens (*statt:* Riga, Güstrow)
18. Barcelona des Nordens (*statt:* Helsinki)
19. Athen des Nordens (*statt:* Edinburgh)
20. Freiburg des Nordens (*statt:* Oldenburg *in Oldenburg*)

Länder

1. Riechenland (*statt:* Griechenland)
2. Spitalien (*statt:* Italien)
3. Blindien (*statt:* Indien)
4. Bloßbritannien (*statt:* Großbritannien)
5. Mammonaco (*statt:* Monaco)
6. Verpackistan (*statt:* Pakistan)
7. Saustralien (*statt:* Australien)
8. Sparaguay (*statt:* Paraguay)
9. Nichtstunesien (*statt:* Tunesien)
10. Schläfrig-Holzbein (*statt:* Schleswig-Holstein)

Scherze auf Kosten von Urlaubsländern
1. Afghanistan – kann niet verstaan.
2. In Laos herrscht Chaos.
3. Malta – mach Halt da.
4. Tutti allegro in Montenegro.
5. Lumumba und Pogo auf Fidschi und Togo.
6. Party und Fun in Aserbaidschan.
7. In Singapur ist Scheiße nur.
8. In Bhutan gibt's Propan.
9. Bananas gibt es auf den Bahamas.
10. Alles Miele in Chile.
11. Nordkoriander oder Südkoriander? (*statt:* Nordkorea oder Südkorea?)

Sightseeing

Wenn eine Sehenswürdigkeit beeindruckend ist
1. Das ist ja voll krass.
2. Ey, Mann, voll abgefahren.
3. Herrlich-tenstein!
4. Find ich töfte.
5. Sache von Format.
6. Vorherragend! (*statt:* Hervorragend!)
7. Das ist echt voll Spätzle! (*schwäbisch*)
8. Dufte ist zweimal so schnafte wie knorke. (*berlinerisch*)
9. Dreimal knorke ist einmal schnafte. (*dito*)
10. Yo, nice.

Alternative Ausdrücke für Berliner Sehenswürdigkeiten
1. Schwangere Auster (*statt*: Haus der Kulturen der Welt)
2. Telespargel (*statt*: Fernsehturm)
3. Langer Lulatsch (*statt:* Funkturm)
4. Präsidenten-Ei (*statt:* Bundespräsidialamt)
5. Hohler Zahn mit Lippenstift und Puderdose (*statt:* Kaiser-Wilhelm-Gedächtniskirche)

6. Wasserklops (*statt:* Brunnen am Breitscheidplatz)
7. Wurst (*statt:* Hauptbahnhof)
8. Nuttenbrosche (*statt:* Brunnen am Alexanderplatz)
9. Waschmaschine (*statt:* Bundeskanzleramt)
10. Goldelse (*statt:* Siegessäule)

Universell einsetzbare deutsch-englische Redensarten für die Auslandsreise

1. Now we have the salad! (*statt:* Jetzt haben wir den Salat!)
2. My English is not the yellow of the egg. (*statt:* Mein Englisch ist nicht das Gelbe vom Ei.)
3. Nothing for ungood. (*statt:* Nichts für ungut.)
4. Don't ask after sunshine. (*statt:* Frag nicht nach Sonnenschein.)
5. Tell me nothing from the horse. (*statt:* Erzähl mir keinen vom Pferd.)
6. You are on the woodway. (*statt:* Du bist auf dem Holzweg.)
7. Hold the air on. (*statt:* Halt die Luft an.)
8. Hold the ears stiff! (*statt:* Halt die Ohren steif!)
9. You can me crosswise. (*statt:* Du kannst mich kreuzweise.)
10. I think I am in the wrong movie. (*statt:* Ich glaub, ich bin im falschen Film.)

Verschiedene Urlaubsarten

Auf dem Campingplatz

1. Lieber am Busen der Natur als am Arsch der Welt.
2. Ich habe geschlafen wie ein Beamter.
3. Tut mir leid, ich spreche kein auswärts.
4. Man soll eben auf Campingplätzen keine Bekanntschaften machen. (*Loriot*)
5. Jeder schimpft über das Wetter, aber keiner tut was dagegen.

Am Lagerfeuer

1. Der Tag ist 24 Stunden lang, aber unterschiedlich breit.

2. Eine Minute heute ist besser als eine Minute morgen.
3. Wie lang eine Minute sein kann, hängt davon ab, auf welcher Seite der Toilettentür du dich befindest.
4. Wer nie mit einem Kaktus schlief, weiß nicht, wie Stacheln piken.
5. Die Wespe ist die Arschgeige der Lüfte. (*Wiglaf Droste*)
6. Männer haben zwar das Feuer erfunden, aber Frauen spielen damit.
7. Ein Mann mit Bart sollte nicht ins Feuer blasen.

Im Badeurlaub
1. Dieser Urlaub ist genau das, was mir mein Arzt verschrieben hat.
2. Ich möchte jetzt die Luft lutschen. (*statt*: ein Sonnenbad nehmen)
3. Jeder kann was. Ich zum Beispiel kann gut am Meer sitzen.
4. Liegen haben kurze Beine.
5. Ballermann oder Balaton – Hauptsache Südsee.
6. Ich liebe das Meer. Es ist so tief, so geheimnisvoll. So voller Fische. (*French Kiss*)
7. Ich liebe den Ozean. Er ist so wahnsinnig … nass! (*Time Bandits*)
8. Wenn die Ebbe kommt, sieht man, wer ohne Badehose geschwommen ist. (*Warren Buffett*)
9. Wenn ich diesen See seh, brauche ich kein Meer mehr.
10. Ich liege am Mittelmeer und habe keine Mittel mehr.
11. FKK ist mir zu mächtig – meiner ist nur mittelprächtig.
12. Kaltes Bier und heiße Weiber sind die schönsten Zeitvertreiber.
13. Das Schlimmste an meinem Job sind die 335 Tage nach dem Urlaub.

Beim Sonnenuntergang
1. Scheiße, dit is Romantik! (*berlinerisch*)
2. Ein Träumchen!
3. Hervorglänzend! (*statt:* Hervorragend!)

4. Wunderbärchen.
5. Wundertoll.
6. Wunderschön ist nichts dagegen.
7. Bildschön ist Dreck dagegen.
8. Es sieht von Weitem sehr entfernt aus.
9. Die Sonne müsste nachts scheinen, am Tage ist es doch sowieso hell. (*Bekannter von Eugen Egner*)
10. Ich wünschte nur, sie würde hin und wieder mal im Westen aufgehen, nur zur Abwechslung. (*William Crane*)

Robbenbaby-Watching auf Helgoland
1. Das ist ja niedlich.
2. Ach Gottchen! Wie niedlich! Und so süß.
3. Das ist ja der Oberburner.
4. Die sind ja fluffig.
5. So was von schnuffig.
6. Voll knuffig.
7. Voll süß.
8. Mit oho!

Oberschlaue Umschreibungen für Urlaub zu Hause
1. Urlaub auf Balkonien.
2. Urlaub in Bal Kong.
3. Urlaub in Bad Meingarten.
4. Urlaub auf Gran Terrassia.
5. Nackt in den Erbsen.
6. Ich passe auf meine Möbel auf.
7. Reisen? Um Gottes willen! Das Leben ist schon anstrengend genug, wenn man zu Hause bleibt. (*William Congreve*)

Ferien auf dem Bauernhof
1. Rin in die Kartoffeln, raus aus die Kartoffeln.
2. Alles in Butter, Herr Luther. (*statt:* Alles in Ordnung.)
3. Kriegen Kühe schlechtes Futter, wird's Margarine statt Butter.
4. Eine Kuh macht Muh, viele Kühe machen Mühe.
5. Hast du keinen Bock, versuch's mal mit 'ner Ziege.

6. Wenn der Hahn kräht auf dem Mist, weißt du, dass du im Urlaub bist.
7. Will der Mensch die Eier eckig, geht's den Hühnern dreckig.
8. Stirbt der Bauer schon im Mai, ist ein Gästezimmer frei.
9. He, Bauer, dein Huhn hat Fieber. (*Friedrich Karl Waechter*)
10. Sind die Hühner flach wie Teller, war der Traktor wieder schneller.
11. Riecht's im Kleiderschrank nach Bier, war der Knecht hier.
12. Raschelt es im Stroh, ist der Bauer irgendwo.
13. Lieber im Heu vögeln als ins Gras beißen.
14. Ich mach mich dann mal vom Gehöft. (*statt:* Ich gehe.)
15. Ich mach mich mal vom Acker. (*dito*)

Gängiges zum Thema Urlaubsort und Unterkunft
1. Mal die Seele baumeln lassen.
2. Lieber Fremdenverkehr als gar keinen.
3. Besser Rum trinken als rumsitzen.
4. Ich stülpe mir die Minibar über den Kopf. (*statt:* Ich betrinke mich.)
5. Ich sage es dem Nachtportier. (*Entgegnung auf:* Und morgen früh möchte ich mit einem Kuss geweckt werden.)
6. Nichts ist schwerer zu ertragen als eine Reihe von guten Tagen. (*Goethe*)
7. Nord, Süd, Ost, West – zu Haus ist's am best.

Am Arsch der Welt
1. Wann kommt man hier mal wieder hin! (*Walter Kempowski*)
2. Hier ist der Hund begraben.
3. Wo die Hunde mit dem Arsch bellen.
4. Wo Fuchs und Hase sich Gute Nacht sagen.
5. Wo man die Kartoffeln mit dem Lasso fängt.
6. Nichts wie Gegend hier.
7. Da wird die Erdachse geschmiert.
8. Da ist die Welt mit Brettern zugenagelt.
9. Da wird die Miete mit der Pistole kassiert.
10. Hier möchte ich nicht tot überm Zaun hängen.

11. Abends werden hier die Bürgersteige hochgeklappt.
12. Abends werden hier die Bürgersteige hochgeklappt und der Mond an der Stange weitergeschoben.
13. Da fahren sie abends mit dem Fahrrad auf dem Tisch, damit sie Licht haben.
14. Da wird das Licht mit dem Hammer ausgemacht.
15. Da wurde erst letztes Jahr das Essen mit Messer und Gabel eingeführt.
16. Da haben sie erst vor vier Wochen den aufrechten Gang gelernt.
17. Aurich ist traurig, Vechta ist schlechter und Leer noch viel mehr, doch will Gott dich richtig strafen, schickt er dich nach Wilhelmshaven. (*scherzhaft*)
18. Gott erschuf in seinem Zorn Wiedenbrück und Paderborn. (*dito*)
19. Hast du Töne, fahr nach Löhne. Hast du keine, bleib in Rheine. (*dito*)
20. Nichts ist doofer als Hannover. (*dito*)

Federleichte Sprüche fürs T-Shirt
1. Je suis beschriftet.
2. Ich habe Meerweh.
3. Ich liebe den Sommer. Das ist die schönste Woche im Jahr.
4. Hetz mich nicht. Ich hab Urlaub!
5. Eimer geht noch. (*für den Mallorca-Urlaub*)
6. Ich bin der Beweis: Bier macht schön.
7. Bier formte diesen wunderschönen Körper.
8. Was auf T-Shirts steht, ist immer falsch.
9. Mir doch egal. Ich hab Urlaub.
10. Mein anderes T-Shirt ist sauber.
11. Das eine will man, das andere muss man.
12. Guck nicht so blöd – küss mich.
13. Der Arsch bleibt immer hinten.
14. Den ganzen Tag (*vorne*) und abends mit Beleuchtung. (*hinten*)
15. Der nächste Witz geht auf meine Kosten. (*Rattelschneck*)

Für die Urlaubskarte
1. Alles allererste Sahne.
2. Alles okay in Bombay,
3. Alles logo in Togo.
4. Alles fesch in Marrakesch.
5. Nur die Verrückten kommen nach Ägypten.
6. Dann flog sie nach Tunesien, als wäre nichts gewesen.
7. Lieber mit dem Fahrrad an den Strand als mit dem Auto zur Arbeit.
8. Urlaub könnte ich auch hauptberuflich machen.
9. Frag nicht nach Sonnenschein.
10. Weg mit den Alpen! Freie Sicht auf die Adria.
11. Drei Dinge haben Italien berühmt gemacht: Alfa, Romeo und Julia.
12. Bielefeld gibt es gar nicht.
13. In Meppen ha'm se Motten in de Betten.
14. Die Schweiz ist ohne Reiz.
15. Was in Japan ist der Tenno, ist in Frankfurt der Brezel-Benno.
16. Das schöne Wetter hält weiter an. Ich habe höchst erquicklich im Meer gebadet. (*Jeeves*)
17. Ich brauche keine Therapie, ich muss nur auf den Campingplatz.
18. Gruß an den Rest vom Schützenfest sendet der Held im Erdbeerfeld.

Orte der Ruhe und der Freude

Nachts auf der Reeperbahn um halb eins
1. Jesu geh voran auf der Reeperbahn.
2. Ich mache das nur, weil ich breit bin.
3. Ich bin so scharf wie Schifferscheiße.
4. Sumsen ist buper und schicken ist fön.
5. Einmal gepoppt, nie mehr gestoppt.
6. Wenn die Frau betrunken ist, wird ihr Fleckchen hungrig. (*dänisches Sprichwort*)
7. Nur gucken, nicht anfassen.

In der Sauna
1. Ist das hier so heiß drin, oder bin ich das?
2. Mir ist heiß. Darf ich mich in Ihren Lidschatten setzen?
3. Wer abrutscht, darf noch mal.
4. Schwitzen Sie auch so? Wollen wir nicht duschen gehen?
5. Alles fit im Schritt?

In der Kur
1. Auch ein Kurschatten kann ein Lichtblick sein.
2. Durch diese kahle Hose muss er kommen. (*Wortspiel frei nach Schiller*)
3. Komm an meine grüne Seite.
4. Ein Küsschen in Ehren ist aller Laster Anfang.
5. Ich bin doch nur ein Abenteuer für Sie.
6. Alte Scheunen brennen lichterloh. (*bejahrte Frau mit heftigen Liebesgefühlen*)
7. Ist mir egal, ob Sie Napoleon heißen, nehmen Sie gefälligst Ihre Hand aus meiner Bluse.

Im Wellnesshotel
1. Melonen im Obstkorb. (*statt:* schöne Oberweite)
2. Musik in der Bluse. (*statt:* üppiger Busen)
3. Holz vor der Hütte. (*dito*)
4. Dazwischen hört man keinen Wecker klingeln. (*Beschreibung der weiblichen Oberweite*)
5. Dazwischen würde ich gerne mal frühstücken. (*dito*)
6. Schönheit vergeht, Acker besteht.
7. Einen schönen Mann kann nichts entstellen. (*scherzhaft*)
8. Scheiße durch ein Sieb geschossen, gibt die schönsten Sommersprossen. (*dito*)
9. Ihre Lippen sehen aus wie ein aufgeplatztes Sofakissen. (*bei aufgespritzten Lippen*)
10. Hast du da einen Pickel im Gesicht oder ist das deine Nase?
11. Wer schön sein will, muss leiden.
12. Meditieren ist immer noch besser als rumsitzen und nichts tun.
13. Ein schöner Hintern hilft beim Überwintern.

Im Zoo
1. Der Jagdgepard, der wieselschnelle, kommt manchmal gar nicht von der Stelle. (*Robert Gernhardt*)
2. Der Panther, der Panther. Erst lag er, dann stand er, wodurch er so erschrak, dass er bald wieder lag. (*ders.*)
3. Pferd im Badeanzug (*scherzhaft* für: Zebra)
4. Hol das Zebra rein, es regnet.
5. Ich mach mal den Adler. (*statt:* Ich verabschiede mich.)

Im Zirkus
1. Einem alten Pudel kann man keine Kunststücke mehr beibringen.
2. Haben Sie Erfahrung mit wilden Tieren? – Ich habe schon einige gegessen. (*Wilde Kreaturen*)
3. Das war ernst, jetzt kommt August.
4. Spaß beiseite, Ernst kommt grade die Treppe runter.
5. Manchmal verspeist man den Bären – und manchmal wird man eben vom Bären verspeist. (*The Big Lebowski*)
6. Lieber ein Bär in der Hand als eine Taube auf dem Dach.
7. Hokuspokus Verschwindibus. (*scherzhafte Zauberformel*)

Passendes für den Rummelplatz
1. Heroinspaziert! (*Raupenbahn*)
2. Kommen Sie ran! Hier werden Sie genauso beschissen wie nebenan. (*Losbude*)
3. Junger Mann zum Mitreisen gesucht. (*Autoscooter*)
4. Träume nicht dein Leben, lebe deinen Traum. (*Wildwasserbahn*)
5. Drinnen ist es genauso wie draußen, nur anders. (*Geisterbahn*)
6. Sizilien ja vorbei! Das muss Amrum liegen. (*Schießbude*)
7. Das muss man gesehen haben, da muss man reingetreten sein. (*Achterbahn*)
8. Schließ die Augen und alles, was du siehst, gehört dir. (*Dosenwerfen*)
9. Rin in das Vergnügen. (*Schiffschaukel*)

10. Rauf auf die Mutter. (*Bullenreiten*)
11. Wer will noch mal, wer hat noch nicht? (*Preisboxen*)
12. Komm rein, kannst rausgucken. (*Wahrsagerin*)

Lebkuchenherz-Sprüche
1. Vernasch mich.
2. Süße Sau.
3. Alles Schlampen außer Mutti.
4. Ein Herz hat ein jeder.
5. Edel sei der Mensch, Zwieback und gut.
6. Einmal ist immer das erste Mal.
7. Hier könnte Ihre Werbung stehen.

Im Spielcasino
1. Lieber locker vom Hocker als hektisch über Ecktisch.
2. Der Teufel scheißt immer auf den größten Haufen.
3. Ich habe die Arschkarte gezogen.
4. Ein bisschen Schwund haste immer.
5. Genug ist besser als viel.
6. Wenn am Freitag Schwarz kommt, mache ich am Montag blau.
7. Wenn das Glück dich verlässt, geh mit.

Natur, Umwelt und Tiere

Im Wald
1. Ameisen sind die Polizisten des Waldes.
2. Lieber mit Betty im Wald als mit Waldi im Bett.
3. Bäume haben dem Menschen eines voraus: Sie sind auch in Massen noch schön.
4. Der frühe Vogel fängt den Wurm, aber erst die zweite Maus kriegt den Käse.
5. Am Abend hilft die Jägerin dem Jäger in die Negerin. (*Friedrich Karl Waechter*)
6. Ich mach dann mal den Fuchs. (*statt:* Ich gehe.)
7. Ich werd noch zum Hirsch. (*statt:* wahnsinnig)

Beim Jagdausflug

1. Horrido und Waidmannsheil, fass die Sau am Pürzel.
2. Ich mag Tiere sehr gerne – am liebsten mit einer leckeren Soße.
3. Für mich gibt es nur zwei Arten von Tieren: Kleidung und Essen.
4. Quäle nie ein Nerz zum Scherz, es könnte dein Mantel sein.
5. Einem alten Trapper pisst man nicht in die Flinte.
6. Treffen sich zwei Jäger – beide tot. (*Witz*)
7. Voller Panik in die Botanik.
8. Wenn das so ist, dass Sie der Oberförster sind, dann stellen wir das Reh eben wieder hin.
9. Der Förster tut's im finsteren Tann. Vorausgesetzt, dass er noch kann.
10. Der Kopf tut weh, die Füße stinken, höchste Zeit, ein Bier zu trinken.
11. Was dem einen seine Forstwirtschaft, ist dem anderen seine Waldschenke.
12. Halali und fette Beute. (*Abschiedsgruß*)

Wichtiges für die Jägerprüfung

1. Blume (*Schwanz des Feldhasen*)
2. Frischling (*frisch geborenes Wildschwein*)
3. Fußgestell (*Schenkel des Habichts*)
4. Halali (*Grußformel*)
5. Hitze (*Zeit des Eisprungs beim weiblichen Jagdhund*)
6. Kanzel (*Hochsitz*)
7. Losung (*hinterlassene Exkremente*)
8. Löffel (*Ohren des Hasen oder Kaninchens*)
9. Luder (*als Köder für Raubwild verwendetes totes Wild*)
10. Lunte (*Schwanz vom Rotfuchs*)
11. Mönch (*geweihloser Hirsch*)
12. Platzhirsch (*Herrscher über das Brunftrudel*)
13. Pürzel (*Schwanz beim Dachs und Schwarzwild*)
14. Schnepfenstrich (*Balzflug der Waldschnepfe*)
15. Teller (*Ohren des Schwarzwildes*)

Beim Wandern

1. Hin zu Fuß und her zurück.
2. Das dauert voll weit.
3. Zum Reisen braucht man Schuhe, zum Scheißen braucht man Ruhe.
4. Wem Gott will rechte Gunst erweisen, den schickt er in die Wurstfabrik, er lässt ihn in die Fleischwurst beißen und gibt ihm noch 'nen Zipfel dazu.
5. Die neuen Autos sind so umweltfreundlich, da hab ich ein ganz schlechtes Gewissen, dass wir noch zu Fuß gehen. (*Til Mette*)
6. Zu Fuß kann man besser schauen, hat der Maler Paul Klee gesagt.
7. Er hat seine Schuhe noch nicht bezahlt. (*wenn Schuhe knarren*)
8. Wege enstehen beim Gehen. (*Franz Kafka*)
9. Das ist mir zu um. (*bremisch für:* Diesen Weg gehe ich nicht.)
10. Die Hasen rauchen. (*statt:* Aus dem Wald steigt Nebel auf.)
11. Bitte gehen Sie weiter. Hier gibt es nichts zu sehen. (*Durchsage der Hubschrauberpolizei*)
12. Das Ziel ist im Weg. (*statt:* Der Weg ist das Ziel.)
13. Wanderer, es gibt keinen Weg, der Weg bahnt sich im Gehen.
14. Warum steht ein Pils im Wald? Weil die Tannen zapfen. (*Kleiner Scherz am Rande.*)
15. Durst ist schlimmer als Heimweh.
16. Es ist alles in Butter, bloß die Füße sind im Käse.
17. Hauptsache, es geht voran. Die Richtung ist egal.

Wenn man auf einer Wanderung etwas Schleimiges unter einem flachen Stein findet

1. Viola! (*statt*: Voilà!)
2. Oh my God!! (*statt*: Oh mein Gott!!)
3. Um Gottes Wilhelm!
4. Um Hummels willen!
5. Leck mich am Bello! (*statt:* Ach du heilige Scheiße!)

6. Da ist doch der Wald geharkt! (*statt:* Ich glaub, ich steh im Wald!)
7. Alter Falter und Hausverwalter!
8. Ay Caramba! (*Bart Simpson*)

Beim Bergsteigen
1. Bergsteiger gehen schon bei der kleinsten Gelegenheit die Wand hoch.
2. Holleri du dödl di, diri diri dudl dö. (*Loriot*)
3. Gott, ist das geil hier.
4. Oberammergeil! (*Wortspiel mit* Oberammergau *und* hammergeil)
5. Ich habe eine solche Höhenangst; wenn ich auf einem dicken Teppich stehe, muss ich mich doubeln lassen. (*Buster Keaton*)
6. Hannemann, geh du voran.
7. Rumpeldipumpel – weg war der Kumpel.
8. Man bewältigt ein Gebirge und man stolpert über einen Stein. (*Gertrud von Le Fort*)
9. Gibt es hier ein Echo? Gibt es hier ein Echo?
10. Der Berg ruft, aber ich muss gehen.

Im Rettungshubschrauber
1. Voll die Härte.
2. Härte 10!
3. Fracht motzt nicht, Fracht kotzt nicht.

Redewendungen, wenn man auf einen Yeti trifft
1. Huhu!
2. Was ist denn Jens los? (*statt*: Was ist denn jetzt los?)
3. Sieht aus wie Karl Naps, der Erfinder der nichtrostenden Bratkartoffeln in Tuben.
4. Am besten gar nicht ignorieren.
5. Dein Gesicht und mein Arsch ergeben zusammen ein Waffeleisen.
6. Wenn ich so aussehen würde wie du, würde ich lachend in eine Kreissäge laufen.

7. Ruhig, Brauner, ruhig.
8. Schau der Furcht in die Augen, und sie wird zwinkern. (russisches Sprichwort)
9. Allet jut! (*berlinerisch*)
10. Laterne, Laterne, den Yeti haben wir gerne.

Bei der Vogelschutzwarte
1. Auch ein Star kann eine Meise haben.
2. Ein Ornithologe, der keinen Vogel hat, hat eine Meise.
3. Manche Vögel haben eine Meise, weil sie glauben, ein Star zu sein.
4. Krault man ihnen zart die Daune, kriegen Gänse gute Laune. (*Tetsche*)
5. Ich bin gut zu Vögeln. (*albernes Wortspiel*)
6. Erdrosselt die Amseln nicht!

Auf der Safari
1. Der Leguan, der Leguan, fasst gern die Leguanin an.
2. Der Panda wird nicht sterben, denn er wird ja nicht von Fiat gebaut. (*scherzhaft*)
3. Ein Floh kann einem Löwen mehr zu schaffen machen als ein Löwe einem Floh.
4. Die Ameise hält jedes Glühwürmchen für ein großes Licht.
5. Mach mal die Funzel an, hier ist es dunkel wie in einem Bärenarsch.
6. Können Sie nicht lesen? Hier ist Schutzgebiet. (*Porter Ricks*)

Im Club für Natur- und Tierfilmfreunde
1. Mein Chef ist ein echter Tierfreund. Täglich macht er einen zur Sau. (*scherzhaft*)
2. Schau, schau: Schoschonen! (*Der Schuh des Manitu*)
3. Lerchenzungen, Zaunköniglebern, Buchfinkenhirne, gefüllte Jaguarohrläppchen, Wolfzitzenchips! Greifen Sie zu, solange sie noch frisch sind. (*Das Leben des Brian*)
4. Wenn die Aprikosen blühen in Pracht, ist der Tag genauso lang wie die Nacht.

5. Wenn kalter Regen niederfließt, die Nachtigall im Flieder niest.
6. Seit ich die Menschen kenne, liebe ich die Tiere. Seit ich die Tiere kenne, liebe ich die Pflanzen.
7. Die Natur versteht ihre Sache besser als wir.

Umweltschutz
1. Kannste in die Tonne treten. (*Alternative zu*: Müll)
2. Kannste in 'nen See fahren. (*wenn es um ein Auto geht*)
3. Müll kann man nicht trennen, Müll hat nur eine Silbe.
4. Alle wollen zurück zur Natur – aber keiner zu Fuß.
5. Erst schafft man einen Waldweg, dann schafft man den Wald weg.

8

»Der Klügere kippt nach«

Essen und Trinken und andere Genüsse

Im Café

1. Fein liegt der Duft von Kaffee in der Luft.
2. Käffchen für das Äffchen!
3. Brot für die Welt, aber die Wurst bleibt hier.
4. Brot für die Welt, Kuchen für mich!
5. Entweder sahnig oder gar nicht.
6. Man gönnt sich ja sonst nichts.
7. Guck dir das an! Amerikanische Donuts. Mit Zuckerguss, Puderzucker oder Himbeer-Füllung. Ja, das ist die Freiheit, wählen zu können. (*Homer Simpson*)
8. Ich hätte nur gern ein weiches Ei. (*Loriot*)
9. Eier machen üppig.
10. Das Herz vor Freude schneller puckert, wenn man die Frühstückseier zuckert.
11. Zucker ist ein weißer Stoff, der dem Kaffee einen schlechten Geschmack gibt, wenn man vergisst, ihn reinzutun.
12. Wenn Quarkkuchen Kuchen aus Quark ist, was ist dann Käsekuchen?
13. Bitte für mich einen Pfefferminztee und für meine Blumen ein Glas Wasser.
14. Egalité, fraternité, Pfefferminztee.
15. Tee? Nein, ich trinke keinen Tee. Ich bin Atheist. (*Helge Schneider*)

Im Imbiss

Alternative Imbiss-Speisekarte
1. Bottroper Schlemmerplatte (*statt*: Currywurst mit Pommes rot-weiß)
2. Schimanski-Teller (*dito*)
3. Periodenlümmel (*statt:* Currywurst)
4. Phosphatschlauch (*dito*)

5. Mantaplatte (*statt:* Currywurst mit Pommes Mayo)
6. Fettstäbchen mit Salbe (*statt:* Pommes mit Mayonnaise)
7. Brötchen mit Feuerwehrmarmelade (*statt:* Mettbrötchen)
8. Forelle mit Schorf (*statt:* Brathering)
9. Forelle Vierkant (*statt:* Fischstäbchen)
10. Bulette mit Lenkstange (*statt:* Rollmops)
11. Schorsch der Dorsch (*statt:* Kabeljau)
12. Senfpeitsche (*statt:* Bockwurst)
13. Traum der Jungfrau (*statt:* Riesenbockwurst)
14. Gefülltes Pferd mit Nudeln (*statt:* gefüllte Kalbsbrust)
15. Überfahrener Hund (*statt:* Hackbraten)
16. Gesprengtes Huhn (*statt:* Hühnerfrikassee)
17. Bremsklotz (*statt:* Frikadelle)
18. Gummiadler (*statt:* Brathähnchen)
19. Schredderkuh (*statt:* Rindergulasch)
20. Affenkotelett (*statt:* Banane)
21. Schnitzel am Stiel (*statt:* Kotelett)
22. Gefrorener Rotz am Marterpfahl (*statt:* Eis am Stiel)
23. Hokuspokus-Kaffee (*statt:* Pulverkaffee)

Im Imbiss bestellen
1. Tu mir mal eine CPM zum Hieressen. (*statt:* Currywurst mit Pommes und Mayonnaise)
2. Ich nehme einen Maurerpimmel mit Geröll. (*statt:* Currywurst mit Pommes)
3. Einmal Pommes Bahnschranke. (*statt:* Pommes frites mit Ketchup und Mayonnaise)
4. Einmal CWP Schranke, bitte. (*statt:* Currywurst mit Pommes. Zu den Pommes Ketchup und Mayonnaise.)
5. Einmal SchniPoSchranke. (*statt:* Schnitzel, Pommes rot-weiß)
6. Einmal SchniPoSaSchranke und das Ganze mit Blaulicht. (*statt:* Schnitzel, Pommes, Mayonnaise und Ketchup und Salat)
7. Einmal Pommes de Bordell mit Apfelmus, bitte. (*statt:* Kartoffelpuffer)
8. Machste mir schnell mal 'ne BraWumiSe? (*statt:* Bratwurst mit Senf)

9. Zwei Bratwurst, bitte. (*statt:* Zwei Bratwürste, bitte.)
10. Alles drauf mit scharf. (*statt:* Döner mit Chiligewürz)
11. Einmal LKW mit ABS. (*statt:* Leberkäs-Wecken mit a bissl Senf.)
12. Einmal BMW. (*statt:* Brot mit Wurst)
13. Ich nehme ein Sieben-Gänge-Menü zum Mitnehmen. (*statt:* Eine Currywurst und ein Sixpack Bier.)
14. Zwei beleckte Brötchen. (*statt:* Zwei belegte Brötchen.)
15. Einmal die Speisekarte rauf und runter. (*statt:* Die Augen sind größer als der Magen.)

Für das Tischgespräch im Imbiss
1. Das Hühnerfrikassee sieht aus wie Moppelkotze.
2. Der Hunger treibt's rein, der Ekel treibt's runter, der Geiz hält's unten.
3. Ich rauche nicht, ich trinke nicht, ich fluche nicht. Verdammte Scheiße, jetzt ist mir meine Kippe ins Bierglas gefallen.
4. Das bisschen, was ich esse, kann ich auch trinken.
5. Zwei Flaschen Bier sind eine Scheibe Brot.
6. Drei Bier sind auch ein Schnitzel.
7. Sechs Bier – eine Mahlzeit.
8. Chili brennt immer zweimal.
9. Döner macht schöner.
10. Glücklich ist, wer verfrisst, was nicht zu versaufen ist.
11. Wenn's euch man so gut schmeckt wie mir.
12. Müde und satt, wie schön is datt.
13. Nach dem Essen sollst du ruh'n oder tausend Schritte tun.
14. Nach dem Essen sollst du rauchen oder deine Frau gebrauchen.
15. Cola schmeckt besser als aus der Dose.
16. Steffi, machs mir'n Mettbrötchen? (*Opa Gehrke, »Frühstück bei Stefanie«*)

Scherzhafte Spottreden auf Vegetarier
1. Hey, du alte Tütensuppe, alles klar bei dir?
2. Mein Essen scheißt auf dein Essen.

3. Rettet die Bäume – esst Biberfleisch.
4. Besser eine Laus im Topf als gar kein Fleisch.
5. Vegetarier sind Menschen, die ihre Wurst beim Gärtner kaufen.
6. Vegetarier essen meinem Essen das Essen weg.
7. Bleibe im Land und nähre dich von Rettich.
8. Milch trinken ist gesünder als Quark reden.
9. Esst mehr Obst, sprach Dracula und biss in den Adamsapfel.
10. Gehet hin und Meerrettich euch.
11. Ich bin kein Vegetarier. Ich mag nur kein Fleisch. Das Einzige, was ich noch weniger mag als Fleisch, sind Vegetarier. (*Harry Rowohlt*)
12. Vegetarier ist ein altes indianisches Wort für »schlechter Jäger«.

Im Restaurant

Nicht ganz astrein eingedeutsche Speisekarte

1. Gemösesuppe
2. Hühnerfleisch mit »Komischem Geschmack«
3. Pellpantoffeln mit Quark
4. Octopus ertrunken auf der Insel
5. Hausgemachte gemischte Säure
6. Gemischte Tischplatte
7. Wiener Schnitzer gefühlt mit Pommes
8. Pizza Vier Bahnhöfe
9. Grüne Nudeln mit Schniken Soße
10. Schnupfnudelpfanne
11. Glasnudelsalat mit Rindkackfleisch
12. Pudding mit Bratwurst
13. Betrunken Torte
14. Durtschlöcher
15. Saft mit Stroh im Karton (*für Kinder*)

Vor dem Essen
1. Guten! (*alternativ:* Einen Guten!)
2. Guten Hunger!
3. Abbo! (*hessisch für:* Guten Appetit.)
4. Bong Aptit! (*dito*)
5. Bonn Apparillo! (*dito*)
6. Guten Apfeltit! (*dito*)
7. Es isst der Mensch, es frisst das Pferd, doch heute ist es umgekehrt.
8. Herr Jesus spricht zu seinen Jüngern, wer keine Gabel hat, frisst mit den Fingern.
9. Malzeuch! (*statt:* Mahlzeit!)
10. Mahlzahn! (*dito*)
11. Zahlmaid! (*dito*)
12. Halbzeit! (*dito*)
13. Zeit mal Zeit ist Mahlzeit.
14. Hau weg die Scheiße! (*statt:* Speise)

Für das Tischgespräch im Restaurant
1. Bescheidenheit, Bescheidenheit, verlass mich nicht bei Tische und gib, dass ich zur rechten Zeit das größte Stück erwische. (*Tischgebet*)
2. Das Auge isst mit.
3. Ein schöner Teller allein macht nicht satt.
4. Der Appetit kommt beim Essen.
5. Hunger ist der beste Koch.
6. Man salze mir das Reich. (*statt:* Man reiche mir das Salz.)
7. Der Koch ist verliebt. (*wenn die Suppe versalzen ist*)
8. Alles Gute kommt vom Ober.
9. Diese Suppe müsste eigentlich gesiezt werden. (*Lob an die Küche*)
10. Kompliment an die Köchin.
11. Butter ist pures Hüftgold.
12. Leicht bekömmlich, schwer verdaulich.
13. Hauptsache, es schmeckt.
14. Iss deinen Teller auf, dann gibt es morgen schönes Wetter.

15. Wenn es dir nicht schmeckt, wirf es an die Wand.
16. Lieber den Magen verrenkt, als dem Wirt etwas geschenkt.
17. Die Dame zahlt selbst.

Sattsam bekannte Sprüche von Feinschmeckern

1. Wer nicht arbeitet, soll wenigstens gut essen.
2. Feinschmecker fangen an zu heulen, fehlt Knoblauch an den Hammelkeulen.
3. Gourmets trinken trockenen Wein. Mir ist nasser lieber.
4. Frauen werden angedickt, Soßen werden gebunden.
5. Das Ei ist eine geschissene Gabe Gottes.
6. Ist es nicht merkwürdig, dass Mousse au Chocolat viel besser schmeckt als Maus im Kakao?
7. Rhabarber schmeckt noch besser, wenn man statt Rhabarber Erdbeeren nimmt.
8. Wow, das ist der größte Reisknusperwürfel, den ich je gesehen habe. Die Reichen verstehen es schon zu leben. (*Bart Simpson*)
9. Ein Nachtisch ohne Käse ist wie eine schöne Frau, der ein Auge fehlt.
10. Käse schließt den Magen.

Das meint der Restaurantkritiker

1. Das Essen in Essen kannste vergessen.
2. Das Innere der Leberworscht ist noch gänzlich unerforscht.
3. Filet-Köche verderben den Brei.
4. Wer zu viel Kaviar isst, wird rogenabhängig.
5. Wer vor einer Portion Stampfkartoffeln nicht in die Knie geht, den meide. (*Otto Jägersberg*)
6. Mit Pflaumen ist nicht gut Kirschen essen.
7. Man soll den Senf nicht in der Tube loben.
8. Man soll den Bissen nicht größer machen als den Mund.
9. Wer Fisch nicht mag, doch aber Hummer, ist nicht unbedingt ein Dummer.
10. Zwei Tauben in einer Pfanne sind besser als eine Taube auf dem Dach.

Was man aus Paprikaschnitzel machen kann
1. Piprikaschnatzel
2. Schniprikapatzel
3. Schnaprikapitzel
4. Kaprischnipatzel
5. Schakaprinpitzel
6. Kapaschnipritzel
7. Pipnikaschratzel
8. Nitzelpakaprisch
9. Schirikantzelpap
10. Zelpakaprischnit

Wenn es geschmeckt hat
1. Ganz ausgezeichnet!
2. Lecker!
3. Schweinelecker!
4. Das schmeckt nach Ozean. (*statt:* nach mehr)
5. Es schmeckt wie Titte mit Ei.
6. Ist zwar kein Ei dran, schmeckt aber.
7. Es schmeckt, wie wenn einem ein Engel auf die Zunge pinkelt.
8. Fein mit Ei.
9. Wonderbra. (*statt:* Wunderbar.)
10. Ein Essen für die Götter.
11. Ach, war das köstlich!
12. Sakriköstlich! (*Ned Flanders*)
13. Bonfortionös!
14. Es war mit Klavier und Geige.
15. Vorzüglich!
16. Ausgebrochen gut. (*statt*: Ausgesprochen gut.)
17. Ich bin pupsatt. (*statt*: pappsatt)

Wenn es nicht geschmeckt hat
1. Schmeckt wie Oma unterm Arm.
2. Schmeckt wie ein Tritt vom Esel.
3. Es schmeckt wie dicker Hund von hinten.
4. Es schmeckt wie kalter Arsch vom Friedrich.

5. Es schmeckt wie Kuh auf Sofa.
6. Schmeckt wie Hupe.
7. Schmeckt nicht nach mich und nicht nach dich.
8. Es schmeckt rauf wie runter.
9. Der Hunger treibt es hinein, und wenn es auch Schweinebraten war.
10. Das war gar nicht mal so gut.
11. Das Gegenteil von gut ist gut gemeint.
12. Immer noch so gut wie immer. (*ironisch*)
13. Ich habe an diesem Tisch noch nie so gut gegessen wie heute. (*dito*)
14. Besser als Fritten aus der Mülltonne.
15. Das war ja lecker – sogar zweimal. (*Anspielung auf sich übergeben*)

Wenn es zu wenig war
1. Das reicht nur für den hohlen Zahn.
2. Es füllt den Magen.
3. Das trägt die Katze auf dem Schwanz fort.
4. Es war gut und reichlich, hätte aber besser und mehr sein können.
5. Zum Scheißen langt's.
6. Immer noch besser als in die hohle Hand geschissen.
7. Nach Tische ist man immer schlauer. (*F.W. Bernstein*)

Den/Die Kellner(in) auf sich aufmerksam machen
1. Wirtschaft!
2. Kundschaft!
3. Bedienung!
4. Herr Ober!
5. Herr Oberst, darf ich Ihnen bitte die Rechnung geben?
6. Chef!
7. Mutter Oberin!
8. Frollein, bringen Sie das Geld, ich will zahlen.
9. Sprach der Scheich zum Emir: »Jetzt zahlen wir, dann gehen wir!«

10. Sprach der Emir zu dem Scheich: »Zahlen wir nicht und gehen wir gleich.« (*passende Entgegnung zu obigem Spruch*)
11. Zahlemann und Söhne!
12. Schatz, mach Kasse!
13. Mal sehen, ob ich Zeit habe. (*wenn man den Geldbeutel öffnet und nachsieht, wie viel Geld man bei sich hat*)

Was Kellner üblicherweise sagen
1. Schmeckt's?
2. Na, schmeckt's?
3. Hat es nicht geschmeckt?
4. Schmeckt's nicht?
5. Der Herr ist zufrieden?
6. Draußen nur Kännchen.
7. Wünsche wohl zu speisen.
8. Eier, rührt euch. (*Spaß beim Servieren von Rühreiern*)
9. Augenblick, Sie werden gleich rasiert. (*statt:* bedient)
10. Nicht mein Tisch.
11. Kollege kommt gleich.
12. Vorsicht, heiß!
13. Achtung, Fettfleck! (*Ruf des Kellners, der sich voll beladen durch das Gedränge windet*)
14. Darf ich abräumen?
15. Wünschen die Herrschaften noch ein Dessert?
16. Zahlen Sie zusammen oder getrennt?

Obertolle Antworten von Kellnern auf Beschwerden der Gäste
1. Nein, ich trage immer einen warmen Pulli. (*Erwiderung auf*: Herr Ober, haben Sie kalte Rippchen?)
2. Warten Sie ab, bis Sie die Rechnung bekommen. (*Erwiderung auf*: Herr Ober, warum heißt dieses Gericht denn Räuberspieß?)
3. Ich glaube nicht, dass er sich das wegnehmen lässt. (*Erwiderung auf:* Herr Ober, bringen Sie bitte das, was der Herr dort drüben isst.)

4. Nein, mein Herr, ich laufe immer so. (*Erwiderung auf:* Herr Ober, haben Sie Froschschenkel?)
5. Wie bitte??? (*Erwiderung auf:* Herr Ober, in meiner Suppe ist ein Hörgerät.)
6. Aber sprechen Sie nicht so laut, sonst will jeder eine haben. (*Erwiderung auf:* Herr Ober, in meiner Suppe schwimmt eine Fliege.)
7. Fliegen waren leider aus, mein Herr. (*Erwiderung auf:* Herr Ober, in meiner Suppe schwimmt eine Wespe.)
8. Damit sie mir noch mal runterfällt, ja?!? (*Erwiderung auf:* Herr Ober, nehmen Sie gefälligst den Daumen aus meiner Pastete.)
9. Wenn Sie was Warmes wollen, müssen Sie Bier bestellen. (*Erwiderung auf:* Herr Ober, der Kaffee ist kalt!)
10. Na und? Im Hundekuchen sind ja auch keine Hunde. (*Erwiderung auf:* Herr Ober, in dem Apfelkuchen sind ja gar keine Äpfel.)
11. Machen Sie den Mund zu, damit es nicht so staubt. (*Erwiderung auf:* Herr Ober, der Kuchen ist zu trocken.)
12. Das macht doch nichts, dafür stehen die Stühle ja da. (*Erwiderung auf:* Herr Ober, ich sitze jetzt schon eine ganze Stunde hier.)
13. Tut mir leid, mein Herr, aber die Möbel sind unverkäuflich. (*Erwiderung auf:* Herr Ober, ich möchte bei Ihnen einen Tisch bestellen.)
14. Tut mir leid, sind zurzeit alle besetzt. (*Erwiderung auf:* Herr Ober, bringen Sie mir bitte einen Zahnstocher.)

Wie man einen Kellner halb kirre machen kann

1. Was gibt es denn Schönes? (*beim Blick in die Speisekarte*)
2. Bitte, die kleinen Stühle. (*wenn beim Essen etwas auf den Boden fällt*)
3. Einen anderen Gast, bitte! (*wenn sich einer der Gäste am Tisch unliebsam bemerkbar macht*)
4. Schmeiß weg! – Ach, haste schon. (*wenn dem Kellner versehentlich etwas heruntergefallen ist*)

5. Lass liegen, tritt sich fest, gibt ein neues Muster. (*dito*)
6. Der Wein möpselt nach. (*statt:* Der Wein korkt.)
7. Da schauen mehr Augen rein als raus. (*wenn die Suppe gebracht wird*)
8. Der Koch ist aber ein pfiffiges Kerlchen. (*versteckte Ironie*)
9. So jung und schon Kellner? (*Hudson Hawk*)
10. Ich sag schon, wenn es nicht schmeckt.
11. Bei der würde ich auch Mais aus der Dose fressen. (*beim Anblick einer schönen Kellnerin*)
12. Der Champagner ist zu kühl.
13. Kartoffeln gehören in den Keller, nicht auf den Tisch.
14. Das Bier ist tot. (*wenn angeblich zu wenig Kohlensäure drin ist*)
15. Die Blume hat reichlich Wasser. (*statt:* Der Wein ist gepanscht.)

An der Trinkhalle
1. Und was wollen wir heute gegen das Elend tun? (*Begrüßung des Gastes durch den Wirt*)
2. Trink am Morgen, und du hast den ganzen Tag frei.
3. Am Morgen ein Bier, und der Tag gehört dir.
4. Und scheint die Sonne ins Kellerloch, eins trinken wir noch.
5. Des kleinen Mannes Sonnenschein sind Ficken und Besoffensein.
6. Eine Kiste Bier ist etwas für zwei Männer, wenn einer nicht mittrinkt.
7. Ich trinke nicht viel, aber saufen tu ich umso lieber.
8. Das perlt jetzt aber richtig! (*Dittsche*)
9. Drink doch ene met! (*Kölner Platt*)
10. Zwischen Leber und Milz passt immer ein Pils.
11. Begrabt meine Leber an der Biegung der Theke.
12. Lieber besoffen und blank als nüchtern und blank.
13. Halb besoffen ist rausgeschmissenes Geld.
14. Die Leber wächst mit ihren Aufgaben. (*Eckard v. Hirschhausen*)
15. Bier ohne Wodka ist rausgeschmissenes Geld.

16. Vorbeugen ist besser als auf die Schuhe kotzen. (*wenn man reihern muss*)

Rund um den Alk

Redewendungen eines Trinkers
1. Ich kann auch Alkohol trinken, ohne Spaß zu haben.
2. Ich kann auch ohne Spaß Alkohol haben.
3. Ich kann auch mit Alkohol fröhlich sein.
4. Ich spucke nicht ins Glas.
5. Ich habe Blut in meinem Alkohol.
6. Was Krupp in Essen, bin ich im Trinken.
7. Das Leben des Menschen ist kurz: Wer sich betrinken will, hat keine Zeit zu verlieren. (*Arno Schmidt*)
8. Säufste, stirbste, säufste nich, stirbste ooch, also säufste. (*berlinerisch*)
9. Ich trinke, um meine Probleme zu ertränken, aber diese verdammten Bastarde können schwimmen.
10. Ich bin Gelegenheitstrinker – die Art Kerl, der ein Bier trinken geht und dann in Singapur mit einem Vollbart aufwacht. (*Raymond Chandler*)
11. Sobald man das Trinken einschränken muss, hat man ein Alkoholproblem. (*Don Draper, Mad Men*)
12. Solange man auf dem Boden liegen kann, ohne sich festzuhalten, ist man nicht betrunken.
13. Auf den Alkohol – die Ursache und Lösung aller Probleme. (*Homer Simpson*)
14. Mit mir trinke ich am liebsten. (*Redewendung eines Trinkers, dem niemand zuprostet*)
15. Hab ich auch alles getrunken, was ich bezahlt habe?

Beliebte Namen für das hessische Nationalgetränk Apfelwein
1. Äppelwoi
2. Ebbelwei

3. Eppelwei
4. Äppelwei
5. Äppler
6. Abbelwei
7. Abbelwein
8. Apfelwoi
9. Stöffsche
10. Schoppe
11. Most
12. Viez

In der Szene-Bar

1. Einer ist immer der Heiner.
2. Hamburg ist eine schöne Stadt.
3. Jakob und Mia wohnen ja jetzt in Mitte.
4. Berlin ist eine unheimlich schnelle Stadt.
5. Janz Berlin is eene Wolke! (*berlinerisch*)
6. Berlin ist nicht Braunschweig.
7. Die Zeiten sind hart, aber modern.
8. Irgendwas mit Medien.
9. Ich geh mich schnell mal umbringen, soll ich jemandem was mitbringen?
10. Chillen finde ich affig.
11. Klingt komisch, ist aber so.
12. Apfelwein ist auch ein schönes Getränk.
13. Ich mag am liebsten Science-Fiction-Filme oder etwas Lustiges.
14. Ich sehe auf Fotos nicht so gut aus.
15. Das erinnert mich an meine erste Wohnung in Berlin.
16. War jetzt blöd, weißte selber?
17. So relaxten Leuten wie euch bin noch nie begegnet.
18. Ich habe mich umgesehen – wir sind die Coolsten hier.
19. Sein Name ist Wodka, und wir werden demnächst heiraten.
20. Ach? (*Loriot*)

In der Kneipe

Thekensprüche
1. Es gibt nichts Schöneres auf der Welt als ein Glas Bier und Schweizergeld.
2. Ein blindes Huhn trinkt auch mal gern 'n Korn.
3. Wer sich in eine Bar begibt, kippt darin um.
4. Wir versaufen unser Oma ihr klein Häuschen.
5. Lieber eine Runde im Lokal als eine Dünne im Bett.
6. Der Klügere kippt nach.
7. Ein gutes Pils braucht sieben Minuten.
8. Nach dem zwölften Biere … ähneln sich alle Tiere. (*Robert Gernhardt*)
9. Quäle nie ein Bier zum Scherz.
10. Bier auf Wein, das lass sein. Wein auf Bier, das rat ich dir.
11. Auf einem Bein kann man nicht stehen.
12. Mir ist langweilig im Mund. (*zum Wirt*)
13. Aus einem Glas. (*geistreiche Antwort auf die Frage des Barkeepers: Wie trinken Sie Ihren Brandy am liebsten?*)
14. Wer trinkt, um zu vergessen, wird gebeten, vorher zu bezahlen. (*Schild in der Kneipe*)

Trinksprüche für den Mann
1. Auf dein Spezielles!
2. Prostata!
3. Prösterchen!
4. Stößchen!
5. Gsuffa!
6. Fisch muss schwimmen.
7. Schnaps ist gut für die Cholera.
8. Hau weg den Dreck!
9. Hopp, hopp, rin in' Kopp!
10. Prost Willis! (*Wortspiel mit:* Bruce Willis)
11. Nich' lang schnacken, Kopp in' Nacken!
12. Bis zur Mitte, zur Titte, zum Sack – zack!
13. Frauen und Bier stößt man von unten an.

14. Wie heißt es doch im Zarathustra: »Was füllt, das soll man stoßen.« (*Fritz J. Raddatz*)
15. Prost, Frau Hansen!
16. Zickezacke Hühnerkacke!
17. Auf die Helme!
18. Es trinkt der Mensch, es säuft das Pferd, in Bayern ist es umgekehrt.
19. Hopfen und Malz, ab in den Hals.
20. Benedictum, Benedactum, in Afrika laufen die Frauen nackt rum. Bei uns tragen sie Kleider. Leider.
21. Ein Toast auf unsere Frauen und unsere Geliebten. Mögen sie sich nie begegnen!
22. Woran ich immer denke, sind Frauen und Getränke.

Trinksprüche für die Frau
1. Ein Toast auf unsere Männer und unsere Liebhaber. Möge der Bessere gewinnen!
2. Erheben wir unsere Gläschen zur Kurzweil und Freud unserer Bläschen!
3. Trinken wir auf den Weltfrieden.
4. Schluck, du Luder!
5. Lass uns noch einen verlöten, vielleicht sind wir morgen schon flöten.
6. Hoch die Tassen – in Afrika ist Muttertag!
7. Auf das, was wir lieben!
8. Auf Regina!
9. Auf die Plätze! Fertig! Voll!
10. Wohlsein!
11. Sehr zum Wohle!
12. Freue dich, liebe Seele, jetzt kommt ein Platzregen!
13. Hopfen und Malz, ab in den Hals!
14. Du hast mir beim Anstoßen nicht in die Augen gesehen. Das bedeutet sieben Jahre schlechten Sex.

Grundwortschatz für den Stammtisch
1. Ich mach mal so. (*dabei dreimal auf den Tisch klopfen*)

2. So jung kommen wir nicht mehr zusammen.
3. Als wir noch jung und hübsch waren ...
4. Das Internet? Gibts den Blödsinn immer noch? (*Homer Simpson*)
5. Alle in einen Sack stecken und draufhauen – trifft man immer den Richtigen.
6. Die sind alle vom Stamme Nimm.
7. Das zahlen die doch aus der Portokasse.
8. Nichts hält so lange wie ein Provisorium.
9. Wer nicht isst, soll auch nicht arbeiten.
10. Wer wirklich Arbeit will, findet auch welche.
11. Lieber einen wackligen Stammtisch als einen festen Arbeitsplatz.
12. Noch ein Pilsken? (*Frage des Wirtes in die Runde*)
13. Das Leben ist wie ein Schnitzel: Erst wirst du weichgeklopft, und dann landest du in der Pfanne. Schmeckt aber gut.
14. Man macht was mit.
15. Bier macht nicht glücklich, aber es beruhigt.
16. Komm, Herbert, mach mir auch noch eins.

Scherzhafte Spottreden auf Alkoholgegner
1. Bitte eine Brause, wir wollen lustig sein.
2. Jede Freude ohne Alkohol ist künstlich.
3. Alkohol löst keine Probleme. Aber das tut Milch auch nicht.
4. Alkohol ist keine Lösung, Alkohol ist ein Destillat.
5. Kein Alkohol ist auch keine Lösung.
6. Man kann auch ohne Alkohol lustig sein – aber nicht besoffen.
7. Man kann Wasser trinken, man kann es aber auch lassen.
8. Ich trinke kein Wasser. Da ficken Fische drin. (*W. C. Fields*)
9. Wenn Gott gewollt hätte, dass wir alle nur Wasser trinken, hätte er nicht 97 % versalzen.
10. Investiere in Alkohol, mehr Prozente bekommst du nirgendwo.
11. Es gibt mehr alte Säufer als alte Ärzte.
12. Ihr seid ja nur neidisch, weil ihr die Stimmen nicht hört.

Launige Ausdrücke für »sich betrinken«
1. Einen auf den Zapfen hauen.
2. Einen hinter das Zäpfchen gießen.
3. Einen hinter die Binde kippen.
4. Sich ordentlich die Nase begießen.
5. Sich schön einen auf die Lampe gießen.
6. Sich gepflegt einen in die Rüstung knistern.
7. Sich sauber einen umhängen.
8. Sich einen hinter den Schlips kippen.
9. Sich einen unters Jackett brausen.
10. Sich die Kante geben.
11. Sich einen anträllern.
12. Die Ziege blind machen.
13. Die Luft aus dem Glas lassen.
14. Die Uhr aufziehen.
15. Einen Kater mit der Flasche großziehen.

Scherzhafte Bezeichnungen für »total betrunken«
1. Dudeldick
2. Lattenstramm
3. Donnergranatenvoll
4. Einen im Kahn haben
5. Prall wie ein Erpel
6. Breit wie ein Biberschwanz
7. Breit wie ein Türsteher
8. Breit wie'n Otter
9. Voll wie eine Schrankwand
10. Voll wie eine Strandhaubitze
11. Voll wie ein Schichtbus
12. Voll wie ein Amtmann
13. Voll wie zehn Kutscher
14. Voll wie ein Parkplatz
15. Voll wie ein russischer Elternabend
16. Knülle wie ein Schützenkönig
17. Blau wie ein Eckhaus
18. Blau wie ein Pfau

19. Blau wie ein Ritter
20. Rund wie ein Buslenker
21. Wind von links haben
22. Schwankend wie ein Rohr im Wind
23. Blau wie ein Seemann auf Landurlaub

Wenn man volltrunken ist
1. Kanada? (*statt:* Keiner da?)
2. Alaska! (*statt:* Alles klar.)
3. Kino einen? (*statt:* Krieg ich noch einen?)
4. Eschenbacher! (*statt:* Aschenbecher!)
5. Ägypten? (*statt:* Gibt denn keiner einen aus?)
6. Mama Nonne. (*statt:* Mach noch mal eine Runde.)
7. Schlange hier? (*statt:* Bist du schon lange hier?)
8. Valium. (*statt:* Gleich falle ich um.)
9. Flur? (*statt:* Wie viel Uhr ist es?)
10. Kanu fahr'n. (*statt:* Ich kann noch fahren.)
11. Eishockey! (*statt:* Alles okay!)
12. Wirsing! (*statt:* Wiedersehen!)
13. Gute Nachttischlampe! (*statt:* Gute Nacht, du Schlampe!)
14. Morphium siem! (*statt:* Morgen früh um sieben muss ich raus!)

Bezeichnungen für »einen Kater haben«
1. Mein Schädel brummt wie Hulle.
2. Mir bluten die Haare.
3. Mein Kopf fühlt sich an wie ein Eimer voll nassem Sand.
4. Ich habe eine Katze auf dem Kopf.
5. Ich habe eine Pilsvergiftung. (*Wortspiel*)
6. Das letzte Bier war wohl schlecht.
7. Die Hypophyse spielt das Lied vom Tod. (*Erste Allgemeine Verunsicherung*)
8. Zu viel Alkohol ist aller Laster Anfang ... Latürnich! (*Obelix*)

Nach durchzechter Nacht morgens vor dem Badezimmerspiegel

1. Hoffentlich hat mein Schaden kein Gehirn genommen. (*Homer Simpson*)
2. Wer bin ich und wenn ja, wie viele? (*Richard David Precht*)
3. Genau genommen waren wir beide nicht mehr ganz nüchtern. (*M. A. Numminen*)
4. Kenn ich nicht, wasch ich nicht, rasier ich nicht.
5. Schöner Abend heute Morgen! (*scherzhaft*)
6. Anständige Leute gehen bei Tageslicht nach Hause. (*dito*)
7. Und dabei wollte ich heute gar nicht so gut aussehen. (*dito*)
8. Wer mit den Hühnern schlafen geht, kann nicht mit einem Kater aufwachen.
9. Bin ich hier im Affenkäfig gelandet, oder habe ich die Null gewählt?
10. Erde halt an. Ich will aussteigen.

Am Altglascontainer

1. Einer geht noch rein.
2. Ich saufe nur an Tagen, die auf G enden, und mittwochs.
3. Ich trinke nur noch tagsüber. Der Abend gehört der Familie.
4. Es ist wissenschaftlich erwiesen, dass zu viel Alkohol dem Kurzzeitgedächtnis schadet ... Aber was ist eigentlich mit Alkohol?

Rauchen

Eine Zigarette rauchen (statt: die Nase anwärmen)

1. Darf ich eine schlauchen? (*statt*: Darf ich eine rauchen?)
2. Von mir aus kannst du auch brennen. (*Erwiderung auf*: Darf ich rauchen?)
3. Gib mir mal eine Lulle.
4. Hab gerade ausgemacht. (*dankend eine Zigarette ablehnen*)
5. Peter Stoß-mich-sanft. (*Verballhornung der Zigarettenmarke Peter Stuyvesant*)

6. Spielen wir eine Runde Marlboro? Sie teilen aus. (*scherzhafte Aufforderung, eine Zigarette zu spendieren*)
7. Können Sie mir eine Zigarette geben? Meine sind noch im Automaten. (*scherzhaft für:* eine schnorren)
8. Du rauchst wohl gerne die holländischen – van Anderen. (*an einen Schnorrer adressiert*)
9. Marke Dienstmädchen (*wenn eine Zigarette leicht ausgeht*)
10. Marke Eigenbau (*Anspielung auf eine selbstgedrehte Zigarette*)
11. Ich gehe mal raus, etwas für die Gesundheit tun. (*scherzhaft für:* eine rauchen)
12. Wo ist der Kippomat? (*statt:* Zigarettenautomat)
13. Tabak ist ein edles Kraut, ob man's raucht, schnupft oder kaut.
14. Der Letzte macht die Kippe aus.

Typisch Nichtraucher
1. Mich stört es nicht mal, wenn du brennst. (*Antwort auf die Frage:* Stört es dich, wenn ich rauche?)
2. Eine Zigarette, das sind zwei Gramm Tabak, eingewickelt in einen Steuerbescheid.
3. Nimm den Großen! (*Aufforderung, auf den Boden zu aschen, falls kein Aschenbecher vorhanden ist*)
4. Einen Raucher küssen ist so, als würde man einen Aschenbecher ausschlecken.
5. Rauchen verursacht gelbe Vorhänge.
6. Dann geht wenigstens auf den Balkon.
7. Auf dem Balkon steht ein ganz großer. (*Antwort auf die Frage nach dem Aschenbecher*)
8. Die meisten Raucher sterben nicht an Krebs, sondern erfrieren auf Balkonen. (*Willi Podewitz*)

Haschisch oder Gras rauchen
1. Schön einen durchziehen! (*Ausdruck von Vorfreude*)
2. Lieber Gras rauchen als Heuschnupfen.
3. Bau mal einen. (*Aufforderung, einen Joint zu bauen*)
4. Wer baut, raucht an. (*Goldene Kifferregel*)

5. Bauer raucht an. (*dito*)
6. Bauer – Spender – Schnorrer (*Rauch-Hierarchie beim Kiffen*)
7. Das Zeug knallt voll derbe. (*statt:* Das törnt gut an.)
8. Derber Shit! (*statt:* Feines Stöffchen.)
9. Auf deutschem Boden darf nie wieder ein Joint ausgehen.
10. Merkst du schon was? (*Frage an den Mitraucher*)
11. Das törnt voll softig an, Mann. (*statt:* Kommt gut.)
12. Ui, das fetzt. (*dito*)
13. Voll die Dröhnung. (*dito*)
14. Ich bin voll verbimmelt. (*dito*)
15. Ich bin stoned wie ein Rabe. (*dito*)
16. Hast du dich schon mal mitten in der Nacht mit einem Ochsenfrosch unterhalten? (*Easy Rider*)

Wenn man mal muss

Humorvolle Umschreibung für das Aufsuchen einer Toilette (Herren)

1. Ich muss das Komma ausschütteln.
2. Ich will den Spatz melken.
3. Ich muss einem kleinen Mann die große weite Welt zeigen.
4. Ich muss einen alten Freund begrüßen und hören, was er zu sagen hat.
5. Ich geh mal kurz dem Arbeitslosen die Hand schütteln.
6. Ich will dem Schwager die Hand schütteln.
7. Ich will dem Außenminister die Hand geben.
8. Ich geh mal kurz in die Abteilung Kacheln und Keramik.
9. Ich geh mal kurz ins Harnsteinzimmer.
10. Ich muss ein wichtiges Geschäftsproblem lösen.
11. Ich will der Keramik zeigen, wer hier der Boss ist.
12. Ich will nebenan ein kleines Schwänzchen halten.
13. Ich will eben zu Tante Meier gehen.
14. Ich will die Kartoffeln abgießen.
15. Ich muss schnell mal nach den Pferden sehen.
16. Ich muss nach Spanien verreisen.

17. Ich muss einen Chinesen versenken.
18. Ich geh mal eben für kleine Königtiger.
19. Ich geh eine Stange Wasser in die Ecke stellen.
20. Ich geh mal die Schmutzwasserzelle lenzen.

Humorvolle Umschreibung für das Aufsuchen einer Toilette (Damen)
1. Ich muss mal für kleine Mädchen.
2. Ich geh mal dahin, wo Frauen immer zu zweit hingehen.
3. Ich geh mal dahin, wo die Kaiserin zu Fuß hingeht.
4. Ich bin mal eben auf 17.
5. Ich mach mal kurz den Boxenstopp.
6. Ich bringe eben den Kaffee weg.
7. Ich muss mal eben schnell meine Zitrone auspressen.
8. Über mir schwebte das Damenkloschwert. Ich hatte mich in der Tür geirrt. (*Marcus Weimer/Rattelschneck*)

Seine Notdurft verrichten
1. Sein Geschäft erledigen.
2. Ein Fax abschicken.
3. Ein Ei legen.
4. Ein Karnickel begraben.
5. Einen Koffer stehen lassen.
6. Eine Pyramide bauen.
7. Dem Ruf der Natur folgen.
8. Einen Kaktus pflanzen.
9. Die Schlange rauslassen.
10. Nach den Kaninchen sehen.
11. Den Hinterreifen checken.
12. Auf den Topf gehen.
13. Einen Bob in die Bahn schicken.
14. Sich erleichtern.
15. In den Böller brüllen.
16. Abkneifen. (*bzw.* abseilen)
17. Die WC-Ente füttern.

Herren-WC-Sprüche

1. Mark onaniert zweimal täglich.
2. Tritt näher ran, er ist kürzer, als du denkst.
3. Lieber vorbeugen als auf die Schuhe pinkeln.
4. Lieber ein Haus im Grünen als einen Grünen im Haus.
5. Hart ist der Schwanz der Bisamratte, noch härter ist die Morgenlatte.
6. Das Schönste am Seitensprung ist der Anlauf.
7. Mädchen sind wie Milchtüten: schwer aufzureißen und schnell sauer.
8. Bist du schwul und hast kein Geld, geh zum Bund und werd Oberfeld.
9. Hast du Haschisch in den Taschen, hast du immer was zu naschen.
10. Öffnet sich der Abortdeckel, was schaut raus? Ein Schwabensäckel.
11. Steigt der Erpel auf den Truthahn, trinkt er sich vorher Mut an.
12. Bitte werfen Sie keine Kippen ins Klo, ich pinkel ja auch nicht in ihren Aschenbecher.
13. Such nicht nach Witzen an der Wand, den größten hältst du in der Hand.
14. Neue Sprüche braucht die Wand.
15. Bitte lächeln – Sie werden gerade von einer versteckten Kamera gefilmt.
16. Es sagt der Sohn zum Pharao: Komm, gehen wir aufs Damenklo.

Damen-WC-Sprüche

1. Frauen, bildet Banden!
2. Frauen, leckt euch – und die Welt schmeckt euch.
3. Wer leckt, wird auch geblasen.
4. Keiner schmeckt feiner als Rainer seiner.
5. Spart Strom, es geht auch im Dunkeln.
6. Ob Sommer, ob Winter, am besten kann's der Günther.
7. Erst hatte er 'nen forschen Pimmel, jetzt hat er einen Porsche-Fimmel.

8. Was haben Wolken und Männer gemeinsam? Wenn sie weg sind, wird's meistens schön.
9. Männer sind wie Klobrillen: entweder besetzt oder beschissen.
10. Sogar kleine Männer pinkeln im Stehen; treffen tun auch die großen nicht.
11. Frauen wollen shoppen, Männer wollen poppen.
12. Hätte Gott gewollt, dass Frauen Piloten werden, wäre der Himmel rosa.
13. Sag deinem Orgasmus, dass ich komme.

Astreine Sprüche für Kondomautomaten
1. Der mieseste Kaugummi, den ich je probiert habe.
2. Mein Vater sagt, die Dinger funktionieren nicht.
3. Bei Versagen: Heiraten.
4. Ora et deflora.
5. Weg mit dem Kondom! Freiheit für Sperma!
6. Junge, sei mutig, sei stark, bums ohne Gummi, spar dir die Mark. (*veraltet*)
7. Lieber Präservativ als konservativ.
8. Alle reden von Verhütung. Nur Jutta wird Mutter.
9. Werdet schwul, das ist billiger.
10. Sesam öffne dich – ich will raus.

Nette Sprüche für Handtrockner
1. Bitte Knopf drücken. Sie hören eine Erklärung des Regierungssprechers.
2. Handtuch bis zum Arsch ziehen.
3. Ich trockne meine Hände in Unschuld. (*Bernd Eilert*)

In der Ausnüchterungszelle

1. Nach einer Flasche Doppelkorn, fällt der Bauer nur nach vorn.
2. Alkohol und Nikotin raffen die halbe Menschheit hin. Doch ohne Schnaps und Rauch, stirbt die andere Hälfte auch.

3. Nicht lüllen – füllen.
4. Die Basis sprach zum Überbau: »Du bist ja heut schon wieder blau!« Da sprach der Überbau zur Basis: »Was is?« (*Robert Gernhardt*)
5. Bin wieder nüchtern. Das muss ich feiern.

9

»Ein Klavier, ein Klavier«

Kultur und Fernsehen

Kunst

Im Museum
1. Nicht schön, aber selten.
2. Schön ist was anderes.
3. Schön ist 'n Weiberarsch.
4. Nicht schlecht für sein Alter.
5. Sachen gibt's, die gibt's gar nicht.
6. Wie isses nur möglich?
7. Das Berühren der Figuren mit den Pfoten ist verboten! (*Aufpasser im Museum*)
8. Ich liebe altes Gemäuer und schöne Kunstgegenstände. (*Rosamunde Pilcher*)

In der Kunstausstellung
1. Kunst ist weglassen.
2. Kunst kommt von wollen.
3. Kunst kommt von können.
4. Kunst kommt von kacken.
5. Kunst kommt von können, käme es von wollen, hieße es Wunst.
6. Das Gegenteil von Kunst ist »gut gemeint«. (*Gottfried Benn*)
7. Kunst ist, aus Nichts etwas zu machen und zu verkaufen. (*Frank Zappa*)
8. Kunst gibt nicht das Sichtbare wieder, sondern macht sichtbar. (*Paul Klee*)
9. Sehen können – das ist das ganze Geheimnis der Kunst.
10. Kunst ist eine Lüge, die uns befähigt, die Wahrheit zu sehen. (*Leo Tolstoi*)
11. Das letzte Geheimnis der Kunst wird denen für immer verborgen bleiben, welche die Wahrheit mehr lieben als die Schönheit. (*Oscar Wilde*)
12. Alles genauso Quatsch wie mittelscharfer Senf. (*Harry Rowohlt*)

13. Die schärfsten Kritiker der Elche waren früher selber welche. (*F.W. Bernstein*)
14. Künstler ist nur einer, der aus der Lösung ein Problem macht. (*Karl Kraus*)
15. Am Ende fragt man dich doch nur, ob du geil abgeliefert hast. (*Gurki in »Fleisch ist mein Gemüse«*)

In Galerien und auf Vernissagen
1. Sieht aus wie von einem blinden Künstler unter Wasser mit den Füßen gemalt.
2. Zum Niederknien schön.
3. So was scheiße ich in den Schnee – bei Nacht.
4. Das kann ich auch.
5. Alles Geschmackssache, sagte der Affe und biss in die Seife.
6. Dummheit frisst, Intelligenz säuft, das Genie macht beides.
7. Das Genie tut, was es muss – das Talent tut, was es kann.
8. Jeder, der sich nicht für ein Genie hält, hat kein Talent. (*Die Brüder Concourt*)
9. Kunst ist schön, macht aber viel Arbeit. (*Karl Valentin*)
10. Schwer ist leicht was.
11. Wenn Sport der Bruder der Arbeit ist, dann ist Kunst die Cousine der Arbeitslosigkeit. (*Thomas Kapielski*)
12. Zur Hölle mit der Kunst, runter mit den Blusen! (*Russ Meyer*)
13. Kaum ist man berühmt, schon kommen die Weiber. (*scherzhaft*)
14. Wo steht denn das Buffet?
15. Frohes Schaffen noch.

Beim Modellsitzen
1. Lieber Maler, male mir. (*Gus Backus*)
2. Lieber von Picasso gemalt als vom Schicksal gezeichnet.
3. Lieber vom Leben gezeichnet als von Rubens gemalt.
4. Nun halte doch mal still, Mensch, Uschi – sonst mal ich dir 'ne dritte Muschi. (*Bild von Rudi Hurzlmeier, Text: Harry Rowohlt*)
5. In der Beschränkung zeigt sich der Meister.

6. Wer nicht kann, was er will, muss wollen. was er will. Zu wollen, was er nicht kann, wäre töricht. (*Leonardo da Vinci*)

Auf der Auktion
1. Ich wollte schon immer was für die Kunst tun. (*scherzhaft*)
2. Oh, ich habe nicht gewusst, dass Sie Kunstsammler sind. Ich dachte, Sie sammeln nur Leichen. (*Der unsichtbare Dritte*)
3. Geld spielt keine Rolex. (*statt:* keine Rolle)
4. Ein Preis, der einem das Hemd vom Hintern zieht. (*wenn etwas sehr teuer ist*)
5. Wenn man bedenkt, was ein Panzer kostet … (*dito*)
6. Du brauchst Ferraris, dann brauchst du Garagen für die Ferraris, dann brauchst du Personal, das die Garagen mit den Ferraris überwacht. Was soll das? (*David Gilmour*)

Musik und Schauspiel

Im Theater
1. Wir wissen zwar nicht, wo wir hinwollen, wollen aber als Erste da sein.
2. Mut ist, in Badehose ins Theater zu gehen. Übermut ist, diese an der Garderobe abzugeben. Schlagfertig ist, wenn die Garderobiere fragt: »Den Knirps auch?«
3. Spaß muss sein, sprach Wallenstein.
4. Ein starkes Stück. (*ironisch*)
5. Mir schläft gleich der Arsch ein.
6. Ruhe dahinten auf den billigen Plätzen!
7. Weck mich auf, bevor du gehst.

Hinter den Kulissen
1. Aus dem Brett vor deinem Kopf könnte man eine Theaterkantine machen.
2. Die Vorurteile über Schauspieler treffen knapp zu allerhöchstens 90 % zu. (*Harry Rowohlt*)

3. Ich habe drei Gesichtsausdrücke: nach links schauen, nach rechts schauen und geradeaus schauen. (*US-Schauspieler Robert Mitchum*)
4. Beim Film ist es wie im Leben: Man beginnt als jugendlicher Liebhaber, dann wird man Charakterdarsteller und endet als komischer Kauz.
5. Das Leben ist keine Generalprobe.
6. Die Garderobe bitte in die Maske gehen, die Garderobe bitte in die Maske gehen. (*Durchsage*)
7. Brooooot! (*alter Schauspielertrick bei einem Lachanfall*)
8. Ab durch die Kulissen, Vorhang!

Im Konzert und in der Oper
1. Sattelt die Hühner, wir reiten in die Oper.
2. Musik, drei, vier.
3. A Musi, drei, vier.
4. Musik, oder ich scheiße in den Saal.
5. Nicht schön, aber laut.
6. Scheiße im Trompetenrohr kommt zum Glück höchst selten vor.
7. Ohne Musik wäre das Leben ein Irrtum. (*Friedrich Nietzsche*)
8. Ein Klavier, ein Klavier. (*Loriot*)
9. Da ist wohl ein Pferd gestorben. (*bei ernster Musik*)
10. Es wird ein Pferd begraben. (*dito*)
11. Der Tenor bekommt doch keinen Beifall dafür, dass er sich räuspert. (*Gefährliche Liebschaften*)
12. Alles, was man tun muss, ist, die richtige Taste zum richtigen Zeitpunkt zu drücken. (*Johann Sebastian Bach*)
13. Johann Sebastian Bach ist der liebe Gott der Musik. (*Claude Debussy*)
14. Mach weiter so, Mahler! Du hast mir einen fabelhaften Abend beschert. Hör nicht auf, du Hundsknochen. Hör nicht auf! (*Charles Bukowski*)
15. Mir fehlt etwas, wenn ich Musik höre, und wenn ich Musik höre, fehlt mir erst recht etwas. (*Robert Walser*)

16. Ich verstehe nichts von Musik. In meinem Fach ist das nicht nötig. (*Elvis Presley*)

Amtliche Namen für Pop-Punk-Bands
1. Die Fruchtstäbchen
2. Die Gnu-Familie
3. Vertagte Nächte
4. Zwangsversteigerte Doppelhaushälften
5. Männer in nassen Kleidern
6. Die schlaffen Affen
7. Kommando Sonnenmilch
8. Kasperle Killerpilz
9. Dr. Rickenbecker und ein nervöser Vogel
10. Dackelblut
11. Walters Imbiss
12. Oma Hans
13. Pogendroblem

Im Comedy-Club
1. Quatsch in Großformat
2. Quatsch mit Spinat
3. Mumpitz mit Soße
4. Grober Unfug
5. Manche Menschen halten Nonsens für Unfug. Das ist natürlich Nonsens.
6. Wenn es um den Humor geht, verstehen wir keinen Spaß.
7. Verstehe Gag nicht. (*Christoph Steskal*)
8. Wir halten Nonsens für Unfug.
9. Das ist mal was Andreas. (*statt:* anderes)
10. Vorblödlich! (*statt:* Vorbildlich!)
11. Als ich Mumps hatte, hatte ich mehr Spaß.
12. Ich lache nicht, aber nur deshalb, weil lautes Lachen einen hohlen Verstand verrät.
13. Ich könnte mich bekleckern vor Lachen.
14. Besser dreimal lachen als einmal zum Arzt.
15. Haha, Scherzinfarkt.

Im Kabarett

1. Heute Abend singt für Sie das Niveau.
2. Der Unterschied zwischen Comedians und Kabarettisten ist, dass die Comedians das alles nur wegen dem Geld machen, Kabarettisten hingegen wegen des Geldes.
3. Das ist so anspruchsvoll wie die Müllabfuhr morgens um sechs.
4. Was will uns der Dichter damit sagen?
5. Das haut mich nicht vom Hocker.
6. Man kann nicht braun gebrannt und komisch sein. (*Jerry Seinfeld*)
7. Anwesende natürlich ausgeschlossen.

Sprache und Literatur

In der Buchhandlung

1. Ich finde, Romane, in denen die Technologie nicht vorkommt, verfehlen eine Wiedergabe unseres Lebens ebenso wie die Viktorianer, bei denen es keinen Sex gab. (*Kurt Vonnegut*)
2. Wer lesen kann, ist klar im Vorteil.
3. Lesen ist ebenso nützlich wie reizend. (*Robert Walser*)
4. Ich traue Büchern nicht, sie sind voller Fakten und ohne Herz. (*Stephen Colbert*)
5. Wenn es keine Bücher gäbe, wären die Menschen dem Sex hilflos ausgeliefert. (*Buchhandlung in Wien*)
6. Sex ist der Rhythmus des Universums. Die erfreulichste Tätigkeit, die Mann und Frau gemeinsam betreiben können. Außer Lesen natürlich. (*Curt Leviant*)
7. Der Trend geht zum Zweitbuch.
8. Ein Buch, das nicht wert ist, zweimal gelesen zu werden, ist auch nicht würdig, dass es einmal gelesen wird. (*Jean Paul*)
9. Ohne Krimi geht die Mimi nie ins Bett. (*Bill Ramsey*)
10. Nee, das ist zu dick.
11. Haben Sie was mit Stellen?
12. Schweinkram!

Auf der Lesung
1. Voll Porno, das Leseteil.
2. Leider geil.
3. Supergeilomatiko!
4. Du bist der Beste, nach dir kommt nichts.
5. Schreiben Sie noch alles mit der Hand?
6. Wie kommt man nur auf so was?
7. Haben Sie so was selbst erlebt?
8. So was lebt, und Goethe musste sterben.
9. Der Dichter kriegt was auf die Lichter.
10. Das Leben schreibt die besten Geschichten.
11. Abgesehen von einem Hund ist das Buch der beste Freund des Menschen. In einem Hund ist es zu dunkel zum Lesen. (*Groucho Marx*)
12. Wer Klowände streicht, der verbrennt auch Bücher!
13. Lieber Pils als Shakespeare!
14. In der Kürze liegt die Würze!
15. Ich lese Lyrik. Das spart Zeit! (*Marilyn Monroe*)

In der Schreibwerkstatt
1. Die Kunst des Schreibens besteht in der Kunst, seinen Hosenboden mit einer Sitzfläche in Verbindung zu bringen. (*Kingsley Amis*)
2. Ein Tritt in den Hintern sagt mehr als tausend Worte.
3. Aller Umfang ist schwer. (*statt:* Aller Anfang ist schwer.)
4. Aller Schwerfang ist an. (*dito*)
5. Es gibt nur eine Art, schreiben zu lernen: Setz dich an deinen Schreibtisch und mach es. (*James Sallis*)
6. Ich will nichts erleben! Ich bin Schriftsteller! (*Patrick Süskind*)
7. Ein Schriftsteller ist ein Mann, der seine Mutter nicht mag. (*George Simenon*)
8. Alle haben mir gesagt: Der erste Satz ist immer der schwerste. Gott sei Dank, der ist geschafft. (*Willie Nelson*)
9. Entscheidend ist der nächste Satz.
10. Wer schreibt, der bleibt.
11. Schreiben sollte in erster Linie deinen Arsch retten. Wenn

es das tut, wird es von selbst zu einer saftigen, unterhaltsamen Geschichte. (*Charles Bukowski*)
12. Man schreibt nicht über das, worüber alle anderen auch schreiben. (*Max Goldt*)
13. Schreiben ist leicht. Man muss nur die falschen Wörter weglassen. (*Mark Twain*)
14. Stil ist richtiges Weglassen des Unwesentlichen. (*Anselm Paul Johann Ritter von Feuerbach*)
15. Wenn ich einen Roman schreibe, setze ich mich hin und schreibe ihn einfach. (*P.G. Wodehouse*)
16. Je dickens, destojewski! (*Thomas Kapielski*)
17. Du sollst nicht langweilen. (*Billy Wilder*)

In der Journalistenschule
1. Das Niveau ist hoch, aber außer mir ist keiner drauf.
2. Niveau sieht nur von unten aus wie Arroganz.
3. Fußnoten dürfen ab sofort mit der Hand geschrieben werden.
4. Schreib betrunken, redigiere nüchtern. (*Ernest Hemingway*)
5. Ironie ist ein anderes Wort für Realismus. (*Ross Thomas*)
6. Wer Rechtschreibfehler findet, darf sie behalten.
7. Papier errötet nicht.
8. Nach Diktat vergreist.

Rhetorische Beschönigungen
1. Das runde Leder (*statt*: Fußball)
2. Die weiße Pracht (*statt*: Schnee)
3. Das kühle Nass (*statt*: Badesee)
4. Der blaue Dunst (*statt*: Zigarettenqualm)
5. Schwarzes Gold (*statt*: Öl)
6. Auf Schusters Rappen (*statt*: zu Fuß)
7. Das Tanzbein schwingen (*statt*: tanzen)
8. Konfliktstark (*statt*: zickig)
9. Bildungsfern (*statt*: dumm)
10. Rubensfigur (*statt*: Übergewicht)
11. Fitnessstudio (*statt*: Muckiebude)

12. Eros-Center (*statt:* Puff)
13. Installateur (*statt:* Klempner)
14. Für das leibliche Wohl ist gesorgt. (*statt:* Essen und Trinken)
15. Poppelköchekäppesche (*rheinländisch für Rosenkohl*)
16. Gut durch (*statt*: total verkocht)
17. Bierchen (*statt*: Bier)
18. Rappelwasser (*statt*: Sekt)
19. Belustigungswasser (*statt*: Schnaps)
20. Käffchen (*statt*: Kaffee)

Schöne Wörter
1. Rumgurken
2. Schlaftrunken
3. Stangenspargel
4. Korkenzieherlocken
5. Kapuzinerkresse
6. Pflaumenaugust
7. Mischmaschine
8. Balustrade
9. Rumbarassel
10. Schabernack

Blöde Wörter
1. Geschwulst
2. Feuerwehrblasorchester
3. Ansaugstutzen
4. Putenmastanlage
5. Gurtmuffel
6. Frühstücksfleisch
7. Ehegattensplitting
8. Unterarmnässe
9. Plastiksack
10. Bestuhlung

Kino und Film

Best of Kino
1. Mrs Robinson, Sie versuchen doch jetzt, mich zu verführen, nicht wahr!? (*Die Reifeprüfung*)
2. Fräulein Hagebusch, wo ist denn der Scherbolzen für den Trulleberg? (*Ödipussi*)
3. Du kannst doch im Leben nicht einfach 'ne Stopptaste drücken, so wie es dir gefällt, du kleines Stück Scheiße. (*The Big Lebowski*)
4. Ich werde ihm ein Angebot machen, das er nicht ablehnen kann. (*Der Pate*)
5. Chleudert den Purschen zu Poden! (*Das Leben des Brian*)
6. Oh, mein Gott. Das ist ein verdammt guter Milchshake. (*Pulp Fiction*)
7. Menschen mögen auch Blutwurst. Menschen sind Schwachköpfe. (*Und täglich grüßt das Murmeltier*)
8. Uns bleibt immer noch Paris. (*Casablanca*)
9. Kommst du jetzt mit nach Scheiß-Paris oder nicht? (*Bridget Jones*)
10. Du fährst nach Hamburg – ich schwör's dir! (*Rocker*)

Nach dem Kino
1. Das war so schlecht, dass es schon wieder gut war.
2. So schlecht, dass es schon wieder witzig war.
3. Die Dialoge waren so was von platt!
4. Authentisch und toll gespielt.
5. Ein Meisterwerk, sag ich dir. Nicht mehr, nicht weniger.
6. Authentisch sein ist das Schwerste überhaupt.
7. Bei der Komik muss jedes Detail stimmen. Bei der Tragödie kommt es nicht so genau darauf an. (*Loriot*)
8. Ich fand's spannend.
9. Spannend wie ein leerer Pappkarton.
10. Packend bis zum Nägelkauen.
11. Also, ich persönlich bin etwas perplex.
12. Schade um das schöne Geld!

13. Das war nett, aber nicht toll. (*Homer Simpson*)
14. Wie hätte Lubitsch es gemacht? (*Billy Wilder*)
15. Man müsste mal ein Drehbuch schreiben.

Drehbuch schreiben (nach Preston Sturges)
1. Ein hübsches Mädchen ist besser als ein hässliches.
2. Ein Bein ist besser als ein Arm.
3. Ein Schlafzimmer ist besser als ein Wohnzimmer.
4. Eine Ankunft ist besser als eine Abfahrt.
5. Eine Geburt ist besser als ein Tod.
6. Eine Verfolgungsjagd ist besser als eine Plauderei.
7. Ein Hund ist besser als eine Landschaft.
8. Ein Kätzchen ist besser als ein Hund.
9. Ein Baby ist besser als ein Kätzchen.
10. Ein Kuss ist besser als ein Baby.
11. Wenn jemand auf den Arsch fällt, ist das besser als alles andere.

Fernsehen

Bei der Castingshow
1. Hallo Mädels!
2. Heute ist ein wichtiges Shooting. (*statt*: Fototermin)
3. Wir haben einen Livewalk für euch vorbereitet. (*statt*: Präsentieren von Kleidermoden)
4. Ich hab noch nie eine Challenge gewonnen. (*statt*: Herausforderung)
5. Ich bring dich groß raus, kommste nie wieder rein.
6. Ja, ich bin auch Glamour. Ich piss Glitzer.
7. Das war ja sooooo schön; das machen wir nie wieder.

Beim Fernsehgucken
1. Wer nicht lesen will, muss fernsehen.
2. Bei ARD und ZDF reihern Sie in die ersten Sitze. (*Parodie auf bekannte Fernsehwerbung*)

3. Fernsehen macht die Dummen dümmer – und die Klugen klüger.
4. Was ist der schönste Sender? Der Tausender. (*Scherzfrage*)
5. Füße hoch, Fernseher an, fertig.
6. Dem Fernsehen verdanke ich, dass ich nicht mal mehr weiß, was vor acht Minuten war. (*Bart Simpson*)
7. Fernsehen ist wie Radio, nur ohne Würfel. (*Hans Zippert*)
8. Draußen scheint die Sonne – endlich kann ich in kurzer Hose fernsehen.
9. Heute bleibt die Flimmerkiste mal aus.
10. Kein Bild, kein Ton, was macht das schon.
11. Du bekommst noch viereckige Augen.
12. Es kommt doch nichts Besonderes.
13. Ich lass mir doch von einem Fernsehgerät nicht vorschreiben, wo ich hinsehen soll. (*Loriot*)
14. Kein Bild, kein Ton – ich komme schon. (*Radio Brengelmann*)

Die schönsten Versprecher im Fernsehen

1. Busen-Knettag. (*statt:* Buß- und Bettag)
2. Da muss ich mit meiner Frau noch mal drüber schlafen.
3. Stapelgabler. (*statt:* Gabelstapler)
4. Der gemeinste kleidsame Nenner. (*statt:* kleinster gemeinsamer Nenner)
5. Du sollst deine Eltern ätzen und scheren. (*statt:* schätzen und ehren)
6. Eine Krähe wäscht die andere. (*statt:* Hand)
7. Nulter- und Schnacken-Krankengymnastik. (*statt:* Schulter- und Nacken-…)
8. Erdbeerschorsch. (*statt:* Erzbischof)
9. Püree massieren. (*statt:* Revue passieren)
10. Kandesbunzler. (*statt:* Bundeskanzler)
11. Vernäht und zugeflixt. (*statt:* Verflixt und zugenäht.)
12. Den pfeif ich doch in der Rauche. (*statt:* Den rauch ich doch in der Pfeife.)
13. Die reizt nicht mit ihren Geizen. (*statt:* Die geizt nicht mit ihren Reizen.)

14. Zum Urteil verscheitert. (*statt:* Zum Scheitern verurteilt.)
15. Hausschuhabschluss. (*statt*: Hauptschulabschluss)
16. Bächtig möse. (*statt*: Mächtig böse.)
17. Schlurzkuss. (*statt*: Kurzschluss)
18. Pilzkartoffeln. (*statt*: Filzpantoffeln)
19. Ich hose und kerze dich. (*statt*: kose und herze dich)
20. Ohne mit der Zimper zu wucken. (*statt*: Ohne mit der Wimper zu zucken.)
21. Zu riesigen Nebenwirkungen fragen Sie den Apotheker Ihres Arztes.
22. Zurück zu Hamburg nach der Tagesschau.

Grundwortschatz TV-Krimi
1. Okay, wir gehen rein.
2. Wir ermitteln in einem Mordfall.
3. Sie dürfen hier nicht durch!
4. Hier, trinken Sie. Das wird Ihnen guttun.
5. Reine Routine.
6. Überprüft sein Alibi.
7. Wahrscheinlich ein stumpfer Gegenstand.
8. Wo bleibt die Spurensicherung?
9. Haben Sie einen Durchsuchungsbefehl?
10. Nun reden Sie endlich!
11. Ich stelle hier die Fragen!
12. Ich hatte im Knast viel Zeit nachzudenken.
13. Ich brauche Ihre DNS.
14. Er war wie ein Sohn für mich.
15. Hier ist der Bericht der Ballistik.
16. Näheres nach der Obduktion.
17. Sollte Ihnen noch was einfallen, hier ist meine Karte.
18. Falls Ihnen noch irgendwas einfällt, rufen Sie uns an.
19. Rufen Sie mich an, wenn Ihnen noch was einfällt.
20. Ich erwarte Sie morgen um acht im Präsidium.
21. Ein Kollege wird Sie nach Hause fahren.
22. Schafft den Mistkerl endlich weg!

Amtliche Sprüche im Werbefernsehen

1. Alles super! (*Aral – Benzin*)
2. Alles Müller oder was? (*Molkereiprodukte*)
3. Katzen würden Whiskas kaufen. (*Katzenfutter*)
4. Bauknecht weiß, was Frauen wünschen. (*Haushaltsgeräte*)
5. Sind wir nicht alle ein bisschen Bluna? (*Orangenlimonade*)
6. Ich bin doch nicht blöd. (*Media-Markt – Elektrogeräte*)
7. Wohnst du noch oder lebst du schon? (*IKEA-Möbel*)
8. Nicht immer, aber immer öfter. (*Clausthaler – alkoholfreies Bier*)
9. Da weiß man, was man hat. (*Persil – Waschmittel*)
10. Geiz ist geil. (*Saturn – Haushaltsgeräte*)

Die Wettervorhersage

1. Abends ist mit zunehmender Dunkelheit zu rechnen.
2. Am Abend ist mit Einbruch der Dunkelheit zu rechnen.
3. Der Niederschlag wird bis zum Boden reichen.
4. Dunkelheit bei Einbruch verhaftet.
5. Der Wintereinbruch ist nicht strafbar.
6. Ein Regenschirm schützt vor Regen, ein Bildschirm jedoch nicht vor Bildern.
7. Wenn es regnet und hagelt, liegt es meistens am Wetter.
8. Das Wetter muss ja auch etwas zu tun haben.
9. Auf Regen folgt Sonnenschein.
10. Das Schönste am schönen Wetter ist, dass es nicht regnet.
11. Heute gibt es viel Wind. Morgen auch.
12. Es weht draußen genauso stark wie auf dem Friedhof.
13. Wenn es heute nicht so warm wäre, dann wäre es bestimmt viel kühler.
14. Eine Schwalbe macht noch kein Schwälbchen.
15. Geht die Sonne auf im Westen, musst du deinen Kompass testen.
16. Was ist das für ein Land, in dem es morgens schon hell wird?

10

»Mal verliert man, mal gewinnen die anderen«

Sport und Freizeit

Sport und Freizeit 259

Im Fitnessstudio

1. Schweiß fließt, wenn Muskeln weinen.
2. Lieber Schweißperlen als gar keinen Schmuck.
3. Ich bin ja eher ein Bewegungsgünther. (*statt:* unsportlich)
4. Ich bin gelenkig wie eine Holzkuh. (*dito*)
5. Ich habe die Sprungkraft eines Kachelofens. (*dito*)
6. Nur Katzen freuen sich über einen Muskelkater.
7. Die schwierigste Turnübung ist, sich selbst auf den Arm zu nehmen.
8. Ich will nicht so aussehen, als könnte ich irgendwem beim Umzug helfen. (*Sportmuffel-Credo*)
9. Die Arbeit am Fitnessgerät verhält sich zum richtigen Sport wie Masturbation zum richtigen Sex. (*Tubby Passmore*)
10. Hast du für deinen Arsch einen Partnervertrag gekriegt? (*Erwiderung auf:* Ich habe mich jetzt im Fitnessstudio angemeldet.)

Auf der Sonnenbank

1. Die Welt ist ein Irrenhaus – und hier ist die Zentrale.
2. Die Sonne scheint mir auf den Bauch, das soll sie auch.
3. Die Sonne scheint mir ins Gesicht, das soll sie nicht.
4. Ich reife der Sonne entgegen. (*statt:* Ich kriege Farbe.)
5. Vermurkelt wie eine alte Backbirne. (*statt:* Ich sehe alt aus.)
6. Fall fürs Ledermuseum. (*statt:* zu lang auf der Sonnenbank gewesen)

Im Verein

Sportliche Redensarten und kurze Einwürfe
1. Sport ist Mord.

2. Du wirfst wie ein Mädchen.
3. Tausende standen an den Hängen und Pisten. (*Heinz Maegerlein*)
4. Endlose Skischeiße. (*Walter Kempowski*)
5. Eiskunstlauf oder Kunstturnen sich anzusehen ist wegen der Wertungspunkte so unerquicklich. (*ders.*)
6. Das gibt Abzüge in der B-Note. (*scherzhaft*)
7. Gib alles außer auf!
8. Gib mich die Kirsche. (*statt:* Gib mir den Ball.)
9. Wir tragen Puma-Schuhe und keine von adidas, weil adidas erinnert uns an Caritas.
10. Das sieht doch ein Blinder mit Krückstock. (*Warnung an den Schiedsrichter*)
11. Alles klar, geil: Weltmeister! (*Johannes »Jogi« Bitter, Handballtornüter*)
12. Wenn Ringen kein harter Sport wäre, würde es Fußball heißen.
13. HSV? Ist das nicht dieser Tennisclub mit Fußball-Abteilung? (*Harry Rowohlt*)
14. Ich gehe nie zurück, und wenn, dann nur, um Anlauf zu nehmen.
15. Dem Löwen wollt' das Stabhochspringen nicht und nicht gelingen. (*Robert Gernhardt*)
16. Da ist noch Luft nach oben. (*bzw.:* Da geht noch was.)
17. Drei Deutsche = ein Verein – drei Franzosen = eine Ménage à trois.
18. Auch Zwerge haben klein angefangen.
19. Wer zu spät kommt, ist Zweiter.
20. Der Zweite ist der erste Verlierer.
21. Die Uhr schlägt alle. (*alte Boxer-Weisheit*)

Aufmunternde Sprüche zum Thema Wettkampf

1. Abgerechnet wird zum Schluss.
2. Die Hühner werden am Ende gewogen.
3. Hinten kackt die Ente.
4. Hinten wird die Ente fett.

5. Entscheidend ist auf'm Platz.
6. Essen und Trimmen, beides muss stimmen.
7. Kommt man übern Hund, kommt man übern Schwanz.
8. Wird schon schiefgehen, sagte der Turmbauer von Pisa.
9. Nu' kack dir mal nicht auf den Dömmel. (*westfälisch*)
10. Auf in den Kampf, Torero.
11. Hau rein, mach Striche.

Eine Niederlage eingestehen
1. Der Dom ist aus.
2. Der Ofen ist aus.
3. Der Arsch ist ab.
4. Tel Aviv, sagt der Franzose. (*statt:* C'est la vie.)
5. Als Loser bin ich eine glatte Null. (*Jörg Fauser*)
6. Die Kröte muss ich wohl schlucken.
7. Mir geht das Latein aus.
8. Klappe zu, Affe tot, Zirkus pleite.
9. Ende aus, Mickey Maus.
10. Schluss! Aus! Sense!
11. Fertig! Streusand!
12. Es gibt keine bessere Lektion als das Verdauen einer Niederlage. (*Charles Bukowski*)

Im Schwimmbad

1. Ich will ja nichts sagen, aber ein Arsch gehört in die Hose.
2. Ich habe nichts gegen Beine, aber Flaschen gehören in den Keller.
3. Nichts gegen Beine, aber Gurken gehören ins Glas.
4. Wer Butter auf dem Kopf hat, sollte nicht ins Wasser gehen.
5. Fett schwimmt oben.
6. Wenn Schwimmen schlank macht, was machen Blauwale falsch?
7. Kein Scherzen und Necken am Becken.
8. Weißte was? Wasser ist nass.

9. Du hast ein Kreuz wie ein Bergmann; zwar nicht so breit, aber genauso schmutzig.
10. Ein harter Fleck im Badetuch sagt mehr als ein Tagebuch.
11. Ein schöner Rücken kann entzücken, ein guter Bauch tut's auch.
12. Auch Nichtschwimmer lieben Apfelstrudel.
13. Keine Sorge, ich guck dir nichts weg. (*in der Umkleide*)
14. Alles chlor. (*statt:* Alles klar.)

Beim Angeln

1. Der Dorsch ist forsch, doch die Qualle schafft alle.
2. Angler sterben nicht, sie riechen immer so.
3. Nur wenn Sie mich weiter beim Angeln stören. (*Entgegnung auf:* »Beißen Sie?«)
4. Johann, treib die Fische unter die Brücke. Es fängt an zu regnen.
5. Mit Jeduld un Spucke fängt man eene Mucke. (*berlinerisch*)
6. Wenn dies Angeln sein soll, dann ist es noch langweiliger, als ich dachte.

Am Baggersee

1. Reibt euch ein, Genossen!
2. Schwimm nicht zu weit raus, und lass dir kein Klavier ins Auge wehen.
3. Durchsuch mich! (*Erwiderung auf:* Wie kalt ist das Wasser?)
4. Wer baggert so spät noch am Baggerloch? Das ist der Bagger, der baggert noch.

Auf der Rennbahn

Rund ums Pferd
1. Der Apfel fällt nicht weit vom Pferd.
2. Mal verliert man, mal gewinnen die anderen.
3. Ein gutes Pferd hat keine Farbe.
4. Ja, wo laufen sie denn? (*Loriot*)
5. Wer Glück im Spiel hat, hat auch Glück in der Liebe.
6. Glück macht in der Höhe wett, was in der Länge fehlt.
7. Das größte Glück der Pferde ist der Reiter auf der Erde.
8. Wenn Pferderennen der Sport der Könige ist, dann ist Bowling bestimmt … na ja, auch eine ganz gute Sportart. (*Homer Simpson*)
9. Wenn nur die quälenden Pausen zwischen den Rennen nicht wären. (*alte Zocker-Weisheit*)

Was der Pferdeflüsterer sagt
1. Besser ein Pferd ohne Sattel als ein Sattel ohne Pferd.
2. Auch schlechte Reitpferde werfen allerhand ab.
3. Das beste Pferd im Stall wirft oft mehr ab, als es einbringt.
4. Ein gutes Pferd springt knapp.
5. Die einfachen Rösser unter den Pferden nennt man Gäule.
6. Ein geschenkter Gaul ist besser als die Taube auf dem Dach.
7. Das Leben wird beinahe vernünftig, wenn ein Pferd läuft, wie es soll. (*Charles Bukowski*)

Auf dem Golfplatz

1. Lass den Kopf unten.
2. Das Paradies hat 18 Löcher.
3. Golf ist eine teure Variante des Murmelspiels. (*Gilbert Keith Chesterton*)
4. Golf ist der größte Spaß, den man mit angezogenen Hosen haben kann. (*Lee Trevino*)
5. Haben Sie noch Sex oder golfen Sie schon?

6. Wer zuletzt locht, locht am besten.
7. Ich hab beim Golf nur ein Handycap – mein Gesicht.
8. Ich mag keinem Club angehören, der mich als Mitglied aufnimmt. (*Groucho Marx*)

Passendes für den Spieleabend

1. Spitz pass auf. (*Spieleklassiker*)
2. Fang den Hut! (*dito*)
3. Mensch ärgere dich nicht! (*dito*)
4. Tante Mechthild, du legst jetzt ein anderes Wort. (*beim Scrabble*)
5. Berührt – geführt. (*beim Schach*)
6. Scheiß Party, wenn ich meine Hose finde, gehe ich. (*beim Pfänderspiel*)

Kommentare beim Kartenspielen

1. Immer der, der so dumm fragt. (*auf die Frage*: Wer gibt?)
2. In Texas hat sich schon mal jemand totgemischt. (*wenn jemand die Karten zu lange mischt*)
3. Genau, in Bielefeld war das, in der Mischschule. (*Antwort auf*: Es soll sich schon mal jemand totgemischt haben.)
4. Was liegt, wackelt nicht. (*ausgespielte Karte darf nicht zurückgenommen werden*)
5. Karte oder Stück Holz! (*wenn jemand zögert*)
6. Katholisch ist Trumpf. (*es wird Pik gespielt*)
7. Raus mit der Mutter in die Frühlingsluft. (*Aufforderung an einen Mitspieler, endlich eine Karte auf den Tisch zu legen*)
8. Mach kein Schach draus. (*wenn man beim Ausspielen zögert*)
9. Pikus, der Waldspecht. (*statt*: Pik ist Trumpf.)
10. Pik? Steck den Finger in den Arsch und quiek. (*scherzhaft*)
11. Kneift das Höschen? (*Frage an jemanden, der nicht weiß, welche Karte er ausspielen soll*)
12. Hosen runter! (*Aufforderung, die Karten offenzulegen*)

13. Ich habe Asthma. (*wenn man keine Trümpfe mehr hat*)
14. Diesen Käse esse ich nicht. (*statt:* Dieser Kartenstich reizt mich nicht.)
15. Wenn man nicht weiß, wie oder wo, spielt man Karo. (*Ratschlag an einen unschlüssigen Mitspieler*)
16. Karo hat's mit dem Herzen, und bei mir pikt's im Kreuz. (*scherzhaft*)
17. Karola heißt mein Hühnerhund. (*ein Spiel in der Karo-Farbe ansagen*)
18. Herzlich lacht die Tante. (*beim Ausspielen der Herz-Dame*)
19. Hinten stechen die Bienen. (*ein Spieler erreicht nicht alle Stiche, er ist »gestochen« worden*)
20. Am Arsch hängt der Kamm. (*wenn jemand beim Aufheben des Skats einen Buben findet und sich überreizt hat*)
21. Ja, so spielt man in Venedig! (*wenn man jeden Stich mitnimmt*)
22. So spielt man in Paris! (*Äußerung nach einem erfolgreichen Kartenspiel*)

Beim Kegeln

1. Alles um den Dicken. (*alle Kegel um den König sind gefallen*)
2. Nasse Acht. (*von den neun Kegeln ist ein einziger stehen geblieben*)
3. Arschloch mit Beilage. (*wenn die drei Mittelkegel und ein Seitenkegel gefallen sind*)
4. Der Papa hat sich übergeben. (*nur der Mittelkegel ist gefallen*)
5. Papa hat geheiratet. (*Mittelkegel und ein Seitenkegel sind gefallen*)
6. Einer sagt's dem anderen. (*die von der Kugel getroffenen Kegel reißen die anderen um, bis alle neun liegen*)
7. Hau den Bauern um. (*nur einen Seitenkegel zu Fall bringen*)
8. Die Ratte ist ein Wassertier. (*Fehlwurf*)
9. Schieb sie niedlich.
10. Einer wackelt noch.

Beim Grillen

1. Wer anderen eine Bratwurst brät, hat wohl ein Bratwurst-Bratgerät.
2. Wer nicht arbeitet, will wenigstens gut essen.
3. Das einzige Gemüse, das ich esse, ist das Bier.
4. Fleisch ist mein Gemüse. (*Heinz Strunk*)
5. Seit Fleisch mein Gemüse ist, bin ich strengster Vegetarier.
6. Auch Vegetarier beißen nicht gerne ins Gras.
7. Ich mag keine Vegetarier, die fressen meinem Essen das Futter weg.
8. Eine solide Grundlage ist die sicherste Basis für ein tragendes Fundament.
9. Ich bin so frei und ess für zwei.
10. Selber essen macht fett.
11. Senf macht dumm. Aber fmeckt gut.
12. Ich will gerne Hunger und Durst entbehren, wenn's euch nur schmeckt.
13. Die beste Beilage zu einem Kotelett ist ein zweites Kotelett. (*Dr. Samuel Johnson*)
14. Lieber gemeinsam grillen als einsam schmoren.

Fußball

Schlachtrufe fürs Stadion
1. Nie mehr Zweite Liga!
2. Schiri, wir wissen wo dein Auto steht.
3. Berlin, Berlin, wir fahren nach Berlin.
4. Hacke, Spitze, tralala.
5. Kling, Glöckchen, klingeling.
6. Zieht den Bayern die Lederhosen aus.
7. Ja bei Werder Bremen, da wackelt die Wand, denn der Deutsche Meister kommt vom Weserstrand. (*Melodie: An der Nordseeküste*)

8. Schalalala, schalalala, wir wolln die Mannschaft sehn, wir wolln die Mannschaft sehn.
9. Auf Wiedersehn, auf Wiedersehn!
10. Ihr seid so lächerlich.
11. Wir woll'n euch kämpfen sehn.

Grundwortschatz für TV-Fußball-Reporter
1. Das Runde muss in das Eckige.
2. Ein Tor würde dem Spiel guttun.
3. Was das Spiel braucht, ist ein Tor.
4. Tore sind das Salz in der Suppe.
5. Der Ball ist noch heiß.
6. Der Ball zappelt im Netz.
7. Vorne fallen die Tore.
8. Geld schießt keine Tore.
9. Die Kulisse ist da.
10. Der Pokal hat seine eigenen Gesetze.
11. Die Mannschaften kommen unverändert aus der Kabine.
12. Die anschließende Ecke brachte nichts ein.
13. Tore – bislang Fehlanzeige.
14. Der Schiedsrichter schaut auf die Uhr.
15. So schön kann Fußball sein.
16. Hätte man pfeifen können.
17. Faire Geste.
18. Da ist jetzt viel Leerlauf im Spiel.
19. Chancen hüben wie drüben.
20. Im Strafraum brennt es lichterloh.
21. Ein Sieg muss her.
22. Das nächste Spiel ist immer das schwerste.

Stimmen zum Spiel
1. Fußball ist ding, dang, dong. Es gibt nicht nur ding. (*Giovanni Trapattoni*)
2. Nach dem Spiel ist vor dem Spiel. (*Sepp Herberger*)
3. Im Kölner Stadion ist immer so eine super Stimmung, da stört eigentlich nur die Mannschaft. (*Udo Lattek*)

4. Das wird alles von den Medien hochsterilisiert. (*Bruno Labbadia*)
5. Es war ein wunderschöner Augenblick, als der Bundestrainer sagte: »Komm, Steffen, zieh deine Sachen aus, jetzt geht's los!« (*Steffen Freund*)
6. Liebe machen und Tore schießen sind die schönsten Dinge, die Gott uns gegeben hat. (*Luca Toni*)
7. Manni Bananenflanke, ich Kopf – Tor! (*Horst Hrubesch*)
8. Der Ball ist rund. (*Sepp Herberger*)
9. Der Ball ist ein Sauhund. (*Rudi Gutendorf*)
10. Der Ball ist ein Würfel. (*Hans »Buffy« Ettmayer*)
11. Fußball ist wie Schach, nur ohne Würfel. (*Lukas Podolski*)
12. Ich will an meinem rechten Fuß feilen. (*Michael Tarnat*)
13. Ich hatte vom Feeling her ein gutes Gefühl. (*Andreas Möller*)
14. Ich habe viel von meinem Geld für Alkohol, Weiber und schnelle Autos ausgegeben ... Den Rest habe ich einfach verprasst. (*George Best*)
15. In meinem Leben spielen drei Dinge eine wichtige Rolle: Fußball, Bier und Frauen. Und zwar genau in dieser Reihenfolge. (*Rod Stewart*)
16. Bei mir wusste man immer, wo ich dran war. (*Günter Netzer*)
17. Die Holländer sind vorne vom Feinsten bestückt. (*Oliver Kahn*)
18. Die Schweden sind wie die Mittdreißiger in der Disco: Hinter reinstellen und warten, ob sich was ergibt. (*Thomas Hitzlsperger*)
19. Madrid oder Mailand – Hauptsache Italien. (*Andreas Möller*)
20. Wir müssen das Spiel noch mal Paroli laufen lassen. (*Horst Hrubesch*)
21. So ist Fußball: Manchmal gewinnt der Bessere. (*Lukas Podolski*)
22. Ich sage nur ein Wort: Vielen Dank! (*Andreas Brehme*)

Tabelle Bunte Liga
1. FC Blutgrätsche
2. Bolzplatz 05

3. Juventus Urin
4. Hinter Mailand
5. Roter Stern Sowieso
6. Planlos United
7. FC Okay, sagen wir Unentschieden
8. Fußballwunder Weißer Holunder
9. Grand Hotel Abseits
10. Lokomotive Libuda
11. 1. FC Andersrum
12. Lederdämmerung
13. Barfuß Bethlehem
14. Crazy Lange Boys
15. Haxe des Bösen

11

»Das Leben ist kein Tanzcafé«

Gäste und Feste

Auf der Privatparty

Small Talk für Anfänger
1. Mit dem Wetter haben wir ja Glück.
2. Es ist etwas kühl für diese Jahreszeit.
3. Aber dafür hatten wir im Mai drei schöne Tage.
4. Der Schornstein muss rauchen. (*statt:* Ohne Geld lässt es sich nicht leben.)
5. Du hast die Haare schön.
6. Du siehst aus, als ob ich einen Drink vertragen könnte.
7. Das Leben ist kein Tanzcafé.
8. Es ist, wie es ist.
9. Hallo! Mein Name ist Durst und ihr findet mich dahinten an der Theke.
10. Ich trinke Ouzo, was machst du so?

Small Talk für Fortgeschrittene
1. Es gibt kein schlechtes Wetter, es gibt bloß falsche Kleidung. (*englisches Sprichwort*)
2. Besser oberflächlich als oben flach.
3. Am Nachmittag geistreich zu sein deutet darauf hin, dass man noch keine Einladung zum Abendessen hat. (*Saki*)
4. Komisch, auf älteren Fotos sieht mal viel jünger aus.
5. Man wird nicht jünger, aber man kann es versuchen.
6. Jede zweite Ehe wird geschieden, wenn nicht sogar jede dritte.
7. Kalt duschen soll helfen.
8. Wer lang hat, lässt lang hängen. (*statt:* Wer viel besitzt, der zeigt es auch.)
9. Arbeiten ist nichts für mich, ich bin eher der Freizeittyp.
10. Ich wäre gerne Schriftsteller geworden, wenn dieser öde Schreibkram nicht wäre. (*Tobias Inderbitzin*)

Sätze, die beim Small Talk zu meiden sind

1. Willst du mir ein Gespräch ans Bein binden?
2. Sie haben schöne Zähne, gibt's die auch in Weiß?
3. Nichts gegen Ohren, aber Satteltaschen gehören ans Fahrrad.
4. Warum hatten wir eigentlich noch keinen Sex miteinander?
5. Bück dich, ich beglück dich.
6. Wenn ich dich sehe, fällt mir ein, dass ich den Müll ja noch runtertragen muss.
7. War nett, dich kennengelernt zu haben. Blödmänner wie dich trifft man nicht alle Tage.

Charmante Übertreibungen im Gespräch

1. Rennpferd des kleinen Mannes (*Brieftaube*)
2. Pferd des kleinen Mannes (*Fahrrad*)
3. Kuh des kleinen Mannes (*Ziege*)
4. Swimmingpool des kleinen Mannes (*Badewanne*)
5. Sekt des kleinen Mannes (*Mineralwasser*)
6. Champagner des kleinen Mannes (*Krimsekt*)
7. Auster des kleinen Mannes (*Miesmuschel*)
8. Kaviar des kleinen Mannes (*Salzhering*)
9. Hummer des kleinen Mannes (*Currywurst und Fritten*)
10. Spargel des kleinen Mannes (*Schwarzwurzeln*)
11. Wurst des kleinen Mannes (*Gurke*)
12. Porsche des kleinen Mannes (*VW Golf GTI*)
13. Cabrio des kleinen Mannes (*Mazda MX-5*)
14. Aktie des kleinen Mannes (*Briefmarkensammlung*)
15. Internet des kleinen Mannes (*Videotext*)
16. Bauhaus des kleinen Mannes (*IKEA*)
17. Apotheke des kleinen Mannes (*Sauna*)
18. Klavier des kleinen Mannes (*Ziehharmonika*)
19. Golfspiel des kleinen Mannes (*Minigolf*)
20. Bank des kleinen Mannes (*Pfandleihe*)
21. Burg des kleinen Mannes (*Garten*)
22. Punkt des kleinen Mannes (*Ausrufezeichen*)

Unnützes Partywissen
1. Ein herausploppender Sektkorken wird rund 40 km/h schnell.
2. Sonntags darf man in der Schweiz keine Wäsche zum Trocknen aufhängen.
3. Düsseldorf besitzt als einzige Stadt in Deutschland Fußgängerampeln mit Gelbphasen.
4. Das Herz eines Blauwals ist so groß wie ein VW Käfer.
5. Der Kolibri kann als einziger Vogel rückwärts fliegen.
6. Der Mensch ist das einzige Wesen, das im Fliegen eine warme Mahlzeit zu sich nehmen kann. (*Loriot*)
7. Haribo produziert täglich 100 Millionen Gummibärchen.
8. Am häufigsten wird im deutschen Lotto die Zahl 32 gezogen; die 13 ist die am seltensten gezogene Zahl.
9. Mit einem einzigen Bleistift kann man einen 56 Kilometer langen Strich ziehen.
10. Menschen, die in einem weichen Sessel sitzen, sind kompromissbereiter als jemand, der auf einem harten Stuhl sitzt. (*US-Studie*)

Wie man einen Dauerredner geschickt ausbremst
1. Du hast ja so recht.
2. Was sind Sie doch für ein kluges Köpfchen!
3. So was Brillantes habe ich im ganzen Leben noch nicht gehört.
4. Schreib doch ein Buch darüber.
5. Ich wünschte, ich wäre nur halb so originell wie du.
6. Holst du durch den Arsch Luft?
7. Sag mal, gehört eine Pinzette eigentlich zu den Zupfinstrumenten?
8. Bringt es was, wenn ich Ihnen ein Glas Schampus anbiete?

Ablenkende Zwischenfragen
1. Haben Sie schon einen Tannenbaum?
2. Heißen Teigwaren Teigwaren, weil sie vorher Teig waren?
3. Wozu brauchte man eigentlich Erdnüsse, als es noch keinen Fernseher gab?

4. Heute schon genickt?
5. Lieben Sie Brahms?
6. Wo ist Behle? (*Bruno Moravetz*)
7. Und wo ist der Bus?
8. Fällt Ihnen nichts anderes ein?

Wie man ein Gespräch am Laufen hält
1. Ich bin ganz bei dir.
2. Hast du gerade etwas gesagt?
3. Das sagt ja gerade der Richtige/die Richtige.
4. Würdest du das bitte einmal rückwärts sagen?
5. Ich verstehe Sie nicht – könnten Sie freundlicherweise etwas lauter sprechen?
6. Können wir nicht mal über was anderes reden?
7. Wir dürfen Äpfel nicht mit Birnen vergleichen.
8. Wie sind wir jetzt überhaupt darauf gekommen?
9. Lass uns mal darüber reden, wenn du wieder nüchtern bist.
10. Moment, noch mal von vorn.

Nicht ernst gemeinte Antworten auf die Frage »Und was machst du so beruflich?«
1. Alkoholiker
2. Nassforscher
3. Luftbefeuchter
4. Rauchmelder
5. Raufaserumstrukturierer
6. Schiffschaukelschubser
7. Teddybärstopfer
8. Zitronenfalter
9. Betriebsnudel
10. Spaghettiträger
11. Tortenheber
12. Maler und Landstreicher
13. Ich bin müde von Beruf
14. Von Beruf Sohn/Tochter
15. Darf ich Ihnen nicht verraten – Berufsgeheimnis.

Auf der Privatparty 277

Schlagfertige Retourkutschen auf blödsinnige Fragen
1. Nein, Vorsteher! (*Erwiderung auf*: Ist dein Vater Glaser?)
2. Alles was Beine hat – außer Tische. (*Erwiderung auf*: Ey, was geht'n, Digga?)
3. Nur wenn ich lache. (*Erwiderung auf*: Tut's weh?)
4. Nein, danke! Ich muss noch fahren. (*Erwiderung auf*: Zigarette?)
5. Nein, mit Perwoll gewaschen. (*Erwiderung auf*: Neu?)
6. Nee, unecht! (*Erwiderung auf*: Echt?)
7. Vorbeigehen und nett winken. (*Erwiderung auf*: Was macht die Liebe?)
8. Äbte mähen nie Heu. Mägde mähen Heu. Äbte beten. (*Erwiderung auf*: Mähen Äbte Heu?)
9. Gans – aber nur einmal im Jahr. (*Erwiderung auf*: Was ist dein Lieblingsvogel?)
10. Wenn ich Gesichter machen könnte, hättest du schon lange ein neues. (*Erwiderung auf*: Was machst du denn für ein Gesicht?)
11. Keine Ahnung, nie probiert. (*Erwiderung auf*: Kannst du Klavier spielen?)
12. Nicht dass ich wüsste. (*Erwiderung auf*: Gibt es was, was du nicht weißt?)

Für die Überraschungsparty
1. Ist es denn die Possibility? (*statt*: Möglichkeit)
2. Der Abend ist gerettet.
3. Je netter der Abend, desto später die Gäste.
4. Wir haben nichts, wir geben nichts, wir wollen nichts. (*scherzhaft*)
5. So'n phimosen Abend ham wa onanie jehabt. (*berlinerisch*)
6. Egal, Hauptsache, es knallt und macht bunte Bilder. (*Antwort auf*: Was wollt ihr trinken?)
7. Egal, Hauptsache, es brennt und macht schwindlig. (*dito*)
8. Da geht er hin und singt nicht mehr. (*wenn einer wortlos geht*)

Ausreden, wenn man eine Party vorzeitig verlassen möchte

1. Ich muss los. Ich hab noch Wurst im Auto.
2. Es ist schon schrecklich spät, und ich muss morgen schrecklich spät raus.
3. Ich kann meinen Hund nicht länger alleine lassen.
4. Mein Kätzchen schreit nach Milch.
5. Ich muss noch zu einer Gegenüberstellung bei der Polizei.
6. Sorry, mir fällt gerade ein, dass ich noch Trompetenunterricht habe.
7. Du lieber Himmel, es ist schon spät! Ich werde meinen Zug verpassen!
8. Hatte ganz vergessen, es ist ja Samstag. Hab noch was Dringendes vor.
9. Ich muss dringend ans Sterbebett einer alten Tante.
10. Herrje, so spät schon? Jetzt muss ich aber wirklich los.

In der Disco

Grundwortschatz für Türsteher

1. Du nich'.
2. Nur die Harten kommen in den Garten.
3. Geh auf der Autobahn spielen.
4. Diese Stadt ist zu klein für uns beide.
5. Schieß in' Wind.
6. Schieß in die Pilze!
7. Zisch in den Tabak.
8. Verpiss dich.
9. Zieh Leine und friss Klammern.
10. Schwirr ab.
11. Substrahier dir!
12. Mach 'n Abgang.
13. Abmarsch nach hinten.
14. Ab mit Rückenwind!
15. Jetzt mach mal den Rückwärtsgang rein und raus hier.

16. Okay, verpfeif you.
17. W-E-C-H – wech!

Gäste unter sich
1. Peace, Alter, ich wollte dich nicht dissen. (*statt:* diskriminieren)
2. Chill dich ab, Alder. (*statt:* Entspann dich.)
3. Alles Titte, Brigitte. (*statt:* Alles easy.)
4. Passt in mein Beuteschema. (*statt:* Genau meine Kragenweite.)
5. Kann ich dir einen Drink holen, oder willste lieber das Geld?
6. Lass uns mal eben stummelbumsen. (*eine Zigarette an einer brennenden Zigarette anzünden*)
7. Das ist extrem cool. (*statt:* saugut)
8. Lieber eine erregte Unbekannte als ein bekannter Erreger.
9. Lieber fünf vor zwölf als keine nach Mitternacht.
10. Lieber über Nacht versumpfen als im Sumpf übernachten.
11. Wer feiern kann, kann auch früh aufstehen.
12. Sorry, meine Labertasche klingelt. (*statt:* Mobiltelefon)
13. Resteficken ist angesagt. (*statt:* tote Hose)
14. Ich schieb voll den Depri. (*statt:* Ich bin deprimiert.)
15. Hier werde ich nicht alt.
16. Anfang ranzig! (*Erwiderung auf:* Wie alt bist du denn?)
17. Fix und vierzig. (*Erwiderung auf:* Und du?)
18. Lass uns ins Bumslokal gehen, noch ein paar Biere verhaften und ein paar Tanten einsammeln.
19. In diese komische Knilchbar kannst du alleine abschwirren.
20. Ich hab Hunger – lass uns noch eine kleine Öligkeit im Restaurant zur Goldenen Möwe picken. (*gemeint ist McDonald's*)
21. Nach dem Bier muss ich göbeln. (*statt:* sich übergeben)

Umgangsformen

Schlechtes Benehmen
1. Du hast ein Benehmen wie eine offene Hose.
2. Du benimmst dich wie die Axt im Walde.

3. Du benimmst dich wie ein Furz im Sieb.
4. Benimmt sich wie 10 Pfund Sülze auf nassem Asphalt.
5. Benimmt sich wie ein Gartenschlauch.
6. Benimmt sich wie eine nasse Badehose.
7. Benimmt sich wie eine offene Brause.
8. Benimmt sich wie Rotz am Ärmel.
9. Mucksch wie ein Postbeamter. (*statt:* wortkarg, unhöflich)
10. Manieren sind das! (*ironisch*)
11. Wie Lord Blumenkohl!
12. Das ist nicht die feine englische Art.
13. Benehmen ist Glückssache.

Gutes Benehmen
1. Ich bin eine Dame, Sie Arschloch!
2. Erlaubt ist, was nicht stört.
3. Ein anständiges Mädchen geht um 9 Uhr ins Bett, damit es um 10 Uhr zu Hause ist.
4. Man zeigt nicht mit dem nackten Finger auf angezogene Leute.
5. Dir bringe ich noch die Flötentöne bei.
6. Wenn wir dich nicht hätten und keinen Löffel, müssten wir die Suppe mit der Gabel essen. (*ironisches Lob bei ungebührlichem Verhalten bei Tisch*)
7. Wenn wir dich nicht hätten und keine kleinen Kartoffeln, müssten wir dauernd große essen. (*dito*)
8. Ich bin doch nicht dein Anstandswauwau.

Auf der Ü-30-Party
1. Wie wär's mit einer Tüte frischer Luft, hier ist ziemlicher Mief drin.
2. Gib mir noch mal so 'n Funghi al Tonno. (*statt:* Pils vom Faß)
3. Ich trinke heute mal nichts.
4. Ich muss morgen früh raus.
5. Wer kotzt, wischt.
6. Meinen Schlepptop hab ich immer dabei. (*statt:* Laptop)
7. Unterm Tisch ist auch auf der Party.

8. Man soll die Gäste feuern, wenn sie lallen.
9. Alles raus, was keine Miete zahlt.
10. Scheiße in der Lampenschale gibt gedämpftes Licht im Saale.
11. Grün kommen, blau gehen. (*Partymotto*)

Auf der Ü-50-Party
1. Auf alten Schiffen lernt man gut segeln.
2. Auf alten Pferden lernt man reiten.
3. Je älter die Frucht, desto süßer der Saft.
4. Komm, lass uns Mumienschubsen gehen. (*scherzhaft*)
5. Alte Scheunen haben große Tore.

In der Tanzschule

Grundlagen
1. Darf ich bitten, oder wollen wir vorher noch tanzen?
2. Darf ich bitten – oder tanzen wir später?
3. Der nächste Tanz ist wieder mit Musik.
4. Oh, Entschuldigung, ich wusste nicht, dass Sie schwanger sind. (*Erwiderung auf:* Ich tanze nicht mit kleinen Kindern.)
5. Ein Schritt vor, zwei zurück.
6. Mein lieber Schieber.
7. Nüchterne Menschen tanzen nicht.

Für den Ball der einsamen Herzen
1. Mein Drink fühlt sich einsam. Würden Sie ihm etwas Gesellschaft leisten?
2. Ihre krumme Nase passt zu meinen Segelohren. Lassen Sie uns gemeinsam durchs Leben fliegen: Ich habe das Flugzeug und Sie das Ruder.
3. Kommen Sie, wir gehen tanzen. Sie holen sich Ihr kleines Schwarzes, und ich rasier mir die Zunge. (*Tote tragen keine Karos*)
4. Ich bin ein Nachtschwärmer – am helllichten Tag bin ich kaum zu gebrauchen. (*Tanz der Vampire*)

5. Lieber feiern und Wein saufen als abwarten und Tee trinken.
6. Da sitzen Sie nun, Fräulein Karin, und hängen Ihren Erinnerungen nach, während das Leben an Ihnen vorüberrauscht. (*Friedrich Karl Waechter*)
7. Nur weil man auf der Suche nach einem Mann ist, muss man doch nicht verzweifelt sein. (*Schlaflos in Seattle*)
8. Schränke rücken. (*mit dicken Damen tanzen*)

Ringelpiez mit Anfassen
1. Musik? Ich tanze zu Alkohol.
2. Hoch das Bein!
3. Hau rein, Kapelle!
4. Polonäse Blankenese (*Gottlieb Wendehals*)
5. Was machst du mit dem Knie, lieber Hans, beim Tanz?
6. Tu ihn rein, is Cha-Cha-Cha. (*Udo Lindenberg*)
7. Du musst mit den Wimpern klimpern. (*Renate Kern*)
8. Volle Granate, Renate. (*Torfrock*)
9. Freut Eu-heuch des Leee-bens! Großmutter wird mit der Sense rasiert, alle-hes vergeee-bens, sie war nicht eingeschmiert. (*altes Volkslied*)
10. Klingeling, klingeling, hier kommt der Eiermann. (*Klaus & Klaus*)
11. Aber bitte mit Sahne. (*Udo Jürgens*)

Gemütliches Beisammensein

Am Kamin im Playboy Club
1. Immer mit der Ruhe und 'ner guten Zigarre.
2. Lieber gut leben als das Geld zum Arzt tragen.
3. Früher war ich eingebildet – jetzt bin ich perfekt.
4. Früher war ich immer pleite. Dann hab ich's mal mit Geld versucht.
5. Geld allein macht nicht glücklich. Es gehören auch noch Aktien, Gold und Grundstücke dazu. (*Danny Kaye*)
6. Siebzehn Mal hab ich's heut Nacht vollbracht. Und dann bin ich aufgewacht. (*F.W. Bernstein*)

7. Solange ich zwei gesunde Hände habe, kommt mir keine Frau ins Haus.
8. Lieber einmal mit Schneewittchen als siebenmal mit die Zwerge.
9. Langweilige Frauen haben blitzsaubere Küchen.
10. Schön und knitterfest sind die Frauen aus Budapest.
11. Man soll die Frau nicht vor dem Abend loben.
12. Schöne Tage soll man morgens loben, schöne Frauen abends.

Tiefschürfendes für den Männerabend
1. Ein Mann muss nur so schön sein, dass sein Pferd nicht scheut. (*Wiener Weisheit*)
2. Es gibt Leidenschaft, Anbetung, Liebe, aber niemals Freundschaft zwischen Mann und Frau. (*Oscar Wilde*)
3. Der Flirt ist die einzige Möglichkeit, einer Frau in die Arme zu sinken, ohne ihr in die Hände zu fallen. (*Sacha Guitry*)
4. Sex ist doch nur ein ewiges Auf und Ab.
5. Sex ist im Grunde genommen langweilig, außer man hat ihn. (*Ridley Scott*)
6. Ein Mann ohne Frau ist wie Spaghetti ohne Parmesan.
7. Die Männer, die mit Frauen am besten auskommen, sind dieselben, die wissen, wie man ohne sie auskommt. (*Charles Baudelaire*)
8. Frauen sind klüger und denken logischer, Männer romantischer. (*Loriot*)
9. Frauen sind wie Tee: Manchmal muss man sie ziehen lassen.
10. Frauen sind Luft für mich – und ohne Luft kann ich nicht leben.
11. Ich hab Glück bei den Frauen, mir gefällt jede.
12. Ein Mann, ein Wort – eine Frau, ein Wörterbuch.
13. Wiiiiilmaaa!! (*Fred Feuerstein*)

Schlaues für den Frauenabend
1. Durch nichts kann man Männer gefügiger machen als dadurch, dass man über ihre Witze lacht.
2. Heiraten Sie niemals einen Mann, der eine Börse für sein Kleingeld besitzt. (*Coco Chanel*)

3. Was zählt, sind nicht die Männer in meinem Leben, sondern das Leben in meinen Männern. (*Mae West*)
4. Einen Mann nehme ich nur mit ins Bett, wenn ich den Orgasmus hinauszögern will. (*Ulrike Steinke*)
5. Der ist nicht schwul, der ist doch verheiratet.
6. Er sieht zwar nicht gut aus, aber er küsst wie eine gesengte Sau. (*Friedrich Karl Waechter*)
7. Kalten Kaffee trinkt man nicht. (*wenn frau nichts mehr mit jemandem anfangen will, mit dem sie mal zusammen war*)
8. Aufgewärmte Suppen schmecken nicht. (*dito*)
9. Mit Socken durch die Wohnung schlurfen ist auch irgendwie putzen.
10. Männer sind Schweine – doch lieber ein Ferkel daheim als ganz alleine.
11. Männer sind wie Autos. Wenn man nicht aufpasst, liegt man ganz schnell drunter.
12. Männer sind wie Waschmaschinen. Erst drehen sie durch, dann spülen sie kräftig nach.
13. Kein Minirock über 45, kein tiefes Dekolleté über 35, nichts Bauchfreies über 25. (*Ellen Barkin*)
14. Zwischen meinem Pilates-Kurs, der Yoga-Klasse und der Ayurveda-Kur bleibt mir kaum Zeit für mich. (*Til Mette*)
15. Was haben Männer und Pizza gemeinsam? Man ruft an, und 10 Minuten später stehen sie heiß vor der Tür.
16. Wieso gibt es Männer? Weil ein Vibrator nicht Rasen mähen kann.
17. Wer ficken will, muss freundlich sein.
18. Wir lästern nicht – wir erörtern Tatsachen.
19. Männer können einparken – Frauen leben länger.
20. Die Männer sind auch nicht mehr das, was sie nie gewesen sind.
21. Kennste einen, kennste alle.
22. Was macht eine Frau morgens mit ihrem Arsch? Sie schmiert ihm 'ne Stulle und schickt ihn zur Arbeit.
23. Schweigen wir doch mal von einem anderen Thema.

Putzige Sprüche fürs Poesiealbum

1. In meinem Zimmer rußt der Ofen, in meinem Herzen ruhst nur du.
2. Der Kumpel von der Nachtschicht findet seinen Schlaf nicht.
3. Wer in der Jugend sein Geld in den Puff trägt, versäuft oder gar verkifft, der hat im Alter nie genug Geld für einen ›Lifta‹-Treppenlift. (*Horst Tomayer*)
4. Sei immer froh und heiter wie der Floh am Blitzableiter.
5. Lebe glücklich, lebe froh wie der Mops im Haferstroh.
6. Leb so glücklich und so froh wie der Floh in Mexiko.
7. Lache, und die Welt lacht mit dir. Schnarche, und du schläfst allein.
8. Mach es wie die Eieruhr, zähl die heit'ren Stunden nur. (*Arnold Hau*)
9. Der Pimmel und die Möse sind sich niemals böse.
10. In allen vier Ecken soll Liebe drin stecken.

12

»Warum einfach, wenn's auch kompliziert geht?«

Schule, Uni, Beruf und öffentlicher Dienst

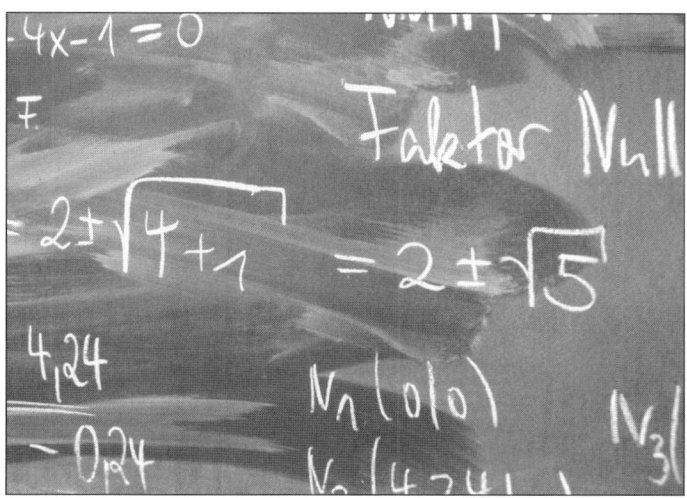

Schule

Im Unterricht
1. Lieber Schule als gar keinen Schlaf.
2. Wenn alles schläft und einer spricht, dann nennt der Mensch das Unterricht.
3. Lernen macht Spaß, aber wer versteht schon Spaß?
4. Müll kann man nicht trennen. (*hat nämlich nur eine Silbe*)
5. Hat einer die Null gewählt, dass du dich meldest?
6. Meinen Sie mir oder meinen Sie mich?
7. Mir und mich verwechsel ick nich, dit kommt bei mich nicht vor. (*berlinerisch*)
8. Rettet dem Dativ.
9. Kopfrechnen gut, Religion schwach.
10. Mathe ist ein Arschloch.
11. Hasen sind gute Mathematiker; Wurzelziehen können sie jedenfalls.
12. Würde ist nur ein Konjunktiv.
13. Genauso wie man's spricht.
14. Was ist flüssiger als Wasser? Hausaufgaben, die sind überflüssig!
15. Leichte Schläge auf den Hinterkopf erhöhen das Denkvermögen.
16. Das Denken soll man den Pferden überlassen, die haben den größeren Kopf.
17. Ach, wär ich doch Pilot. Da verginge die Zeit wie im Flug.
18. Heute ist der letzte Tag, heute wird Radau gemacht, Fenster, Türen aufgerissen und die Lehrer rausgeschmissen.
19. Als Ausnahmen merk dir genau: Der Milchmann und die Eierfrau! (*Merkspruch*)
20. Hefte raus, Klassenarbeit!

Erstklassige Sätze für den Besinnungsaufsatz im Deutschunterricht in der Oberstufe

1. Das Leben ist kein Pausenhof.
2. Das ist der Spagat zwischen Pony und Ackergaul.
3. Die Wolken ziehn dahin, sie ziehn auch wieder her, und in der Zwischenzeit trinke ich ein Bier. (*Wilhelm Genazino*)
4. Wo es was umsonst gibt, sind Lehrer nicht weit.
5. So ausgiebig hatte ich noch nie gekotzt, und das hat mein Leben für immer verändert. (*Homer Simpson*)

In der Haupt- und Grundschule

1. Wer nämlich mit h schreibt, ist dämlich.
2. Alle doof außer ich. (*statt*: mir)
3. Honk (*statt*: Hauptschüler ohne nennenswerte Kenntnisse)
4. Mit der Rechten sollst du schreiben, mit der Linken lass es bleiben.
5. Man gewöhnt sich an allem – auch am Dativ.
6. Wissen ist Macht. Ich weiß nix. Macht nix.
7. Tuten ist ein Hilfsverb, das man nicht brauchen tut.
8. Tuten tut der Nachtwächter. Und wenn er genug getutet hat, tut er seine Tute wieder in den Tutkasten rein.
9. Freie Sicht auf die Tafel – weg mit den Lehrern!
10. Es gibt zwei Gründe, Lehrer zu werden: Juli und August.
11. Ich wollt, ich wär ein Teppich. Dann könnte ich jeden Morgen liegen bleiben.
12. Ich will meinen Schnuller wiederhaben.
13. Kauf dich mal 'ne Tüte Deutsch!

Beim Elternsprechtag

1. Nun, ihr Kind ist nicht hochbegabt. Sie sind beide nur sehr, sehr dumm. (*Hauck & Bauer*)
2. Selig sind die Bekloppten, die keinen Hammer brauchen.
3. Dumm geboren und nix dazugelernt.
4. Lieber Rosinen im Kopf als Haare im Kuchen.
5. Lieber Sprüche klopfen als Steine klopfen.

Entschuldigungsbriefe an den Lehrer
1. Emma kann nicht zur Schule kommen, es kommt ihr oben und unten; wenn es nicht mehr kommt, kommt sie wieder.
2. Lucas ist gestern mit seiner Mutter nach Malle geflogen.
3. Jacqueline konnte nicht zum Unterricht erscheinen, sie hatte Nachhilfeunterricht.
4. Ben hat leider vor dem Schulgebäude keinen Parkplatz mehr gefunden.
5. Olaf hat Husten.

In der Benimmschule
1. Alter Adel – tausend Jahre nasse Socken.
2. Der Kavalier genießt und schweigt.
3. Willst du dein Feingefühl beweisen, wirf niemals mit dem Bügeleisen.
4. Ein gutes Frühstück ist besser als eine Tracht Prügel.
5. »Scheiße« sagt man nicht, davon geht die Bildung in den Arsch.
6. Bitte ein bisschen mehr Contenance.
7. Bon, sagte der Graf, denn er sprach perfekt Französisch.
8. Besser Fürst sein als Kaiser heißen.
9. Der Arsch gehört in die Hose.
10. Ede, benimm dir! (*berlinerisch*)

Beim Nachhilfeunterricht
1. Wer den Himmel auf Erden sucht, hat im Geographie-Unterricht geschlafen.
2. Einsilbig ist nicht einsilbig, sondern dreisilbig.
3. Einfaltspinsel gleich Ausfaltspinsel.
4. Oh Herr, lass Hirn regnen.
5. Dumm geboren, nichts dazugelernt und die Hälfte wieder vergessen.
6. In meinem kleinen Furz steckt mehr Talent als in deinem ganzen Körper.
7. Brot kann schimmeln, aber du kannst nix.
8. Du hast doofe Ohren.

9. Du hast es gut, du bist doof.
10. Du hast nicht keinen Schimmer vom Dunst einer Ahnung.
11. Manche lernen's nie, einige noch später.
12. Wer Pech hat, hat schon vor dem Abi Durchfall.

Beim Klassentreffen
1. Schöner Anzug. Gibt's den auch in deiner Größe?
2. Ich habe dich schon lange nicht mehr vermisst. (*ironisch*)
3. Du siehst noch genauso aus wie vor zwei Jahren, als du den Unfall hattest.
4. Früher warst du bildschön, heute bist du nur noch auf dem Bild schön.
5. Wenn ich dich sehe, denke ich: Gott hat meinen Humor.
6. Deine Klamotten sehen echt toll aus. Hast du sonst noch was auf dem Sperrmüll gefunden?
7. Schicker Anzug. Wohl ein holländisches Modell – Van der Stange?
8. Als Kind wurde ich bei jeder Gelegenheit rot. Heute bin ich bei jeder Gelegenheit blau.
9. Früher war ich Legastheniker. Nach der Rechtschreibreform wurde ich Verlagslektor.
10. Es gibt für mich nichts Erstaunlicheres als mich selbst. (*Honoré de Balzac*)
11. Mein Handy war in der Reinigung. (*Erwiderung auf:* Du hast dich ja lange nicht mehr gemeldet.)
12. Das beruht auf Gegenseitigkeit! (*Erwiderung auf:* Ich hab dich schon lange nicht mehr gesehen!)
13. Danke, ich werd's ausrichten. (*Erwiderung auf:* Ich freue mich, dich mal wiedergesehen zu haben.)

Erwachsenenbildung

Deutsch für Besserwisser
1. Ballerina = Revolverbraut
2. Belgrad = Lärmskala für Hunde

3. Bhagwan = Arbeitswut eines Konditors
4. Budapest = Ungelüftete Stube
5. Knochenmark = Währung für Hundesteuer
6. Literatur = Bierabfüllmaschine
7. Moskau = Öko-Kaugummi
8. Platitude = Weiblicher Discjockey
9. Pomade = Darmschmarotzer
10. Patronat = Munitionsmagazin
11. Spektakel = Dicker Hund
12. Taktik = Defekter Wecker
13. Tangente = Veralgter Wasservogel
14. Vollzugsanstalt = Heim mit undichten Fugen
15. Washington = Musizieren bei Körperpflege

Kiezdeutsch als Zweitsprache
1. Hast du Problem? (*statt:* Hast du ein Problem?)
2. Was guckst du? (*statt:* Bin ich Kino?)
3. Ich mach dich Messer. (*statt:* Ich greif dich an.)
4. Ich mach dich Krankenhaus. (*statt:* Ich mach dich fertig.)
5. Ich hab dem konkret Hunger. (*statt:* Ich bin hungrig.)
6. Machst du rote Ampel. (*statt:* Du gehst bei Rot über die Ampel.)
7. Morgen geh ich Viktoriapark. (*statt:* Morgen gehe ich in den Viktoriapark.)
8. Isch schwör dir ey, nehm ich Handy, weissdu. (*statt:* Ich rufe dich an.)
9. Mal konkret, Alder! (*statt:* Drück dich bitte etwas konkreter aus.)
10. Im Kino war so geil ey ischwör. (*statt:* Der Film war schön.)

Behördendeutsch
1. Spontanvegetation (*Unkraut*)
2. Straßenbegleitgrün (*Straßenbegrünung*)
3. Überständer (*alter Baum, der nicht mehr wächst*)
4. Nichtstörer (*jemand, der die öffentliche Sicherheit nicht gefährdet*)

5. Arbeitsplatzverdichtung (*Stellenabbau*)
6. Raufutter verzehrende Großvieheinheit (*Kuh*)
7. Nicht lebende Einfriedung (*Mauer, Zaun*)
8. Sichtschutz (*dito*)
9. Überfallsrecht (*Obst vom Nachbarn, das geerntet werden darf*)
10. Gehwegüberfahrt (*Toreinfahrt*)
11. Abgängige fußläufige Anwegung (*Gehweg in schlechtem Zustand*)
12. Querungshilfe (*Verkehrsinsel*)
13. Fahrradangebotsstreifen (*gestrichelter Radweg auf der Straße*)
14. Personenvereinzelungsanlage (*Drehkreuz*)
15. Sprachstandsfeststellungsverfahren (*Sprachtest für Kinder*)

Ausländisch für Anfänger
1. Ahallabadohnedach = Freibad (*arabisch*)
2. Allemalachen = Fotograf beim Gruppenbild (*dito*)
3. Bagdad! = Befehl eines Bäckers (*dito*)
4. Bibel = Nagetier (*chinesisch*)
5. Bravda = Gehorsamsbefehl für Hunde (*russisch*)
6. Espresso = Arbeitsbereich der Mafia (*italienisch*)
7. Fidel Castro = Geigenkasten (*kubanisch*)
8. Garibaldi = Schnellkochtopf (*italienisch*)
9. Helsinki! = Die Sonne ist weg! (*finnisch*)
10. Istanbul? = Steht da ein Polizist? (*türkisch*)
11. Machmahall = Tontechniker (*arabisch*)
12. Mannwadamahaada = Glatze (*dito*)
13. Rotterdam = Verdammter Linker (*niederländisch*)
14. Schnitzel = Holzarbeiter (*japanisch*)
15. Transistor = Langsame Schwester (*englisch*)

Beim Computerkurs in der VHS
1. Der Computer löst alle Probleme, die man ohne ihn nicht hätte.
2. Warum einfach, wenn es auch kompliziert geht?

3. Der Computer weiß nichts, er tut nur was.
4. Kaum macht's man richtig, schon geht's!
5. Computer können alles. Mich können sie kreuzweise.

Relativ schlechte Passwörter
1. Ich
2. Passwort
3. 123 456
4. 123 456 789
5. 12 345

Studium

Auf dem Campus
1. Germanistik studieren kann jedes Arschloch. (*Jörg Fauser*)
2. Immer Richtung Dichtung.
3. Biologie ist das, was lebt, Chemie kracht und stinkt – Physik nie gelingt.
4. Nicht alles, was stinkt, ist Chemie.
5. Wer kann, der macht, wer nicht kann, wird Lehrer.
6. Wer nichts wird, wird Betriebswirt.
7. Dem Philosoph ist nichts zu doof. Dem Ingenieur ist nichts zu schwör.
8. Lieber ein Geschwür am After als ein deutscher Burschenschafter.
9. Lieber heimlich schlau als unheimlich doof.
10. Ein Jurist ist ein schlechter Christ.
11. Der Student studiert, der Arbeiter arbeitet, der Chef scheffelt.
12. Ich bin dafür, dass wir dagegen sind.

In der Mensa
1. Es ist nicht so übel, wie es einem danach werden kann.
2. Der Student geht so lange zur Mensa, bis er bricht.
3. Ey, Digger, das ist ja voll leer hier.

4. Ein voller Schlauch studiert nicht gerne.
5. In der Truhe liegt der Saft. (*statt: In der Ruhe liegt die Kraft.*)
6. Hast du Tzatziki im Essen, kannst du flirten vergessen. (*Satz des Pitagyros*)
7. Wer Gulaschsuppe fälscht oder nachmacht oder gefälschte oder nachgemachte in Umlauf setzt, wird mit Zwiebelsuppe nicht unter zwei Portionen bestraft. (*Schild bei der Essensausgabe*)
8. Veganes Essen ist voll lecker. Man muss nur Hackfleisch und Sahne dazugeben und das Ganze mit Käse überbacken.
9. Vieles lässt sich dadurch verbessern, dass man es einfach mit Käse überbackt.
10. Ich bin froh, dass ich mein Essen nicht selbst jagen muss. Ich wüsste gar nicht, wo Pizzen leben.
11. Liebe Veganer, hört endlich auf, Pilze zu essen. Da wohnen Schlümpfe drin. (*für die Meckerrolle*)

Auf der Erstsemester-Party

1. Ohne Knete keine Fete.
2. Scheine kann man wiederholen – Partys nicht.
3. Nach der Schule beginnt der Ernst des Lebens.
4. Studieren geht über probieren.
5. Einbildung ist auch eine Bildung.
6. Wenn man Mathe kann, ist es gar nicht schwer.
7. Fremdwörter sind Glückssache.
8. Wer in Fremdwörtern nicht konfekt ist, sollte damit nicht tapezieren gehen.
9. Mit deinen Fremdwörtern kannst du mir überhaupt nicht importieren. (*statt: imponieren*)
10. Mit dir kann man super quatschen, wenn du den Mund hältst.
11. Super nice.
12. Ich denke, also bin ich hier falsch.

Bei der Prüfung

1. Gehirn, ich mag dich nicht und du mich nicht, aber wir müssen zusammenarbeiten. (*Homer Simpson*)

2. Was man nicht begreift, verlernt man nie.
3. Wer übt, kann nix.
4. Boah, ist das wieder ein Stretch. (*statt:* Stress)
5. Ich kann nicht nachdenken, wenn ich nicht liege. (*Truman Capote*)
6. Ich glaub, ich hab Tinnitus auf'm Auge – ich seh hier lauter Pfeifen.
7. Kann mir mal jemand das Wasser reichen?
8. Wenn man keinen Plan hat, einfach mal Scheiße labern.
9. Doof bleibt doof, da hilft kein Philosoph.
10. Wer viel redet, glaubt am Ende, was er sagt. (*Honoré de Balzac*)
11. Pi mal Schnauze übern Daumen.
12. Sorry für die Rechtschreibfehler, aber 20 Prozent meiner Finger sind Daumen.
13. Mach drei Kreuze. Vier Kreuze sind Doktor! (*wenn einer seinen Namen nicht richtig schreiben kann*)

Im Gesprächskreis
1. Die Weisheit läuft mir nach, aber ich bin schneller.
2. Das Hirn ist das am meisten überschätzte Organ. (*Woody Allen*)
3. Realität ist eine Illusion, die durch Alkoholmangel hervorgerufen wird.
4. Eine Lösung hätte ich schon, aber sie passt nicht zum Problem.
5. In der Theorie ist praktisch alles möglich.
6. In der Realität ist die Wirklichkeit ganz anders.
7. Alles, was Spaß macht, ist entweder unmoralisch, verboten oder macht dick.
8. Das ... äh ... is' ja hier jetzt nicht das Thema. (*Udo Martens*)
9. Das Leben ist wie eine Achterbahn: Mal wird dir schlecht, mal willst du noch mal fahr'n.
10. Was der Bauer nicht kennt, frisst er nicht.
11. Denken ist schwerer, als man denkt.
12. Erst warst du still, jetzt sagst du gar nichts mehr. (*an einen Schweigsamen gerichtet*)

Parolen für die Demo
1. Keine Macht für niemand!
2. Haut dem Springer auf die Finger.
3. Anarchie ist machbar, Frau Nachbar!
4. Arsch huh, Zäng ussenander! (*Kölner Platt für:* Arsch hoch, Zähne auseinander!)
5. Nieder mit der Schwerkraft, es lebe der Leichtsinn.
6. Rettet den Wald – esst mehr Biber!
7. Zinsen weg! Kredit für alle!
8. Ponys für alle!
9. Walrecht für Aale.
10. Weg mit der Abseitsfalle!
11. Heute wird gekratzt, wo es juckt!
12. Heute Disco, morgen Umsturz, übermorgen Landpartie. (*F.S.K.*)

Job

Auf dem Bau
1. Der Meister kann es kaum glauben: Mit dem Hammer kann man auch schrauben.
2. Ham wir kein Hammer, ham wir kein Zang – nemme mer de Isestang. (*Kölner Platt*)
3. Eine Schraube ohne Gewinde ist ein Nagel.
4. Eine eingenagelte Schraube hält besser als ein eingeschraubter Nagel.
5. Nach fest kommt ab. Nach ab kommt Arbeit.
6. Pssst, nicht so laut! Hier wird gebaut. (*Schild am Bauzaun*)
7. Keine Hektik, wir sind auf der Arbeit, nicht auf der Flucht.
8. Ich Chef, du Chef, keiner will die Karre schieben.
9. Kannste Karre schieben, kannste Arbeit kriegen.
10. Wer anderen eine Grube gräbt, hat ein Grubengrabgerät.
11. Man siebt sich. (*statt:* Man sieht sich.)
12. Fall nicht vom Gerüst. (*statt:* Mach's gut.)

Auf der Frauenbaustelle
1. Die Axt im Haus erspart das Zimmermädchen.
2. Wer anderen eine Grube gräbt, ist eine Bauarbeiterin.
3. Ziemlich trockene Luft hier, Chefin. Wie wär's mit einem Kasten Eierlikör? (*Achim Greser*)
4. Bleib gut und mach sauber. (*Variante zu:* Mach's gut und bleib sauber.)

Wenn eine Arbeit locker von der Hand geht
1. Es ist nicht zum Beineausreißen.
2. Es geht wie gepfiffen.
3. Eine meiner leichtesten Übungen.
4. Das kannste dir an den Knöpfen abzählen.
5. Das bezahle ich doch aus der linken Hosentasche.
6. Das kostet mich ein müdes Arschrunzeln.
7. Das kann ein altes Weib mit dem Stock fühlen.
8. Das kann meine Tante auch.
9. Das kann Lehmanns Kutscher auch.
10. Gewusst wie!

Im Forschungslabor
1. Versuch macht kluch.
2. Halb richtig ist meist ganz falsch.
3. Glaube keiner Statistik, die du nicht selbst gefälscht hast.
4. Ohne Planung keine Ahnung.
5. Planung bedeutet, den Zufall durch den Irrtum zu ersetzen.
6. Das schönste aller Geheimnisse: ein Genie zu sein und es als Einziger zu wissen.
7. Hokuspokus fidibus. (*wenn man eine Sache verblüffend einfach erledigt hat*)
8. Trick 17 mit Selbstüberlistung. (*dito*)
9. Der kann die das. (*Lob von Oma Jever*)
10. Genie ist die Fähigkeit, das Offensichtliche zu sehen. (*Nora Mars*)
11. Unmögliches wird sofort erledigt, Wunder dauern etwas länger.

12. Ihre Theorie ist verrückt, aber nicht verrückt genug, um wahr zu sein. (*Niels Bohr*)
13. Immer noch nicht entdeckt ist der Erreger der Komik. (*F.W. Bernstein*)

Redewendungen, wenn jemand besonders verrückte Einfälle hat
1. Von hinten durch die kalte Küche.
2. Keine Idee von einer!
3. Idee von Einstein
4. Humfug! (*Verballhornung mit Humbug und Unfug*)
5. Raffitückisch! (*Verballhornung mit raffiniert und tückisch*)
6. Fimmel mit Freilauf und ohne Rücktritt
7. Verrückt und drei sind sieben.
8. Drei mal drei ist Donnerstag, und Freitag gibt's Geld.
9. Ein Kaninchen aus dem Hut gezaubert.
10. Das ist die beste Erfindung seit geschnitten Brot.
11. Ein guter Einfall ist wie ein Hahn am Morgen: Gleich krähen die anderen Hähne mit.

Im Büro
1. Es gibt viel zu tun – heften wir's ab.
2. Es gibt nichts, was sich nicht durch längeres Liegenlassen von selbst erledigt.
3. Was lange ruht, wird meistens gut.
4. Nichts ist eiliger, als dass es durch längeres Liegenbleiben nicht noch eiliger wird. (*Robert Gernhardt*)
5. Sitzen ist für 'n Arsch.
6. Typisch für faule Eier ist zu langes Rumliegen.
7. Bist du schon wieder auf YouPorn?
8. Bin kein Tintenfisch, hab nur zwei Arme.
9. Stress ist alles, was nicht Kaffeepause ist.
10. Arbeitszeit ist Leistungszeit und die Pause kein Gummiband.
11. Die Summe der Pausen darf die Arbeitszeit nicht überschreiten.
12. Wer sich zuerst bewegt, hat verloren.

13. Wer Ordnung hält, ist nur zu faul zum Suchen.
14. Tauche deinen Füller nie in Firmentinte. (*statt:* Fange keine Affäre mit einer Kollegin an.)
15. Lieber eine breit lächelnde Sekretärin als einen engstirnigen Chef.
16. Lieber in der Woche faulenzen als sonntags arbeiten.
17. O Herr, lass Freitag werden – Montag wird's von selbst.
18. Der Arbeitstag beginnt um sieben; doch nicht, wenn du im Bett geblieben.
19. Die ersten fünf Tage nach dem Wochenende sind die schlimmsten.
20. Die Arbeit ruft, aber ich kann ja nicht überall sein.

Wenn man zu spät zur Arbeit kommt
1. Streikt morgens der Mercedes, dann gehst du per pedes.
2. Sorry für die Verspätung, aber die Zeit war einfach schneller.
3. Ich brauche einen neuen Wecker, meiner klingelt immer, während ich schlafe.
4. Ich hatte noch Stepptanzunterricht. Es hat etwas länger gedauert als sonst.
5. Entschuldigen Sie meine Verspätung, ich bin in eine Autopanne getreten. (*Fred Feuerstein*)

Am Computer
1. Ich habe nichts gemacht.
2. Für Inkompetenz sind bei uns ganz andere zuständig.
3. Programmieren ist wie küssen. Man kann darüber reden, man kann es beschreiben, aber man weiß erst, was es bedeutet, wenn man es getan hat.
4. Ein Programm, das fehlerfrei läuft, ist längst überholt.
5. Jedes Programm, das funktioniert, wird nicht mehr gebraucht.
6. Wenn nichts mehr funktioniert, lies endlich die Gebrauchsanweisung.
7. Google hat auch sonntags offen.
8. Vier Megapixel sind zu wenig.

9. Der Link funzt. (*statt:* funktioniert)
10. Ich habe meine Ernährung umgestellt: Die Kekse stehen jetzt links vom Computer.

Abkürzungen im deutschsprachigen Netzjargon
1. ASAP (*für:* As soon as possible = So bald wie möglich.)
2. LOL (*für:* Laughing out loud = lautes Lachen)
3. OMFG (*für:* Oh my fucking god! = Ach, du heilige Scheiße!)
4. LG (*für:* Liebe Grüße.)
5. BTW (*für:* By the way.)
6. PLONK (*für:* Please leave our newsgroup, kid = Bitte verschwinde aus unserer Newsgroup, Kid.)
7. ROTEFL (*für:* Rolling over the floor laughing = Ich kringel mich lachend auf dem Boden.)
8. WTF (*für:* What the fuck = Was zum Teufel.)
9. YMMD (*für:* You made my day = Du hast meinen Tag gerettet.)
10. CUL (*für:* See you later = Bis später.)
11. 2F4Y (*für:* Too Fast For You = Zu schnell für dich.)
12. FU (*für:* Fuck you = Fick dich.)
13. C & P (*für:* Copy & paste = Kopieren & einfügen.)
14. IMO (*für:* In my opinion = Meiner Meinung nach.)
15. HAND (*für:* Have a nice day = Schönen Tag noch.)

Was Praktikanten in der Medienbranche sagen können
1. Hast du mal eine Minute?
2. Das sollten wir ganz oben auf die Agenda setzen.
3. Kannst du mich kurz noch mal briefen? (*statt:* informieren)
4. Mail an Armin ist raus.
5. Der/Die ist im Meeting. (*statt:* zu Tisch)
6. Ich hab es auf allen Kanälen versucht.
7. Da warte ich noch auf Response. (*statt:* Antwort)
8. Wenn du magst, kann ich dir das mal forwarden. (*eine E-Mail, die man selbst bekommen hat, an einen weiteren Empfänger weiterleiten, wobei man das Original behält und nur eine Kopie verschickt*)

9. Das muss aber jetzt in diesen Räumen bleiben.
10. Wollen wir das nicht beim Lunch besprechen? (*statt:* beim Mittagessen)
11. Voll gut … und ich sage das nicht, weil ich drauf bin.
12. Wann ist eigentlich die Deadline? (*statt:* Abgabetermin, Stichtag)
13. Das hatte ich nicht in der Pipeline. (*statt:* auf dem Schirm)
14. Das lief suboptimal. (*statt:* schlecht)
15. Das nächste Mal werde ich das früher kommunizieren.
16. Morgen komme ich später rein.

In der Werbeagentur
1. Der Kunde ist König.
2. KISS – Keep it simple, stupid!
3. Der Wurm muss dem Fisch schmecken, nicht dem Angler.
4. Break the rules.
5. Speak with one voice.
6. Macht euch frei, seid völlig locker, denkt in alle Richtungen.
7. No risk, no fun.
8. Ein gutes Briefing ist die Mutter einer guten Kampagne.
9. Das müssen wir erst noch auskaspern.
10. Kill your darlings.
11. Nur mal so in die Tüte gesprochen.
12. Da geht noch was.
13. Sex sells.

Bei der Agentur für Arbeit (früher: Auf dem Arbeitsamt)
1. Wie kommt es, dass am Ende des Geldes noch so viel Monat übrig ist?
2. Wer nichts tut, weiß nie, wann er fertig ist.
3. Drei Dinge braucht der Mensch – Arbeit war nicht dabei.
4. Solang der Arsch noch in die Hose passt, wird keine Arbeit angefasst.
5. Arbeit fasziniert mich. Ich könnte stundenlang zusehen.
6. Arbeit zieht Arbeit nach sich.
7. Hoch lebe die Arbeit, so hoch, dass keiner rankommt.

8. Lieber 'nen Bauch vom Trinken als 'nen Buckel vom Arbeiten.
9. Lieber arbeitslos als gar nichts los.
10. Wenn schon arbeitslos, dann wenigstens in einem Beruf, der Spaß macht.
11. Keine Arbeit ist so dumm, dass man damit nicht Geld verdienen kann.

Beim Vorstellungsgespräch
1. Ich suche keine Arbeit, sondern eine Stelle.
2. Ich stehe das ganze Jahr früh auf, nur nicht morgens.
3. Ich würde meine Fehler ja zugeben, wenn ich welche hätte.
4. Schicken Sie mir doch einen Fragebogen, wenn meine Lebensgeschichte Sie interessiert.
5. Früher habe ich mich vor der Arbeit gedrückt, heute könnte ich stundenlang zuschauen.
6. Wenn ich die Kraft hätte, würde ich gar nichts machen.

Gute Beziehungen haben
1. Vitamin B
2. Man kennt sich, man hilft sich. (*statt.*: Kölscher Klüngel)
3. Wer den Papst zum Schwager hat, kann leicht Kardinal werden.
4. Wer eine schöne Schwester hat, bekommt leicht einen Schwager.

Bei der Powerpoint-Präsentation
1. Bist du drin in der EDV, kennt deine Daten jede Sau.
2. Ich habe keine Lösung, aber ich bewundere das Problem.
3. Das Problem ist ein Problem, und das ist das Problem.
4. Drei Dinge braucht der Statistiker: erstens, zweitens, drittens.
5. Die Wissenschaft hat festgestellt, dass der Arsch die Beine hält.
6. Der Computer ist die Antwort. Wie war eigentlich die Frage?

Handwerk hat goldenen Boden

Holzbau
1. Holz muss arbeiten.
2. Wie der Schreiner kann's keiner.
3. Der Schreiner arbeitet auf Millimeter, der Zimmermann auf Zentimeter, und beim Maurer musst du aufpassen, dass er auf dem Gelände bleibt.
4. Die Säge und den Schwanz benutzt man immer ganz.
5. Die Säge ist ganz bezahlt. (*wenn der Azubi die Säge nur zur Hälfte benutzt*)

Maurer
1. Zement mal! (*statt*: Moment mal!)
2. Ich bin Maurer, kein Uhrmacher.
3. Ein Zentimeter ist kein Maß.
4. Was man nicht im Kopf hat, holt der Azubi.
5. 25 Dinge braucht der Maurer: Kiste Bier und 'ne *Bild*.

Maler und Lackierer
1. Rosa ist Rot zum Aufwärmen.
2. Das ist nichts Gelbes und nichts Ganzes.
3. Nichts ist gelber als Gelb selber.
4. Lila ist der letzte Versuch.
5. Heute blau und morgen blau. (*scherzhaft*)
6. Mir ist egal, welche Farbe – Hauptsache Schwarz.
7. Ein guter Anstrich ist das halbe Renommee.
8. Den Rest bringt der Putz.

Fliesenleger und Fuger
1. Wo nichts ist und soll was sein, schmieren wir Silikon hinein.
2. Silikon macht das schon.
3. Schaum und Silikon ersetzt die Präzision.
4. Schaum ist Beton aus der Dose.
5. Gips kost' nix.

Schlosser und Schweißer

1. Gewaltig ist des Schlossers Kraft, wenn er mit der Verläng'rung schafft.
2. Schon der Alte Fritz spricht: Kalte Kolben löten nicht.
3. Loch an Loch hält doch. Den Rest macht die Farbe.
4. Toleranz ist, wenn die Schraube durchs Loch fällt.
5. Ungeschicktes Fleisch muss weg. (*wenn man sich verletzt hat*)

Klempner

1. So funktioniert das nicht.
2. Das muss alles raus.
3. Was tagsüber geklemmt wird, wird abends verlötet. (*Sinnspruch*)

Elektriker

1. Da ist Suppe drauf. (*bzw.* Saft)
2. Ihr da Ohm, macht doch, Watt ihr Volt. (*Wortspiel*)
3. Morgens mit Hochspannung aufstehen, mit Widerstand zur Arbeit gehen, den ganzen Tag mit dem Strom schwimmen, abends geladen nach Hause kommen, an die Dose fassen und einen gewischt kriegen.
4. Wenn ich nicht mehr weiterweiß, schließ ich plus an minus an.
5. Rot ist blau, und plus ist minus.

Gärtner

1. Der Baum hat Äste, das ist das Beste. Denn wäre er kahl, dann wär's ein Pfahl.
2. Alte Bäume lassen sich nicht biegen.
3. Blumen, die nicht wachsen, nennt man Wachsblumen. (*scherzhaft*)
4. Ärzte können ihre Fehler begraben, aber ein Architekt lässt Efeu pflanzen.

Aufforderungen, mit denen man prima Azubis und Praktikanten foppen kann

1. Hol mal die Stornoschere. (*Versicherungswesen*)
2. Hol mir mal einen Siemens-Lufthaken. (*Gerüstbau*)
3. Hol mir mal die Gewerbesteuermesslatte. (*Finanzamt*)
4. Ach, und wenn du schon bei der Bank bist, bring doch bitte noch Steuerhinterziehungsformulare mit. (*Steuerfachgehilfe*)
5. Geh mal eben zur Werkzeugausgabe, hol einen Magnetbesen und mach die Späne damit weg. (*Schlosserei*)
6. Besorg mir mal einen Böschungshobel. (*Gartenbau*)
7. Hol mal Noten für das Nebelhorn. (*Christliche Seefahrt*)
8. Besorg dir einen 17er Putzlappen beim VU. (*Grundwehrdienst*)
9. Hol mal die Wasserstrahl-Biegezange aus'm Schuppen. (*Gas-Wasser-Sanitär*)
10. Hol mal Bremsbackenöl. (*Kfz-Betrieb*)
11. Besorg uns mal 'ne Kolbenrückholfeder. (*Kfz-Betrieb*)
12. Hol mal ein Kilo Haumiblau aus der Apotheke. (*Krankenpflege*)
13. Geh mal ins Labor und hol einen Behälter Ovidum. (*Chemiebetrieb*)
14. Hol mir mal das Augenmaß und den Kurvenhammer. (*Baugewerbe*)
15. Hol mir mal Gewichte für die Wasserwaage. (*Tischlerei*)
16. Hey, Stift, geh mal ins Magazin und hol mal einen Eimer für den Spannungsabfall. (*Elektrobetrieb*)
17. Häng mal die Spaghetti zum Trocknen auf. (*Großküche*)
18. Geh doch mal in die Wirtschaft gegenüber und hol Bierschaumfestiger. (*Gastronomie*)
19. Besorgen Sie sich bitte einen Rahmen für das große Blutbild. (*Arzt im Praktikum*)
20. Hol mal ein WLAN-Kabel. (*Informationstechnik*)
21. Geh mal eben schnell zur Tanke und hole Bläschen für die Wasserwaage. (*Maurerhandwerk*)

Auf der Post

Grundsätzliches

1. Briefe niemals mit »Ich« anfangen.
2. Weiber schreiben lieber lange als viele Briefe.
3. Lange Briefe schreibt man nur, wenn man keine Zeit hat, kurze zu schreiben.
4. Um einen Liebesbrief zu schreiben, musst du anfangen, ohne zu wisssen, was du sagen willst, und endigen, ohne zu wissen, was du gesagt hast. (*Jean-Jacques Rousseau*)
5. Schreib mal wieder.
6. Keine Antwort ist auch eine Antwort.
7. Briefe zu schreiben ist die schönste Art, seine Zeit zu vergeuden.
8. Jeder muss sein Päckchen tragen.
9. Dein Kopf auf der Briefmarke, und die Post geht pleite.
10. Fall nicht in den Briefkasten. (*statt:* Pass gut auf dich auf.)

Grußformel im Brief (freundlich)

1. Tschüssi mit üssi.
2. Tschüsselchen.
3. Tschüsschen mit Küsschen!
4. Mit feurigen Grüßen. (*statt:* MfG.)
5. Grüne Schöße. (*statt:* Schöne Grüße.)
6. Grüßen Sie München von mir. (*einfach so*)
7. Grüß die Hühner! (*dito*)
8. Küss die Möhre. (*Wortspiel mit:* Habe die Ehre und Küss die Hand.)
9. Ich küsse Ihren Hund, Madame! (*statt:* Ich küsse Ihre Hand, Madame!)
10. Mach's gut, Knut.
11. Lass von dir hören, Sören.
12. Bis dann, Jan.
13. Gruß und Kuss, dein Julius.
14. Schönes Jochenende und bis Peter. (*statt:* Schönes Wochenende und bis später.)

15. Schönes WE! (*Kürzel für »Wochenende«*)
16. W wie weg.

Grußformel im Brief (unfreundlich)
1. Hochachtungsrandvoll.
2. Mit fürzüglicher Missachtung.
3. Untertänigste Detonation.
4. Hässliche Grütze. (*statt:* Herzliche Grüße.)

Auf Ämtern allgemein

1. Fünf Minuten dumm stellen erspart oft eine Stunde Arbeit.
2. Willst du Butter von den Behörden, schicke Milch auf dem Dienstweg.
3. Wo wir sind, klappt nichts, aber wir können nicht überall sein.
4. Wir sind zu allem bereit, aber zu nichts zu gebrauchen.
5. Wir wissen zwar nicht, wo es langgeht, aber wir werden uns trotzdem beeilen.
6. Wenn man nicht mehr weiterweiß, bildet man 'nen Arbeitskreis.
7. Niemand ist perfekt – und Niemand arbeitet hier nicht.
8. Dienst ist Dienst, Schnaps ist Schnaps.
9. Gelacht, gelocht, abgeheftet.
10. Im Büro statt Konfetti einfach mal den Locher schmeißen ...
11. Legen Sie das in die Rundablage. (*statt:* Werfen Sie es in den Papierkorb.)
12. Freitag ab eins macht jeder seins.
13. Jeder hat frei, Freitag ab zwei.

Im Fundbüro
1. Ich finde alles Scheiße. Wo ist das Fundbüro?
2. Da ist ja das Schreiben von der IFAG Mannheim. (*Loriot*)
3. Auch ein gut gehendes Fundbüro ist ein Verlustgeschäft.
4. Das ist nicht meins!
5. Vielen Dank, beehren Sie uns bald wieder.

Im Bundestag

1. Der Aufschwung ist da.
2. Die Rente ist sicher.
3. Die Lage ist hoffnungsvoll, aber verzweifelt.
4. Die Lage ist hoffnungslos, aber nicht ernst.
5. Mir nach – ich folge euch.
6. Ich verspreche nichts, und das halte ich auch.
7. Wer glaubt, dass Volksvertreter das Volk vertreten, der glaubt auch, dass Zitronenfalter Zitronen falten. (*Zwischenruf von der Besuchertribüne*)
8. Vertrauen Sie mir. Ich weiß, was ich tue. (*Sledge Hammer*)
9. Ich will nur, dass alle glücklich werden, besonders ich.
10. Wo ich bin, herrscht Chaos, aber ich kann ja nicht überall sein.
11. Ich nehme alles zurück und behaupte das Gegenteil.
12. Was kümmert mich mein Geschwätz von gestern?

Bei der Bundeswehr

1. Wenn ich sage »Stillgestanden!«, dann rührt sich kein Sackhaar.
2. Es ist kein Mensch, es ist kein Tier – es ist ein Panzergrenadier.
3. Einmal in Richtung Horizont wegtreten, hörbar abklatschen, danach bei mir melden.
4. Können Sie lesen? Dann lesen Sie mal das Papier auf dem Boden auf.
5. Habe ich etwa Heiterkeit befohlen?
6. Auch auf kurzen Strecken werden die Arme angewinkelt.
7. Wo kein Schnee liegt – Dauerlauf!
8. Sprung auf, marsch, marsch!
9. Wenn ich »Marsch! Marsch!« rufe, meine ich damit, dass das Geklapper der Feldflaschen in einen einheitlichen Pfeifton übergeht.

10. Abstand zum Vordermann genau 80 Zentimeter, 81 Zentimeter ist fahnenflüchtig, 79 Zentimeter ist schwul.
11. Wenn ich »Wegtreten!« sage, will ich zwei Kondensstreifen an Ihren Ohren sehen.
12. Ohne Zweck, marsch!
13. Ohne Meldung.
14. Tür zu, wir heizen nicht für die Luftwaffe.
15. Läuft rum wie ein Yeti. (*wenn ein Soldat die Haare nicht kurz genug trägt*)
16. Solang das Blut nicht im Stiefel schwappt, wird marschiert.
17. Ein Soldat schläft nicht – er ruht, und das nur mit einem Auge.
18. Ich bin die Mutter der Kompanie, aber wehe, es sagt einer Mutti zu mir.
19. Weggetreten! Schuhputz verbessern! Zeitansatz: beliebig, jedoch nicht länger als 30 Sekunden.
20. Alle Soldaten riechen nach Wasser: die vom Heer nach Grundwasser, die von der Marine nach Seewasser, die von der Luftwaffe nach Rasierwasser.
21. Feuer frei! (*Raucherlaubnis erteilen*)

13
»Knietief im Dispo«
Geld und Finanzen

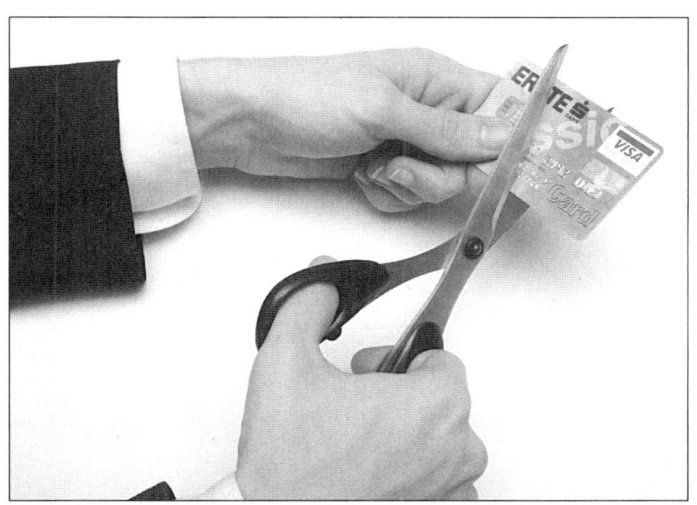

Saloppe Ausdrücke für Geld

1. Kohle
2. Knete
3. Kracher
4. Patte
5. Flocken
6. Öcken
7. Kröten
8. Schleifen
9. Bimbes
10. Chips
11. Marie
12. Mäuse
13. Puseratze
14. Pieselotten
15. Penunsen
16. Moneten
17. Euronen
18. Eier
19. Tacken
20. Lewonzen
21. Zaster
22. Schotter
23. Steine
24. Kies
25. Asche

In der Schlange am Geldautomaten

1. Bargeld lacht.
2. Schon wieder Geld, von dem die Frau nichts weiß. (*scherzhaft*)

3. Lass mir aber auch noch was drin. (dito)
4. Das Konto hat diesen Monat für beendet erklärt. (Nachricht auf dem Display vom Geldautomaten)

Geldangelegenheiten

Allgemein
1. Geld stinkt nicht, riecht bloß komisch.
2. Geld wird überbewertet.
3. Mühsam ernährt sich das Eichhörnchen. (statt: Das Leben ist hart.)
4. Bei Geld hört die Freundschaft auf den Namen Waldi. (scherzhaft)
5. Bei Spaß hört das Geld auf. (dito)
6. Geld allein macht nicht glücklich, aber beruhigt doch ungemein.
7. Geld allein macht nicht glücklich, aber es beruhigt, wenn man Hunger hat.
8. Geld allein macht nicht glücklich, man muss sich auch was dafür kaufen können.
9. Jeld alleene macht nich' glücklich; man muss ooch wat haben. (berlinerisch)
10. Spare in der Schweiz, so hast du in der Not.
11. Spare in der Not, dann hast du auch Zeit dazu.
12. Geld wird nur zum Problem, wenn man entweder zu viel oder zu wenig hat.

Börsenweisheiten
1. Wer gut essen will, kauft Aktien; wer gut schlafen will, kauft Anleihen. (André Kostolany)
2. Börsenkurse sind wie Stöckelschuhe: je höher, desto besser.
3. Kaufen, wenn die Kanonen donnern.
4. Kaufe bei Gerüchten, verkaufe bei Fakten.
5. Kaufe, wenn alle verkaufen.
6. Verkaufe im Mai und fahre in den Urlaub.

7. Greife nie in ein fallendes Messer. (*statt:* Nicht bei steil fallenden Kursen kaufen.)
8. Hin und her macht Taschen leer.
9. Pinkle niemals gegen den Wind.
10. Investiere bei einem Goldrausch nicht in die Goldgräber, sondern in Schaufeln. (*André Kostolany*)
11. Wer sich nach den Tipps von Brokern richtet, kann auch einen Friseur fragen, ob er einen neuen Haarschnitt empfiehlt. (*Warren Buffett*)
12. An der Börse kann man 1000 Prozent gewinnen, aber nur 100 Prozent verlieren.
13. Die ganze Börse hängt nur davon ab, ob es mehr Aktien gibt als Idioten oder umgekehrt. (*André Kostolany*)
14. Man sollte nur in Firmen investieren, die auch ein absoluter Vollidiot leiten kann, denn eines Tages wird genau das passieren. (*Warren Buffett*)
15. Sofort alles verkaufen!

Ausrufe, wenn man im Lotto sechs Richtige hat mit Superzahl (Jackpot)

1. Nun kriegt der Hund junge Katzen.
2. Mehr Glück als Verstand.
3. Das ist der Oberhammer!
4. Da hat sich das Aufstehen ja heute gelohnt. (*ironisch*)
5. Also gibt es doch einen Gott – wenigstens für mich. (*dito*)
6. Da boxt der Papst im Kettenhemd.
7. Annemie, isch kann niet mieh! (*Kölner Platt für:* Annemarie, ich kann nicht mehr!)
8. Lotte, halt das Brett fest, ich komm ins Rutschen.
9. Ich glaub, mein Hamster bohnert.
10. Ich glaub, mein Helm brennt.
11. Du denkst, das gibt es nicht – und dann gibt es das doch.
12. Lieber einen Sechser im Lotto als einen Achter im Fahrrad.
13. Was kostet die Welt? Und wann können Sie liefern?

Reich sein

1. Über Geld spricht man nicht, Geld hat man.
2. Geld verdient man nur, wenn man es ausgibt.
3. Geld muss arbeiten.
4. Man darf dem Geld nicht hinterherrennen, sondern muss ihm entgegenkommen.
5. Wer den Pfennig nicht ehrt, ist des Talers nicht wert. *(veraltet)*
6. Zuerst muss man ein paar Taler sparen. Die tut man auf die Bank. Ersparnisse erfreuen das Herz des Bankdirektors. In seiner Freude legt er noch etwas dazu ... *(Dagobert Duck)*
7. Das ist der Neid der Besitzlosen. *(wenn das Konto voll ist)*
8. Was bedeutet schon Geld? Ein Mensch ist erfolgreich, wenn er zwischen Aufstehen und Schlafengehen das tut, was ihm gefällt. *(Bob Dylan)*
9. Ich bin reich und ich bin arm gewesen, und glaubt mir: Reich ist besser. *(Joe E. Lewis)*
10. Reich sein ist wunderbar. *(Deng Xiaoping)*
11. Die Reichen sind weiterhin wohlauf; sie haben schon immer einen Dreh gefunden, das System zu melken. *(Charles Bukowski)*
12. Es kommt nicht darauf an, ob man arm oder reich ist. Nur Geld muss man haben.
13. Wer hat, der hat.

Armut ist keine Schande

1. Das Einzige, was man ohne Geld machen kann, sind Schulden.
2. Lieber viele Schulden als gar kein Geld.
3. Womit ich kein Geld verdiene, ist meiner Frau egal.
4. Mein Geldbeutel hat die Schwindsucht.
5. Mir geht die Luft aus der Brieftasche.
6. In meiner Kasse herrscht Ebbe.
7. Ich stecke in der Bretagne. *(statt: Bredouille)*
8. Ich bin in den Miesen.
9. Das Hemd reicht nicht aus.

10. Knietief im Dispo. (*Fehlfarben*)
11. Nur Cash macht fresh.
12. Einem nackten Seemann kann man nicht in die Tasche greifen.
13. Arm sein ist keine Schande, wenn man nur genug Geld hat.
14. Geld wird nur dann zum Problem, wenn man entweder zu viel oder zu wenig hat. (*Charles Bukowski*)
15. Ich habe drei Kinder und kein Geld. Ich hätte lieber keine Kinder und drei Geld. (*Homer Simpson*)
16. Es ist schon unangenehm genug, knapp bei Kasse zu sein. Aber dann auch noch rechnen müssen … (*Nestor Burma*)
17. Ich hatte Geld, war reich und sah extrem gut aus. Dann klingelte der Wecker.

In der Bank

1. Ist der Bauer völlig blank, gehört sein Hof wohl bald der Bank.
2. Die Phönizier haben das Geld erfunden – nur leider zu wenig. (*Johann Nepomuk Nestroy*)
3. Ich hänge mich auf, wenn alle Stricke reißen.
4. Ich nehme einen vergifteten Strick und erschieße mich da, wo das Wasser am tiefsten ist.
5. Zeit ist Geld – und Geld hab ich nicht.
6. Lieber Kleingeld als kein Geld.
7. Ohne Moos nix los.

Beim Banküberfall

Wenn man eine Bank überfällt

1. Hände hoch – ich bin Achselfetischist! (*Danny Wilde*)
2. Pfoten hoch!
3. Hände hoch oder auch nicht!
4. Lass mal die Kohle rüberwachsen, Alter.
5. Lass rüberwachsen die Schore.

6. Rück die Tatas rüber. (*im Ruhrgebiet*)
7. Kannst du auf 9 mm rausgeben?
8. Bar auf die Kralle!
9. Die großen Scheine und alle zu Papi.
10. Her mit der Marie!
11. Her mit den Piepen!
12. Wenn ich aus einer Bank rausgehe und nicht mindestens fünf Riesen in der Tasche habe, fühle ich mich als Versager. (*Bankräuber Jack Foley, Figur von Elmore Leonard*))
13. Du erreichst viel mehr mit einem freundlichen Wort und einem Gewehr als mit einem freundlichen Wort allein. (*Al Capone*)

Nach dem Banküberfall in der Untersuchungshaft
1. Sie machen einen großen Fehler.
2. Lieber herzhaft als Untersuchungshaft.
3. Ich kenne meine Rechte.
4. Ich geh im Knast zugrunde.
5. Man hat mich reingelegt.
6. Ich bin unschuldig wie frisch gefallener Schnee. (*bzw.* wie ein Nachtgebet)
7. Ich war jung und brauchte das Geld.
8. Alles klar, Herr Kommissar?!
9. Bitte, Sie müssen mir glauben!
10. Hören Sie, ich kann alles erklären.
11. Sie sind ja verrückt!
12. Ihr seid ja alle wahnsinnig!

Beim Rechtsanwalt
1. Wer nichts wird, wird Wirt. Wem auch dieses nicht gelungen, der handelt mit Versicherungen. Wem selbst jenes noch zu schwer, der wird Gewerkschaftssekretär. Und wer auch das nicht schnallt, wird Rechtsanwalt.
2. Setz dich, nimm dir 'n Keks, mach's dir schön bequem ... – du Arsch!! (*Das Leben des Brian*)
3. Das Leben ist kurz. Antworten Sie nur auf meine Fragen.

4. Das kommt gleich nach dem Pferdestehlen. (*veraltet für:* Das ist eine höchst widerwärtige Sache.)
5. Ich bereue gar nichts, tut mir echt leid.

Im Knast
1. Zu Kaffee und Kuchen eingeladen sein. (*ironisch für:* »Wasser und Brot«)
2. Handschellen sind das beste Abführmittel.
3. Einen gefährlichen Gegner küsst man immer auf beide Wangen.
4. Wenn alle Stricke reißen, kann sich wenigstens keiner dran aufhängen.
5. Eile mit Feile.

Im Pfandhaus

1. Wer zwei Paar Hosen hat, mache eine zu Geld und schaffe sich dieses Buch an. (*Georg Christoph Lichtenberg*)
2. Wenn Sie der Meinung sind, dass Sie mich für dumm verkaufen können, sind Sie bei mir genau an der richtigen Adresse.
3. Wiedersehen macht Freude.
4. Heute ist nicht alle Tage, ich komme wieder, keine Frage. (*Paulchen Panther*)
5. Frauen und Motorräder verleiht man nicht.
6. Verleih nicht Pferd noch Frau noch Schwert.
7. Meine Tante (*scherzhafte Umschreibung für Pfandhaus*)
8. Ob Sie mir wohl mal kurz Ihr Ohr leihen könnten?
9. Geschäft blüht – nix in der Kasse. (*wenn das Telefon klingelt*)

Einbruch und Diebstahl

1. Englisch einkaufen.
2. Kaufen, wenn niemand im Laden ist.

3. Bei der Firma Klemm & Lange arbeiten.
4. Lange Finger machen.
5. Der Herr sei mit dir, und du gehst mit mir. (*selbstmurmelnd*)
6. Gestohlen bei Tietz, als das Licht anging. (*Entgegnung auf die Frage, woher man diesen Gegenstand habe*)
7. Es hat den Besitzer gewechselt. (*dito*)
8. Vom Laster gefallen. (*dito*)
9. Zehn bange Minuten. (*Entgegnung auf die Frage, was ein Gegenstand gekostet habe*)

14

»Die beste Krankheit taugt nix«

Gesundheit und Körperpflege

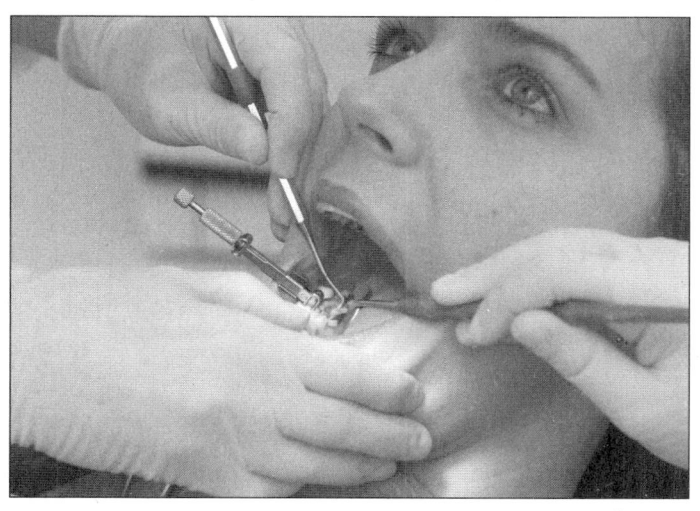

Beim Arzt

Im Wartezimmer
1. Et kütt wie et kütt! (*Kölner Platt für*: Es kommt, wie es kommt!)
2. Schwerhörigkeit ist der Mercedes unter den Krankheiten. (*Wolfgang Herrndorf*)
3. Mit Viagra in der Blutbahn kannste vögeln wie ein Truthahn.
4. Beim Zahnarzt in den Wartezimmern, da hört man oft auch Zarte wimmern.
5. Das Bild hängt schief.
6. Bei nasskaltem Wetter spüre ich die Stelle noch heute.
7. Lieber ein offenes Ohr als offene Beine.

Beim Zahnarzt
1. Wenn du zum Zahnarzt gehst, vergiss die Zähne nicht.
2. Den Mund schön weit aufmachen.
3. Ganz weit aufmachen.
4. Den Kopf etwas nach rechts.
5. Zähne und Zahnfleisch sind in Ordnung. Erneuern müsstest du mal deinen Kaugummi, mein Junge.
6. Das wird jetzt ein bisschen wehtun.
7. Hab ich den Nerv getroffen?
8. Ihre Zähne sind in Ordnung, aber das Zahnfleisch muss raus.
9. Die Krone für die Drohne. (*kurz vor dem Einsatz einer Zahnkrone*)
10. Einmal kräftig ausspülen.
11. Bitte eine Stunde nichts essen.
12. Mutti, Mutti, er hat überhaupt nicht gebohrt.

Beim Hausarzt
1. Ich jogge nicht, schwimme nicht, fahre nicht Rad. Meine einzige körperliche Ertüchtigung: Ich huste viel. (*Robert Mitchum*)

2. Seit ich nicht mehr rauche, huste ich, aber das ist kein rechter Ersatz. (*Wolfgang Hildesheimer*)
3. Selten wenig, und wenn, dann viel. (*Antwort auf die Frage nach den Trinkgewohnheiten*)
4. Lieber eine gesunde Verdorbenheit als eine verdorbene Gesundheit.
5. Atmen ist gesund.
6. Umsonst ist nur der Tod.
7. Wer gesund ist, wurde bloß nicht gründlich untersucht. (*alter Kardiologenscherz*)
8. Sollte es das? (*Erwiderung auf:* Tut das nicht weh?)

Näheres zum Gesundheitszustand
1. Mir wird grün und gelb vor Augen. (*bei drohender Ohnmacht*)
2. Mir geht es kariert. (*bei Burn-out-Syndrom*)
3. Mir ist so blümerant zumute. (*bei einem komischen Gefühl im Magen*)
4. Mir scheint die Sonne durch die Backen. (*bei Magersucht*)
5. Mein Bandwurm schielt. (*bei Hämorrhoiden*)
6. Meine Petersilie ist verhagelt. (*bei Niedergeschlagenheit*)
7. Mir tun die Haare weh. (*bei Kopfschmerzen*)
8. Ich hab Pudding in den Beinen. (*bei Kreislaufproblemen*)
9. Ich hab die schnelle Katharina. (*bei Durchfall*)
10. Ich hab eine Sextanerblase. (*bei schwacher Harnblase*)
11. Ich hab Muschihusten. (*starke Blasenentzündung bei Frauen*)
12. Ich hab mit dem Chinesen Brüderschaft getrunken. (*bei Gelbsucht*)
13. Ich hab Rücken. (*bei Rückenschmerzen*)
14. Ich leide an Hüftmumps. (*bei Hüftspeck*)
15. Revolution in den Niederlanden. (*bei Leibschmerzen*)
16. Ich bin auf die Salmonellen gefahren. (*bei Magen- und Darmbeschwerden*)
17. Ich hab Sommersprossen ins Hemd gekriegt. (*bei starken Blähungen*)
18. Wo früher eine Leber war, ist heute eine Minibar. (*bei Alkoholproblemen*)

19. Kiek ma', ick hab'n Stigma. (*berlinerisch bei Wundmalen*)
20. Ich hab ein Ei am Wandern. (*statt:* bin verrückt geworden)
21. Ich bin bald reif fürs Habmichliebjäckchen. (*statt:* Zwangsjacke)

Männer beim Arzt für Haut- und Geschlechtskrankheiten
1. Ich glaub, ich hab mir Juckus Sackrattus eingefangen.
2. Ich hab Blumenkohl am Pillermann.
3. Hab mir die Gießkanne verbogen.
4. Sagen Sie mir die Wahrheit, Doktor!
5. Die Impotenz ist das Ende vom Glied.
6. Lattenrost ist keine Geschlechtskrankheit.
7. Hast du Tripper oder Schanker, bist du noch lange kein Kranker. Erst wenn die Nille dampft und zischt, kannst du sagen, dich hat's erwischt. (*Volksweisheit*)
8. Der Tod ist ein bleibender Schaden.

In der Apotheke

1. Ein Apotheker ohne Zucker ist ein armer Schlucker.
2. Schafe scheißen Pillen und sind doch keine Apotheker.
3. Bei Risiken und Nebenwirkungen fressen Sie die Packungsbeilage oder erschlagen Ihren Arzt oder Apotheker.
4. Der Arzt will leben, der Apotheker will leben – ich will auch leben.
5. Schön, wenn der Schmerz nachlässt.
6. Hilft nicht, schadet aber auch nicht.
7. Das müsste ich Ihnen bestellen.

Bewährte Hausmittel

1. Rum muss, Zucker darf, Wasser kann. (*Rezept gegen Grippe*)
2. An apple a day keeps the doctor away. (*englisches Sprichwort, das auf Deutsch »ein Apfel pro Tag hält den Doktor fern« bedeutet*)

3. Petersilie hilft dem Mann aufs Pferd und der Frau unter die Erd'.
4. Wer sagt denn, dass Marmelade keine Kraft gibt?
5. Knobi gibt ordentlich Tinte auf den Füller.
6. Sehr süß schmeggt heut' mei' Läbatran, denn Mahatma Gandhi 'neigetan. (*Wortspiel*)
7. Willste Schwangerschaft verhüten, nimm Melitta-Filtertüten.

Bewährte Weisheiten

1. Glück hat auf Dauer nur der Süchtige. (*Wolfgang Neuss*)
2. Ein Indianer kennt keinen Schmerz.
3. Unkraut vergeht nicht.
4. So wichtig wie die Braut zur Trauung, ist Bullrichsalz für die Verdauung.
5. Das Beste an der Muttermilch ist die Verpackung.
6. Lieber ein Tennisarm als ein Schwimmbecken. (*scherzhaft*)
7. Wer Probleme mit dem Kreislauf hat, sollte mal geradeaus laufen.
8. Früh zu Bett und früh wieder auf, macht einen langen Lebenslauf.
9. Leben ist, wenn's Lämpchen glüht. Tod, wenn man es nicht mehr sieht. (*Hans Kantereit*)
10. In der Badewanne nützt dir der beste Toaster nichts.
11. Spinat schmeckt am besten, wenn man ihn kurz vor dem Verzehr durch ein großes Steak ersetzt.
12. Dass mein Gedächtnis nachlässt, hat auch etwas für sich: Ich kann immer dieselben Bücher mit immer demselben Interesse lesen. (*Walter Kempowski*)
13. Pellworm steht zu jeder Zeit für Husten, Schnupfen, Heiserkeit.

Rund ums Übergewicht

Für dicke Frauen
1. Frauen achten auf die Linie, Männer auf die Kurven.
2. Fürs Ballett bin ich zu fett, aber der Mann vom Klavier liegt gut auf mir.
3. Lasst mich doch fett sein, es kann nicht jeder beim Ballett sein.
4. Ich bin nicht dick, ich brauche nur viel Platz für meine inneren Werte.
5. Ich bin nicht dick, meine Schönheit braucht Platz.
6. Ich bin nicht dick, ich bin querschlank.
7. Ich bin nicht dick, nur etwas fluffig.
8. Ich bin nicht dick, ich habe meine Ecken aus Sicherheitsgründen nur etwas abgerundet.
9. Venus von Kilo. (*anderes Wort für beleibte Frau*)
10. Ich habe keine Wespentaille, sondern eine Hummelhüfte. (*selbstironisch*)
11. Kleine Tierchen, die nachts die Kleidung enger nähen. (*Umschreibung für Kalorien*)
12. Ich esse wenig, aber oft, und dann viel.
13. Ich habe eine Lebensmittelschwangerschaft.
14. Ich bin nicht dick, ich müsste nur mal umgetopft werden.
15. Bin endlich den Winterspeck los, ich hab jetzt Frühlingsrollen.

Für dicke Männer
1. Ich bin nicht dick, ich bin stattlich.
2. Ich bin nicht dick, ich expandiere.
3. Ich bin nicht dick, ich habe Körpermumps.
4. Ich bin nicht dick, mein Bauch ist nur 3D!
5. Ich bin nicht dick, das ist eine erweiterte erotische Nutzfläche.
6. Ich bin nicht übergewichtig, nur untergroß.
7. Z' dick bisd ned, aba hoit für dei Gwicht z' kloa. (*bayerisch für*: nicht übergewichtig, bloß untergroß)
8. Das ist kein dicker Bauch, das ist ein Feinkostgewölbe.
9. Ich bin nicht dick, in meinem Bauch herrscht nur Vorratsbratenspeicherung.

10. Nein, ich bin nicht dick, ich habe nur mein Specktrum erweitert.
11. Es sind die kleinen Dicken, die jedes Frauenherz erquicken.
12. Ein guter Hahn wird selten fett, ein guter Ficker immer dicker.
13. Wo rohe Kräfte sinnlos walten, da kann kein Knopf die Hose halten.
14. Rettungsring (*scherzhaft für Speckfalte am Bauch*)
15. Altherrenspeck (*scherzhaft für Fettansatz älterer Männer*)
16. Man geht nicht mehr ohne Bauch.
17. Wie man sich füttert, so wiegt man.
18. O Gott, die Waage geht fünf Pfund vor. (*statt*: Ich bin zu fett.)
19. Willst du dir den Tag versauen, musst du nur auf die Waage schauen.
20. 239 Pfund! Ich bin ein Fettsack! Warum sind die guten Sachen bloß so lecker? (*Homer Simpson*)
21. Du hast zu wenig Bewegung. Kauf dir eine Uhr, die du aufziehen kannst.
22. Wer Bewegung braucht, sollte statt des Fahrstuhls lieber die Rolltreppe benutzen.
23. Bist du hässlich, dick und fett, macht das nichts im Internet.
24. Ich bin dick – du bist doof. Ich kann abnehmen – und du?
25. Ich habe abgenommen – von der Fleischtheke. (*scherzhaft*)

Eine Diät machen

1. Wer abnimmt, hat mehr vom Telefon.
2. Ich mache jetzt zwei Diäten am Tag. Von der einen werde ich nicht satt.
3. Je zwölfer der Mittag, desto knurrer der Magen.
4. Geht die Bäuerin in die Breite, sucht der Bauer schnell das Weite. (*Bauernregel*)
5. Schlanke Leute sind nur zu dumm zum Essen.
6. Wer abnehmen möchte, sollte keine Vorspeise essen und statt des Hauptgerichts lieber auf den Nachtisch verzichten.
7. Warme Plätzchen vor dem Kamin machen nicht dick.
8. Zu viel Eisbein schadet dem Steißbein.

9. Du hast ein Kreuz wie ein Hering zwischen den Augen. (wenn jemand sehr hager ist)
10. Fördert den Stoffwechsel, kauft neue Klamotten!
11. Querstreifen machen dick, Längsstreifen machen schlank, Funkstreifen machen tatütata.
12. Du bist schlank wie ein Reh – oder wie heißt das graue Tier mit dem Rüssel?
13. Das Leben ist zu kurz, um eine Diät zu machen.

Zum Thema Körperpflege allgemein

1. Willst du dir den Tag versau'n, musst du nur in den Spiegel schau'n.
2. Bist du deines Lebens nicht mehr froh, nimm ein Bad mit H2O.
3. In meiner Badewanne bin ich Kapitän.
4. Duschen ist besser als Rasenmähen.
5. Kaltes Wasser ist mir zu kalt. (Hans Saalfeld)
6. Nicht kratzen – waschen.
7. Waschen allein genügt nicht. Man muss auch ab und zu das Wasser wechseln.
8. Lieber mit allen Wassern gewaschen als nicht ganz sauber.
9. Früher war ich eingebildet, heute weiß ich, dass ich schön bin.
10. Der brave Mann denkt an sich selbst zuletzt.
11. Ich bin scharf rasiert, sauber und nüchtern – egal nun, ob's einer merkt. (Philip Marlowe, Figur von Raymond Chandler)
12. Alles klar! Sitzt das Haar?

Mentale Zustände

In der Selbsthilfegruppe
1. Ich habe versucht, ohne Sex und Alkohol zu leben. Es war die schlimmste Viertelstunde meines Lebens.

2. Ich habe so viel Schlechtes über Sex und Rauchen gelesen, dass ich mit dem Lesen aufgehört habe.
3. Ich habe keine Ahnung von Sex, ich bin verheiratet.
4. Sechs Jahre no Sex, no Alk, no Kippen – und dann kam die Einschulung.
5. Bei der Gruppentherapie hört man von den Problemen anderer Leute, beim Gruppensex sieht man sie.
6. Ich wurde gut erzogen – keine Ahnung, was dann passiert ist.
7. Jahrelang haben sie mich für dumm verkauft, dann habe ich es sofort gemerkt.
8. Ich leide an Versagensangst, besonders wenn ich dichte. Und diese Angst, die machte mir manch schönen Reim zuschanden. (*Robert Gernhardt*)
9. Mal ist man der Hund, mal ist man der Baum.
10. Wenn wir aufhören, das Falsche zu tun, geschieht das Richtige von selbst. (*Frederick Matthias Alexander*)
11. Mir ist völlig egal, was jemand über mich sagt, solange es nicht die Wahrheit ist. (*Truman Capote*)
12. Gut, dass wir darüber geredet haben.

In der Männergruppe

1. Sex ist wie Olympia: Dabei sein ist alles. (*Stromberg*)
2. Männer und Frauen passen einfach nicht zusammen. (*Loriot*)
3. Frauen werden beim Argumentieren durch Logik nicht behindert.
4. Kaum hat man zweimal mit ihnen geschlafen, wollen sie deinen Namen wissen. (*N.N.*)
5. Versuch nicht, Frauen zu verstehen. Frauen verstehen Frauen, aber sie hassen sich gegenseitig. (*Al Bundy*)
6. Tja, wisst ihr, Jungs, mit Kernkraftwerken ist es wie mit den Frauen: Lies erst die Gebrauchsanweisung und drück dann den richtigen Knopf. (*Homer Simpson*)
7. Erst glaubte ich an den Weihnachtsmann, dann glaubte ich nicht mehr an den Weihnachtsmann, dann war ich plötzlich der Weihnachtsmann, und jetzt sehe ich aus wie der Weihnachtsmann.

8. Nennt eine Frau dich »Weihnachtsmann«, dann geh nach Haus' und wein nachts, Mann.
9. Seid ihr Männer oder Schafe?
10. Ficken ist nicht so schön, wie man's sich beim Wichsen vorstellt.
11. Hast du Lust, nimm einen zur Brust. Hast du Gelüste, nimm beide Brüste.
12. Lieber 'n wackliger Kneipentisch als 'ne feste Beziehung.
13. Warum tragen Frauen Parfüm und Make-up? Weil sie hässlich sind und stinken. (*South Park*)
14. Liebe ist auch so ein Problem, das Karl Marx nicht gelöst hat.
15. Lass dich mal feste drücken!

Beim Psychiater
1. Früher war ich unentschlossen, aber jetzt bin ich mir da nicht mehr so sicher.
2. Die Rosen sind rot, die Veilchen sind blau, ich bin schizophren, und das bin ich auch.
3. Wenn ich mal tot bin, werde ich mich vermissen.
4. Ich bin kein vollkommener Idiot – einige Teile fehlen mir noch.
5. Alle denken an sich, nur ich denke an mich.
6. Ohne mich tue ich alles.
7. Meine Motivation und ich leben zurzeit getrennt.
8. Dass ich in Englisch träume, stört mich nicht, aber mich nerven die deutschen Untertitel.
9. Ein Paranoiker ist jemand, der alle Fakten kennt. (*William S. Burroughs*)
10. Man muss auch loslassen können.
11. Man muss auch gönnen können.
12. Ich sage, was ich denke, damit ich höre, was ich weiß.
13. Ich hab schon mehr vergessen, als du gelernt hast.
14. Hilfe, ich höre schon wieder diese Stimmen.
15. Bin ich ein Gi-Ga-Gantenbein? Oder ein Wuschel nur? (*F.W. Bernstein*)
16. Wir können jede Woche eine Sitzung machen. Oder ich

sage Ihnen gleich, dass Ihre Mutter schuld ist. (*Schilling & Blum*)
17. Ich hatte schon interessantere Gespräche mit Wollpullis. (*Patient geht kopfschüttelnd ab*)

Was der Psychologe zu sagen hat
1. Möchten Sie darüber reden?
2. Kann ich Ihnen bei diesem Problem helfen?
3. Ich würde gerne hören, was Sie meinen.
4. Mmmh ... interessant ... verstehe.
5. Ich verstehe, dass Sie so empfinden.
6. Sie sind nicht depressiv, Sie haben nur ein beschissenes Leben! (*Schilling & Blum*)
7. Der Nächste, bitte! (*Erwiderung auf:* Mit mir will keiner reden!)
8. Ich liebe meinen Job. Es ist nur die Arbeit, die ich hasse. (*zu sich selbst*)

Rettungsdienste

Bei der Feuerwehr
1. Für Engel gehen wir durch die Hölle.
2. Andere rennen raus, wir rennen rein.
3. Wir machen Hausbesuche.
4. Fühl dich sicher, schlaf mit einem Feuerwehrmann.
5. Hol mal den Schlüssel für den Bereitschaftsraum.
6. Die Männer, die kommen, wenn die Frauen sie lassen. (*Freiwillige Feuerwehr*)
7. Wir machen's ohne Geld. (*dito*)

Im Rettungswagen
1. Atemnot, Schlechtwetter droht.
2. Atemnot macht Leute tot.
3. Ohne Luft geht's in die Gruft.
4. Wo kein Schnee liegt, kannst du ruhig 40 fahren.

5. Bei was für einer Extremsportart ist das denn passiert?
6. Und ist der Unfall noch so bitter, verschon uns mit den Johanniter.
7. Doch das Chaos wird noch größer, kommen dann erst die Malteser.

Scherzhafte Bezeichnungen für »Weichei« im Rettungsdienst

1. Neben-Martinshorn-die-Ohren-Zuhalter
2. Warnwesten-Überzieher
3. Weiße-Hosen-Anzieher
4. Tachoscheiben-Einleger
5. Nur-mit-Einweiser-Rückwärtsfahrer
6. Patienten-Anschnaller
7. Steckbetten-drunter-Schieber
8. Infarkt-Patienten-durch-die-Gegend-Schieber
9. Medikament-auf-Spritze-Vermerker
10. Ampulle-mit-Tupfer-Aufmacher
11. Verfallsdatum-Kontrollierer
12. Einmal-Laken-nicht-noch-mal-Benutzer
13. Einmal-Decken-Wegwerfer

Im Krankenhaus

In der Notaufnahme

1. Morphium, du süße Qual, machst den Stuhlgang hart wie Stahl.
2. Gib Opi niemals Opium, denn Opium haut Opi um.
3. Ohne Valium fall i um.
4. Es ist schöner, von der Krankenschwester geklammert als vom Arzt genäht zu werden.
5. Besser arm dran als Arm ab.
6. Die beste Krankheit taugt nix.
7. Gar nicht krank ist auch nicht gesund. (*Karl Valentin*)

Auf Krankenbesuch
1. Lieber reich und gesund als arm und krank.
2. Schwester Beate ins OP. (*Durchsage*)
3. Hauptsache, man ist gesund und die Frau hat Arbeit.
4. Nur Fledermäuse lassen sich hängen. (*statt:* Kopf hoch!)
5. Aufgegeben wird nur bei der Post. (*dito*)
6. Bis bald in alter Frische. (*dito*)
7. Ist ein Arzt anwesend?

Im Seniorenwohnheim

Allgemeines zum Thema Altern
1. Und wirft der Arsch auch Falten, wir bleiben doch die Alten.
2. Schlaf ist kein Ersatz für Koffein.
3. Schwester, können Sie mir einen Blasen- und Nierentee bringen?
4. Das soll Cappuccino sein? Da fehlt der Parmesan obendrauf.
5. Brechen auf Rädern. (*statt:* Essen auf Rädern)
6. Ich gehe mal in den Birkenwald, denn meine Pillen wirken bald.
7. Lieber eine Kapsel als dreimal nachts raus.
8. Zähne sind wie Sterne – nachts kommen sie raus.
9. Das Alter beschert einem den Vorteil, dass von denen, die man beleidigen will, keiner mehr am Leben ist. (*Billy Wilder*)
10. Du hast die Gicht, ich hab sie nicht.
11. Wo ist meine Brille? Keiner verlässt den Raum.
12. Jugend, du Luder, wo bist du hin?
13. Oh süßer Vogel Jugend!

Erbauliches zum Thema Älterwerden (Grundwortschatz)
1. Alter geht vor Schönheit.
2. Bei vierzig beginnt das Altsein der Jungen, bei fünfzig das Jungsein der Alten.
3. Frauen nähern sich immer den vierzig – zuerst von der einen Seite, dann von der anderen Seite. (*Billy Wilder*)

4. Frauen werden nicht älter. Frauen finden zu sich selbst.
5. Ab sechzig wird man jünger, und dann ist es zu spät. (*Pablo Picasso*)
6. Alt ist man erst, wenn das Kacken mehr befriedigt als das Ficken. (*Klospruch*)
7. Wer sich mit 18 nicht ernst nimmt, ist ein Arschloch. Wer sich mit fünfzig noch ernst nimmt, ein Idiot.
8. Wer sich in der Jugend viel bürstet, muss sich im Alter nicht kämmen.
9. Wenn Jugend nur wüsste, Alter nur könnte. (*Charles Guillaume Étienne*)
10. Die Jugend ist töricht, das Alter debil. (*Charles Bukowski*)
11. Ein Mann ist so alt, wie sich seine Frau fühlt.
12. Der Greis ist willig, aber das Fleisch ist schwach.
13. Man wird älter, am Arsch wird's kälter.
14. Alter scheißt vor Torweg nicht. (*statt:* Alter schützt vor Torheit nicht.)
15. Wenn man schon nicht in Würde jung war, wie sollte man dann in Würde alt werden? (*Bernd Eilert*)
16. Jeder, der sich die Fähigkeit erhält, Schönes zu entdecken, wird nie alt werden. (*Franz Kafka*)
17. Altwerden ist nichts für Waschlappen. (*Bette Davis*)

Erbauliches zum Thema Älterwerden (Aufbauwortschatz)

1. Altwerden ist schön, alt sein ist nicht schön.
2. Das Drama des Altwerdens endet mit dem Tod.
3. Ich bin nicht alt, ich bin ein Klassiker.
4. Ich habe gehofft, dass mal der Moment kommt, an dem ich die Welt verstehe. Aber man wird nur älter und hat ständige Schmerzen. (*Woody Allen*)
5. Der Kalk knistert in den Knochen.
6. Leise rieselt der Kalk.
7. Das beste Mittel, um alt zu werden, ist, nicht so früh zu sterben.
8. Wer nicht alt werden will, soll sich in der Jugend aufhängen. (*Jiddisch*)

9. Wer früher stirbt, lebt länger ewig.
10. Wer lange lebt, der wird auch alt.
11. Wer hundert Jahre raucht und trinkt, kann alt werden.
12. Lieber Orangenhaut als gar kein Profil.
13. Werde glücklich, werde alt, bis die Welt in Stücke knallt.

Schwangerschaft

Schwanger werden
1. Wer Ostern mit den Eiern spielt, hat Weihnachten die Bescherung.
2. So was kommt von so was.
3. Jaja, das sagen sie alle, und dann sind sie schwanger.
4. Eine Frau ohne Dickbauch ist wie ein Himmel ohne Sterne.
5. Vater werden ist nicht schwer, Vater sein dagegen sehr.
6. Kinder sind unsere Zukunft.

Schwanger sein
1. Ich brauche nur ein Herrenfahrrad anzuschauen, schon bin ich schwanger.
2. Ein bisschen schwanger gibt's nicht.
3. Die Mutter der Dummen ist immer schwanger. (*afghanisches Sprichwort*)
4. Lieber mit 14 schwanger als mit 41 noch Jungfrau.
5. Mit der Pille wirst du dick, ohne erst recht.
6. Sie hat Dampfnudeln gegessen.
7. Sie ist mit Blaubeerkraut geschmückt. (*veraltet*)
8. Ihr wird die Schürze zu kurz.
9. Der Storch hat angerufen.

15

»Einer für alle und alle im Eimer«

Sitten und Bräuche

Einladungen

Eine Einladung aussprechen
1. Ich habe Ihnen für die erste Vorstellung zwei Eintrittskarten reservieren lassen. Bringen Sie einen Freund mit, falls Sie einen haben. (*G. B. Shaw an Winston Churchill*).
2. Wäre wahnsinnig geschmeichelt, wenn Sie heute Abend an Bord kämen, um ein paar alte Salatblätter mit mir zu verputzen, ganz informell, ohne Abendanzug. (*P.G. Wodehouse*)
3. Bitte kommen Sie pünktlich und bleiben Sie nicht zu lange. (*Gottfried Benn*)
4. Wer nicht kommt, der klemmt sich den Hintern nicht.
5. Wer nicht kommt, der geht auch nicht wieder.
6. Ein Gast ist wie ein Fisch, er bleibt nicht lange frisch.
7. Komm nackt und bring Bier mit.

Geläufige Deutungen für die Abkürzung »U.A.w.g.« auf Einladungen
1. Um acht wird gegessen.
2. Und abends wird geprügelt.
3. Und abends wird gevögelt.
4. Um achte wird getanzt.
5. Und Austern werden gegessen.

Eine Einladung annehmen
1. Mit dem dicksten Vergnügen.
2. Mit dem größten Bus.
3. Mit dem größten Frachtwagen.
4. Mit Wonnegrunzen.
5. Ick freu ma 'nen Kullerkeks. (*berlinerisch*)
6. Ich komme nicht – ich erscheine.
7. Ich bin so frei und ess für zwei.
8. Bitte machen Sie Umstände. (*Else Lasker-Schüler*)

Eine Einladung absagen oder Unpünktlichkeit andeuten
1. Bin zur ersten Vorstellung leider verhindert. Komme gerne zur zweiten, falls es eine gibt. (*Winston Churchill an G. B. Shaw*)
2. Ich werde durch Abwesenheit glänzen.
3. Ihr könnt den Roten wieder einrollen, ich komm nicht.
4. Aufgrund einer Fehlfunktion meines Weckers kann ich nicht pünktlich sein.
5. Gott gab uns die Zeit, von Eile hat er nichts gesagt. Deshalb komme ich etwas später.
6. Ich komme noch früh genug zu spät.

Ausreden bei Unpünktlichkeit
1. Sorry, dass ich zu spät komme, aber ich hatte unterwegs einiges an Gegenwind.
2. Tut mir leid, aber ich musste noch mein Auto waschen.
3. Abends spät ins Bett, morgens Frisör. (*Wortspiel*)
4. Tschulligung, aber die Treppe war kaputt, und ich musste den Lift nehmen.
5. Entschuldige bitte die Verspätung, aber mein Dinosaurier ist entlaufen.
6. Sorry, ich bin erst vor Kurzem umgezogen und habe noch keine Uhr im Haus.
7. Bin unschuldig, ein UFO hat mich entführt.
8. Bin in eine Scherbe getreten, komme später.

Zum Geburtstag

Eine Gratulation aussprechen
1. Ich glaub, mein Holzpferd humpelt – du hast schon wieder Geburtstag!
2. Heute ist dein Tag.
3. Du hast die Jahre schön.
4. Alles Gute zum Burzeltag.
5. Als Guz zum Burztach.

6. Allet Jute (statt Plastik). (*Pfulz*)
7. Herzlichen Glühstrumpf.
8. Herzlichen Glühwurm.
9. Herzlichen Glückstrumpf.
10. Herzlichen Glückpunsch.
11. Herzlichen Gnückwulsch.
12. Glücklichen Herzwunsch.
13. Glüwu. (*statt:* Glückwunsch.)

Humorige Sprüche auf der Geburtstagsfeier
1. Alter, bist du jung geblieben!
2. So alt wird kein Schwein.
3. So alt, wie du aussiehst, möchte ich mal werden.
4. Ich sage ja nicht, ich bin alt. Doch an meinem letzten Geburtstag waren die Kerzen teurer als der Kuchen. (*Bob Hope*)
5. Man wird alt wie eine Kuh und lernt immer dazu.
6. Man ist jung, man will was – man wird älter, man will immer noch was. (*vermutlich Wimjan Rouendaal*)
7. Ich weiß noch, wie du als Quark im Schaufenster gelegen hast.
8. Ich weiß noch, wie du mit einer Blechtrommel um den Weihnachtsbaum gelaufen bist.
9. Geburtstage sind gesund. Statistiken haben bewiesen, dass Menschen mit den meisten Geburtstagen am längsten leben. (*Larry Lorenzoni*)
10. Du denkst, du bist was Besonderes, nur weil du heute Geburtstag hast, dabei bist du jeden Tag was Besonderes.
11. Kleine Geschenke erhalten die Freundschaft – große verderben sie auch nicht.
12. Besser in die Hand geschissen als gar keinen Blumenstrauß.
13. Unserem lieben Geburtstagskind ein dreifaches Hoch, Hoch, Hoch.

Feiertage

Im Kölner Karneval
1. De Zoch kütt.
2. Mer losse d'r Dom in Kölle.
3. Don't worry, be curry.
4. Kölle Allaf!
5. Jeder Jeck ist anders.
6. Finger im Po, Mexiko.
7. Mainz ist die Rache, sprach der Herr.
8. Tätää, tätää, tätää.

Zu Ostern
1. Dicke Eier – Weihnachtsfeier.
2. Grüne Weihnacht – weiße Ostern.
3. Geile Eierfeier.
4. Wenn Baby lauter Eier reihert, heißt das, dass man Ostern feiert.
5. Besser Ostern als Western!
6. Wussten Sie schon, dass Pfingsten vor Ostern kommt, wenn man den Kalender von hinten liest? (*Karl Valentin*)
7. Fröhliche Eier!

Im Advent
1. Advent, Advent, die Bude brennt, mit Teppich und Gardinen, die Mutter rennt, der Vater brennt, und ich fress Apfelsinen.
2. Advent, Advent, ein Lichtlein brennt. Erst eins, dann zwei, dann drei, dann vier, dann steht das Christkind vor der Tür. Und wenn das fünfte Lichtlein brennt, dann hast du Weihnachten verpennt.
3. Atzventzkrantz ist das einzige Wort mit drei tz. (*Wortspiel*)
4. Atzventzkrantzkertzenantzünder. (*Wort mit fünf »tz«*)

Auf dem Weihnachtsmarkt
1. Glühwein ahoi!

2. Wer ist eigentlich dieser Lars Krismes?
3. Mein liebstes Wintergemüse ist die Marzipankartoffel.
4. Wieso liegt hier überall Stroh rum?
5. Nicht den gelben Schnee essen!
6. Darf ich mal an deinem Bart ziehen? (*zum Weihnachtsmann*)
7. Bring mich betrunken – ich bin nach Hause.
8. Klingglöckchenklingeling.

Besinnliches zu Weihnachten
1. Die meisten Leute feiern Weihnachten, weil die meisten Leute Weihnachten feiern.
2. Wär Maria hart geblieben, wär Weihnachten uns erspart geblieben.
3. Soll die Bescherung glücklich sein, lass öfter mal Schlawiner rein. (*Bernd Eilert*)
4. Alle Jahre wieder schlachten wir ein Schwein, und die Oma frisst es mit dem Zappelbein. (*Weihnachtslied*)
5. Es ist ein Ross entsprungen, der Stall ist leer. (*dito*)
6. Wir wünschen euch ein frohes und gesichertes Weihnachtsfest.
7. Fröhliche Arschnachten, ihr Weinlöcher! (*Titanic*)
8. Einmal, ein einziges Mal nur möchte ich normal Weihnachten feiern. (*Bruce Willis in »Stirb langsam 2«*)
9. Weihnachten kommt immer so plötzlich.
10. Weihnachten kommt einmal im Jahr. Bin ich froh, dass ich nicht Weihnachten bin.
11. Noch einmal duschen, dann ist Weihnachten.

Unterm Tannenbaum
1. Erst wird gegessen, dann werden die Geschenke ausgepackt.
2. Die Kerzen brennen am Weihnachtsbaum, und die Geschenke sieht man kaum.
3. Ich wünsche mir ein warmes Futter für meine Jacke.
4. Ich wünsche mir ein Pony – mit Satteltaschen voller Geld.
5. Vergnügten Tannenbaum! (*scherzhafter Weihnachtswunsch*)
6. Früher war mehr Lametta. (*Loriot*)

7. Erna, der Baum nadelt! (*GEK*)
8. O Tannenbaum, o Tannenbaum, wer hat die Nadeln abgehaun?
9. O Tannenbaum, o Tannenbaum, der Lehrer hat mir 'n Arsch verhaun. O Tannenbaum, o Tannenbaum, dafür schiff ich ihm an seinen Zaun.
10. Und jetzt werden die Geschenke ausgepackt.
11. Oh, Socken!
12. Ich glaube, wir sollten jetzt alle versuchen, etwas zu schlafen.
13. Zähne putzen, Pyjama an, ab ins Bett.

Zu Silvester
1. Prosit Neujahr!
2. Frohes Neues!
3. Guten Rutsch!
4. Gude Rudsch! (*hessisch*)
5. Rutsch nicht aus!
6. Cheerio, Miss Sophie. (*Dinner for One*)
7. Ist Silvester hell und klar, ist am nächsten Tag Neujahr. (*Bauernregel*)
8. Wenn es Silvester schneit, ist Neujahr nicht mehr weit. (*dito*)
9. Vergangenes Jahr standen wir noch am Abgrund. Dieses Jahr sind wir einen großen Schritt weiter.
10. Kinner, wie die Zeit vergeht.
11. Silvester oder nicht, du bist ein Knaller.

Gute Vorsätze fürs neue Jahr
1. Erst mal gucken, dann mal sehen.
2. Erst drängeln, dann trödeln. (*Harry Rowohlt*)
3. Pissing in a river, watching it rise. (*Patti Smith*)
4. Lachen bis der Arzt kommt.
5. No sports. (*Winston Churchill*)
6. Am besten nichts Neues.
7. Hauptsache gesund und die Haare liegen.
8. Da es sehr förderlich für die Gesundheit ist, habe ich beschlossen, glücklich zu sein. (*Voltaire*)

9. Im Bett liegen, Marmeladenbrote essen und Dick-und-Doof-Filme gucken. (*Walter Kempowski*)
10. Die Zukunft war früher auch besser. (*Karl Valentin*)

Wenn ein Preis oder eine Auszeichnung verliehen wird

1. Unvorbereitet wie ich mich habe …
2. Diese Auszeichnung erhalte ich unverdient. Aber das macht nichts. Ich habe ebenso unverdient Diabetes bekommen. (*Woody Allen*)
3. Preise sind wie Hämorrhoiden: Früher oder später bekommt sie jedes Arschloch. (*Billy Wilder*)
4. Und schon wieder ist es gelungen, aus Scheiße Bratkartoffeln zu machen.
5. Hebe die Haare! (*statt:* Habe die Ehre!)

Eine Rede halten

1. Die Sache ist die, und der Umstand ist der.
2. Nichts ist schwerer zu halten als der Mund.
3. Der Schlüssel zu einer guten Rede lautet: Man braucht einen genialen Anfang, einen genialen Schluss und möglichst wenig dazwischen. (*Sir Peter Ustinov*)
4. Ich nenne eine Katze eine Katze.
5. Wo war ich noch mal?
6. Sie wissen vermutlich, dass ich jetzt den Faden verloren habe.
7. Wenn mir nichts mehr einfällt, lasse ich mir etwas einfallen. (*Woody Allen*)
8. Ich nenne einen Eckenpinkler einen Eckenpinkler. (*Solo Sunny*)
9. Wie ich bereits sagte: Ich wiederhole mich nie.
10. Lars but not Lisa. (*statt:* Last but not least.)
11. Es ist erst zu Ende, wenn die dicke Dame gesungen hat.

Auf der Betriebsfeier

1. Ein Gläschen in Ehren kann niemand verwehren.
2. Ich würde gerne mit Ihnen reden, ich weiß nur nicht über was. Aber vielleicht fällt Ihnen etwas ein.
3. Sagen Sie Karl-Heinz zu mir. (*Loriot*)
4. Jeder wird so lange befördert, bis er unwirksam ist.
5. Man soll den Arsch nicht höher hängen, als man scheißen kann.
6. Es gibt Kollegen, die wissen nichts, aber alles besser.
7. Lieber einen dicken Chef als ein mageres Gehalt.
8. Jeder macht, was er will, keiner macht, was er soll, aber alle machen mit.
9. Einer für alle und alle im Eimer.
10. Führungskräfte trinken Leitungswasser. (*toller Gag!*)
11. Stell dir vor, es ist Feierabend, und keiner will heim.
12. Ich bin jetzt bei meinem achten Bier. So langsam fangen Sie an, gut auszusehen.
13. Sie werden von Tag zu Tag hübscher und sehen heute schon aus wie nächste Woche.
14. Nettes Kleid haben Sie da an – kann ich Sie da rausreden?
15. Jetzt eine Stunde schlafen, dann ins Bett. (*scherzhaft*)
16. Sie machen mich ganz verrückt, Herr Meltzer. (*Loriot*)

Im Bierzelt

1. Bier her! Bier her!
2. Durst wird durch Bier erst schön.
3. Bier macht den Durst erst schön.
4. Wen Bier hindert, der trinkt es falsch. (*Gottfried Benn*)
5. Im Himmel gibt's kein Bier, drum trinken wir es hier.
6. Oans, zwoa, gsuffa! (*bayerischer Trinkspruch*)
7. Alkoholfreies Bier ist wie ein Striptease im Radio.
8. Der größte Vorteil von Bier überhaupt: Keine Rotweinflecken.
9. Der einzige Nachteil von Bier: Man kann es nicht mit Käse überbacken.

10. Ein Tag hat 24 Stunden. Ein Kasten Bier 24 Flaschen. Zufall?
11. Wenn ich zehn Bier vor mir hab, kann ich nicht widerstehen. Wenn ich zehn Bier hinter mir hab, kann ich auch wieder nicht stehen.
12. Überall, wo's Bier gibt. (*Entgegnung auf: Man sieht sich.*)

Eine gute Nacht wünschen

1. Sleep very well in your little Bettgestell. (*Danny Wilde*)
2. Guet's Nächtle! (*schwäbisch*)
3. Gute Nacht, Hut, grüß die Krempe.
4. Nachti, Nachti. (*Herr Lehmann*)
5. Husch, husch ins Körbchen.
6. Schlafen Sie wohlriechend. (*statt:* Schlafen Sie gut.)
7. Schlaf gut. (*Antwort:* Du auch.)
8. Schlaf schön.
9. Träum was Schönes.
10. Träum süß von sauren Gurken.

Gute-Nacht-Gebete

1. Lieber Gott, lass es Abend werden, wenn's geht vor dem Frühstück.
2. Mein Gott, mein Gott! Was hast du getan, so in letzter Zeit?
3. Müde bin ich, geh zur Ruh, decke meinen Bierbauch zu.
4. Lieber Gott, nimm es hin, dass ich was Besond'res bin. Und gib ruhig einmal zu, dass ich klüger bin als du. Preise künftig meinen Namen, denn sonst setzt es was. Amen. (*Robert Gernhardt*)
5. Lieber Gott, ich bin klein, mein Herz ist schmutzig. Ich könnt schon wieder – ist das nicht putzig?
6. Lieber Gott, wenn du überall bist, wie kommt es, dass ich immer woanders bin?

7. Zwanzig Stückchen Käsebrot, einunddreißig Veilchen biet ich dir, Gevatter Tod, verschon mich noch ein Weilchen. (*F.W. Bernstein*)

16

»Der Letzte macht das Licht aus«

Kirche und Lebensende

In der Kirche

Bei der Taufe
1. Du bist aber groß geworden!
2. Früh krümmt sich, was ein Häkchen werden will.
3. Das Leben hat alles, was gebraucht wird.
4. Verschaff dir einen Vorsprung. Verbessere deine Stimmung. Die Welt ist ein platzender Sack voll Scheiße. Ich kann sie nicht retten. (*Charles Bukowski*)
5. Tauf endlich dein Spiel. (*scherzhaft zum Pfarrer*)
6. Wasser ist nicht nur zum Waschen da.

Mutmaßungen über Gott
1. Als Gott die Männer schuf, muss er sternhagelvoll gewesen sein.
2. Als Gott den Mann erschuf, übte sie nur.
3. Gott ist schwarz. Ja, das ist sie.
4. Gott zieht an einer Hand, der Teufel an beiden Beinen.
5. Ma woaß nie, wo Gott hockt, drum muaßt vor jedem Misthaufa an Huat ziagn! (*bayerische Weisheit*)
6. Die einen sagen, dass Gott existiert, die andern, dass Gott nicht existiert. Die Wahrheit wird, wie so oft, in der Mitte liegen. (*Matthias Beltz*)
7. Unser Herrgott weiß alles, nur nicht, was in der Wurst ist.
8. Gott würfelt nicht. (*Albert Einstein*)
9. Gott ist nicht tot, er konnte nur keinen Parkplatz finden.
10. Gott sieht alles, außer RTL II.
11. Gott sieht alles – unser Nachbar sieht mehr.

Rund um den Gottesdienst
1. Ich gehe niemals in die Kirche. Das ist schlecht für meine Strümpfe. (*Shirley MacLaine*)
2. Ich bete nicht. Das ist schlecht für die Knie. (*Jenny McPhee*)
3. Das Beste am Sonntag ist der Samstagabend.

4. Es gibt nicht nur keinen Gott, sondern versuch mal, am Wochenende einen Klempner zu kriegen. (*Woody Allen*)
5. Religion ist, wenn man trotzdem stirbt. (*Jürgen Becker*)
6. Solange die Orgel noch spielt, ist der Gottesdienst noch nicht vorbei.
7. Grüß ihn doch selbst. (*Erwiderung auf:* Grüß Gott.)
8. Ja, wenn ich ihn sehe. (*dito*)
9. Bis Bimbam!

Auf der Kanzel
1. Was man glaubt, das sieht man nicht.
2. Hier vorn spielt die Musik.
3. Paulus schrieb an die Korinther: Haar am Arsch gibt warmen Winter.
4. Paulus schrieb an die Irokesen: Euch schreib' ich nix, lernt erst mal lesen.
5. Edel sei der Mensch, milchreich die Kuh.
6. Menschen sind so lächerlich, sie leben diese kurze Zeit auf Erden und nehmen sich trotzdem so ernst. (*Roald Dahl*)
7. Das Einzige, was mich hier noch hält, ist die Erdanziehung.
8. Und suche uns nicht in der Unterführung. (*statt:* Und führe uns nicht in Versuchung.)

Im Beichtstuhl
1. Bete und arbeite! Die, die beten, werden älter als die, die arbeiten.
2. Beten hilft nicht, Fluchen schadet nicht.
3. Zum Lügen gehören immer zwei. Einer, der es erzählt, und einer, der es glaubt! (*Homer Simpson*)
4. Das elfte Gebot heißt: Lass dich nicht erwischen.
5. Meinen Segen hast du.

Auf dem Kirchentag
1. Ich und der liebe Gott, wir wissen alles.
2. Man muss ja nicht alles glauben, was stimmt.
3. Ich war mal Cowboy, jetzt bin ich Buddhist. (*Peter Licht*)

4. Ich war Atheist, bis ich merkte, dass ich Gott bin.
5. Ich danke dem lieben Gott, dass er mich zum Atheisten gemacht hat. (*Georg Christoph Lichtenberg*)
6. Gott ist meine Lieblings-Science-Fiction-Figur. (*Homer Simpson*)
7. Keine Ehe vor dem Sex.
8. Scheiß auf Freunde, ich habe Jesus.

Auf dem Friedhof

Famose letzte Worte
1. Das Leben ist ein Scheißspiel, aber die Grafik ist saugeil.
2. Das Leben ist wie eine Klobrille: Man macht was durch.
3. Das Leben ist eine Pralinenschachtel. Man weiß nie, was man bekommt. (*Forrest Gump*)
4. Leben ist wie Zeichnen – nur ohne Radiergummi.
5. Spaß muss sein auf der Beerdigung, sonst geht doch keiner hin.
6. Sterben ist Mist. (*Frank Sinatra*)
7. Sterben ist nur der Übergang vom Nichts ins Nichts. (*Franz Kafka*)
8. Das Leben ist wie eine Hühnerleiter: kurz und beschissen.
9. Man soll aufhören, wenn's am schönsten ist.
10. Ois is vergänglich, nur da Kuahschwanz, der bleibt länglich. (*bayerische Lebensweisheit*)
11. Alles war schön. Nichts tut weh. (*Kurt Vonnegut*)
12. Sterben ist einfach, aber versuch mal, hier in der Gegend einen Parkplatz zu finden. (*Art Buchwald*)
13. Ich habe keine Angst vor dem Tod, ich möchte nur nicht dabei sein. (*Woody Allen*)
14. Wenn es passiert, dann ist es eben so weit. Mehr als Sterben kann man nicht. Scheiß drauf. (*Charles Bukowski*)
15. Also, ich geh dann mal. (*Roy Liechtenstein*)

Berühmte letzte Worte, branchenspezifisch

1. Warum ist denn eigentlich der Löwenkäfig offen? (*Zoowärter*)
2. Die Schlange ist nicht giftig. (*Diplom-Biologe*)
3. Na, Kleines, wo ist denn deine Mami? (*Bärenjäger*)
4. Nicht anschalten! Ich bin noch in der Zentrifugiiiiiiiiiiiiiiiiiiiii! (*Mechaniker*)
5. Das ist ja wirklich eine interessante Reaktion. (*Chemiker*)
6. So was hatten wir noch nie. (*Leitender Ingenieur in einem Kernkraftwerk*)
7. Scheiß Sturm heute! (*Dachdecker*)
8. Scheiß Motten! (*Fallschirmspringer*)
9. Fang! (*Nitroglyzerinlieferant*)
10. So, den hätten wir am Haken. (*Kapitän eines Walfängers*)
11. Ich glaube, das Seil ist zu lang. (*Bungee-Springer*)
12. Alle Speere zu mir! (*Sportlehrer*)
13. Gib noch etwas Saft drauf! (*E-Gitarren-Spieler*)
14. Wer hat die Liane eingeölt? (*Tarzan*)
15. Mit dem Stützkreuz steht das Regal stabil. (*Bibliothekar*)
16. So nahe waren wir noch nie am Eiffelturm. (*Ballonfahrer*)
17. Meister, was'n dat für'n Kabel? (*Elektriker-Lehrling*)
18. Der Kaffee schmeckt heute so komisch. (*Bigamist*)
19. Ich nehme das Pilzragout. (*Restaurantkritiker*)
20. Oh, meine Uhr ist stehen geblieben. (*Wattwanderer*)

Umgangssprachliche Ausdrücke für »sterben«

1. Den Löffel abgeben.
2. Den Schirm zuklappen.
3. Den letzten Kringel scheißen.
4. Den Stoffwechsel einstellen.
5. Ins Gras beißen.
6. Die große Reise antreten.
7. In die Nüsse gehen.
8. Die Radieschen von unten sehen.
9. Gänseblümchen nach oben klopfen.
10. Sein letztes Ticket ziehen.
11. Einen Zettel am Zeh haben.

12. Die Uhr ist abgelaufen.
13. Den hölzernen Kittel anlegen.
14. Über die Wupper gehen.
15. Auf dem Tisch bleiben (*während einer Operation sterben*).
16. Über die Regenbogenbrücke gehen.
17. Um die Ecke gehen.
18. Bei Petrus anklopfen.
19. Sich ein Autogramm von Gott holen.
20. Sich einen kalten Arsch holen.
21. Mit den Engeln poussieren.
22. Wo kein Nachtbus mehr fährt.

Schöne Sprüche für den Grabstein
1. Hier ruhen meine Gebeine – ich wollt, es wären deine.
2. Hier liegt Johann Schmalles, und das ist alles.
3. Er hat nie jemanden beschissen, außer er hat es verdient.
4. Das Leben ist eine Rutschbahn, und dann stirbt man.
5. Das Leben ist eine unsichere Sache. Iss den Nachtisch zuerst.
6. Ach Gott, auf dem Niveau sind wir jetzt. (*Bernd Eilert*)
7. Wenn ich nicht hier bin, bin ich auf dem Sonnendeck. (*Peter Licht*)
8. Guck nicht so blöd, ich würde auch lieber am Strand liegen.
9. Im Großen und Ganzen wäre ich lieber in Philadelphia. (*W. C. Fields*)
10. Excuse me, I can't stand up. (*Groucho Marx*)
11. Ach na ja, mir hat's eh nicht gefallen. (*Charles Bukowski*)
12. Der Letzte macht das Licht aus.

Blumige Worte nach der Beisetzung
1. Ich verneige mein Haupt in Erfurt. (*statt*: Ehrfurcht)
2. Herzliches Ballkleid. (*statt*: Herzliches Beileid.)
3. Herzliches Beinkleid. (*dito*)
4. Mach's gut und danke für den Fisch. (*Douglas Adams*)
5. Auf Wiese gehen. (*statt:* Auf Wiedersehen.)
6. Die Guten sterben zuerst; man muss sich schämen, dass man noch lebt.

7. Die Einschläge kommen näher.
8. Wer früher stirbt, ist länger tot.
9. Immer lustig und vergnügt, bis der Arsch im Grabe liegt.
10. Auf der Erde ist besser als unter der Erde.
11. Lieber fünf Minuten feige als ein Leben lang tot.
12. Im nächsten Leben wird alles anders.
13. Eines Tages wacht man auf und stellt fest, dass man tot ist.
14. Sterben müssen wir alle mal.
15. See you later, Alligator.
16. Bis im nächsten Leben!
17. Und tschüss!

Nach dem Ableben

In der Hölle
1. Der Weg zur Hölle ist mit Nonnen gepflastert.
2. Die erste Nacht am Galgen ist die schlimmste.
3. Ich bin Bart Simpson, wer zum Teufel sind Sie? (*Bart Simpson*)
4. Der Teufel ist ein Eichhörnchen.
5. Eichhörnchen bedeuten mir nichts. (*Mark E. Smith*)
6. Ich bin nicht tot, ich rieche nur komisch.
7. Die Hölle ist nicht so heiß, wie sie der Pfaffe macht.
8. Das Entscheidende ist, wie gut man durchs Feuer geht. (*Charles Bukowski*)

Im Himmel
1. Das nenn ich oberaffenobergeil.
2. Alles so schön bunt hier.
3. So schön hatte ich mir das nicht vorgestellt.
4. Da fehlt kein Tüpfelchen auf dem i.
5. Zefix hallelujah, sog i. (*bayerisch*)
6. Ich kapiere ja noch, warum sie die wilden Orang-Utans nicht reinlassen, aber was ist mit den cleveren Kerlchen, die im Zirkus auftreten, die Rollschuh laufen und Zigarren rauchen? (*Homer Simpson*)

7. Ja, leck mich doch am Arsch! Is das nich meine alte Benimmlehrerin? (*Matthias Sodke*)

Unverblümte Äußerungen nach Beendigung der Lektüre dieses neu aufgelegten, überaus nützlichen Kompendiums
1. Wer braucht denn so was?
2. Dreister geht's kaum: Das Niveau hat sich gehoben, aber keiner steht drauf.
3. Ich lese lustige Sprüche eigentlich recht gern, aber was zu viel ist, ist zu viel. Man kann es auch übertreiben.
4. Weniger wäre mehr gewesen.
5. Ich bin immer noch geschockt. Dabei hatte ich mich so auf das Buch gefreut – und dann das. Kein Wort über Hautpflege. Wie peinlich.
6. Es ist nicht zu glauben. Schade um das interessante Thema.
7. Man könnte heulen, wenn es nicht so lustig wäre.
8. Mir tut alles weh vor Lachen. Nachts tu ich oft kein Auge zu.
9. Ein Volltreffer! Passt genau unter meinen wackeligen Tisch.
10. Gehört in jeden Haushalt.

Ende Gelände!

PS: Wer mehr will, muss an den Strand gehen.

Dank

Der Autor möchte sich bei allen Lesern herz rechtlich bedanken, die ihm neue Sprüche an die alte Adresse (*www.niveauistkeinehautcreme.de*) geschickt haben. Das Vergnügen war ganz auf seiner Seite.

Mein besonderer Dank gilt dem Freund und Schopenhauerkenner Bernd Eilert für das vorherragende Vorwort und andere Scherze. Zu danken hab ich auch und vor allem meinem Lektor Dr. Christoph Steskal für die abermalige freundliche Unterstützung. Mit seinen Fremdwörtern hat er mir sehr imprägniert.

Dankbar hervorheben möchte ich die Hilfe von Webman Kim Braun. Ebenso stand mir Verlegerlegende Dieter Schwalm mit sachkundigem Rat zur Seite (»Katzen gehen besser als Hunde!«). Für zentrale Informationen danke ich den Kolleginnen und Kollegen der Oldenburger Universitätsbibliothek. Ferner sei Doris Arndt für weitere Informationen da und dort sowie für Zwischentöne gedankt.

Bevor ich zum Schluss komme, möchte ich Christoph Bolwin vom Plattenladen *Minigroove* in Hamburg meinen Dank aussprechen für freundschaftliche Anteilnahme und Anspieltipps. Insbesondere das Stück »Ferienzeit« von Hildegard Knef hat mich entzückt.

Natürlich wäre diese Danksagung unvollständig, wenn ich nicht besonders meinen Agenten Joachim Jessen erwähnen würde, der alles weise geregelt hat. Ein Wort des Dankes geht auch an die *Goldgräberfürsorge* in Köln und insbesondere an deren Ehrenpräsidenten Gregor Henning.

Dank und Anerkennung selbstverständlich auch an Uli Kranz, Tom Breitenfeldt, Christian Brakel, Rainer Klinner, Claudia Denker, Doris Reske, Kirsten Ahlers, Winnetou Koslowski, Jens Oldemester, Sylke Oldewurtel, Tobias Kolb, Max Goldt, Hans Kantereit, Achim Tacke, Sabine Herla, Sabine Hartwig, Daniela Sannwald, Henning Papstein, Hilke Gramberg, Anke Hartkens,

Klaus Wilkens, Achim Szymanski und Achim Bittner für ditt und datt sowie an Gerhard Henschel für Tip und Tap – und zwar nicht zu knapp. Heißen Dank an Spruchkaiser Hans-Werner Saalfeld für »Kaltes Wasser ist mir zu kalt«.

Danke außerdem: Manfred Richter für Pannenhilfe, Wiglaf Droste für Kalauer, Marcus Weimer für Postkarten, Fritz Tietz für O-Töne, Achim Gaul für Wanderwege, Gerhard Richter für Büchertische, Werner Wortspiel für alles sowie Jürgen Wessels für Flüsterübersetzungen aus dem Niederländischen und dem Land Niedersachsen für schöne vorüberziehende Wolken.

Zu Dank verpflichtet bin ich den Nonsens-Beilagen WimS (*Pardon*), Kolibri (*Titanic*) und Lötzinn (*Kowalski*) sowie der Umgangssprache-Website *Mundmische*, der Satire-Website *Der Postillon* und Lars but not Lisa den *Simpsons*.

Dank gebührt nicht zuletzt Frank Schulz für Lautmalerei & Brummomat. Schönen Schrank, Frank. Herzmerci an meine Schwester Marianne für ihr Fazit nach Durchsicht des Manuskripts: »Willen bleibt Willen, da helfen keine Pillen.« Nun gut. Ich fahre fort. Noch jemand ohne Fahrschein? Ach ja, für wertvolle Diskussionen danke ich Pilzer und Pelzer. Vielen Dank auch an Kromo für Womo-Aufkleber und den klaren Blick. Hilfreich war auch der Gehülfe Udo Ickert, der immer Druck gemacht hat. Es soll nicht unerwähnt bleiben, dass ich mich bis heute Lord Brett Sinclair (*Roger Moore*) und Daniel »Danny« Wilde (*Tony Curtis*) aus der britischen Krimiserie »Die 2« dankbar verbunden fühle. Synchron-Papst Rainer Brandt war derjenige, welcher. Nicht genug danken kann ich – Trommelwirbel, Tusch und Applaus – dem Volksmund. Ich übertreibe sicher nicht, wenn ich behaupte, dass ohne den Volksmund dieses Buch möglicherweise gar nicht geschrieben worden wäre. Danke und tschüss! Hol di fuchdich.

G. W.

Benutzte und weiterführende Literatur

Adams, Douglas: *Per Anhalter durch die Galaxis* (Gesamtausgabe). 5. Auflage. Frankfurt am Main:. Rogner & Bernhard bei Zweitausendeins, 2011
Allen, Woody: *Nebenwirkungen*. München:, Rogner & Bernhard, 1981
Allen, Woody: *Ohne Leit kein Freud*. Reinbek bei Hamburg: Rowohlt, 1981
Allen, Woody: *Wie du dir so ich mir*. Reinbek bei Hamburg: Rowohlt, 1980
Althaus, Hans Peter: *Zocker, Zoff & Zores*. München: C.H. Beck, 2002
Aman, Reinhold: *Bayrisch-Österreichisches Schimpfwörterbuch*. München: Süddeutscher Verlag, 1973
Ambjoernsen, Ingvar: *Das goldene Vakuum*. Hamburg:, Edition Nautilus, 1993
Ankowitsch, Christian: *Kleines Konversationslexikon*. Frankfurt am Main: Eichborn, 2004
Appel, Andrea: *Die Katze im Sack kommt mir spanisch vor*. Berlin: arani, 1987
Artmann, H.C.: *Gesammelte Prosa in zwei Bänden*. Salzburg, Wien: Residenz, 2005

Bahner, Hans: *Da beißt die Maus keinen Faden ab*. Leipzig, München: Altberliner, 2005
Beck, Gloria: *Komplimente*. München: Piper, 2011
Beckett, Samuel: *Wie es ist*. Frankfurt am Main: Suhrkamp, 1995
Bernhard, Thomas: *Die Romane*. Frankfurt am Main: Suhrkamp, 2008
Bernstein, F.W.: *Frische Gedichte*. München: Antje Kunstmann, 2017
Bernstein, F.W.: *Die Gedichte*. München: Antje Kunstmann, 2003
Bernstein, F.W.: *Reimweh*. Stuttgart: Reclam, 1984
Bierce, Ambrose: *Des Teufels Wörterbuch*. Zürich: Haffmans, 1986
Bittermann, Klaus: *Sid Schlebrowskis kurzer Sommer der Anarchie und seine Suche nach dem Glück*. Berlin: Edition Tiamat, 2016
Bloss, Christopher: *Die besten Liebesübungen aller Zeiten*. Köln: Anaconda, 2011
Bluhme, Hermann: *Etymologisches Wörterbuch des deutschen Grundwortschatzes*. München: Lincom, 2005

Borneman, Ernest: *Sex im Volksmund*. Reinbek bei Hamburg: Rowohlt, 1991
Borowiak, Simon: *Frau Rettich, die Czerni und ich*. Berlin: Edition Tiamat, 2018
Borowiak, Simon: *Schade um den schönen Sex*. Frankfurt am Main: Eichborn AG, 2009
Borowiak, Simon: *Wer Wem Wen*. Frankfurt am Main: Eichborn AG, 2007
Bukowski, Charles: *Ausgeträumt*. 8. Auflage. München: dtv, 2007
Bukowski, Charles: *Den Göttern kommt das große Kotzen*. Köln: Kiepenheuer & Witsch, 2006
Bukowski, Charles: *Hot Water Music*. 12. Auflage. München: dtv, 2005
Bukowski, Charles: *Nicht mit 60, Honey. Gedichte vom südlichen Ende der Couch*. 2. Auflage. München: dtv, 2004
Bukowski, Charles: *Das Schlimmste kommt noch oder Fast eine Jugend*. Neuausgabe. München: dtv, 2007
Bukowski, Charles: *Schreie vom Balkon*. Hamburg: Gingko-Press, 2005
Bukowski, Charles: *439 Gedichte*. Frankfurt am Main: Zweitausendeins, 2003
Burger, Harald: *Phraseologie*. 3., neu bearb. Auflage. Berlin: Schmidt, 2007

Chandler, Raymond: *Sämtliche Werke* (13 Bände). Zürich: Diogenes, 1980
Charms, Daniil: *Fälle*. Zürich: Haffmanns, 1984
Charms, Daniil: *Fallen*. Zürich: Haffmanns, 1985
Charms, Daniil: *Die Kunst ist ein Schrank*. Berlin: Friedenauer Presse, 1992
Cleese, John: *Wo war ich noch mal?* München: Karl Blessing, 2015
Cleese, John; Booth, Connie: *Fawlthys Hotel*. Zürich: Haffmanns, 1995
Compart, Martin: *Crime TV – Lexikon der Krimi-Serien*. Berlin: Dieter Bertz, 2000
Cyriacks, Hartmut; Nissen, Peter: *2000 Wörter Plattdüütsch*. 7. Auflage. Hamburg: Quickborn-Verlag, 2005
Cyriacks, Hartmut/Nissen, Peter: *Sprichwörter Plattdeutsch und ihre Bedeutungen*. 8. Auflage. Hamburg: Quickborn-Verlag, 2007

Dahl, Roald: *Onkel Oswald und der Sudan-Käfer*. Reinbek bei Hamburg: Rowohlt, 1990
Dannen, Funny van: *Alles gut Motherfucker. / Musik- CD*. Berlin: Edition Tiamat, 2018

Dannen, Funny van: *Die weitreichenden Folgen des Fleischkonsums*. Berlin: Edition Tiamat, 2018

Drews, Gerald; Paulmichl, Erich: *Lexikon der schlagfertigen Sprüche*. Augsburg: Bechtermünz, 1995

Dostojewskij, Fjodor: *Böse Geister*. 6. Auflage. Frankfurt am Main: S. Fischer, 2000

Droste, Wiglaf: *Im Sparadies der Friseure*. Berlin: Edition Tiamat, 2009

Droste, Wiglaf: *Kalte Duschen, warmer Regen*. Berlin: Edition Tiamat, 2018

Droste, Wiglaf; Rattelschneck: *In 80 Phrasen um die Welt*. Hamburg: Edition Nautilus, 1992

Droste, Wiglaf; Klink, Vincent: *Wir schnallen den Gürtel weiter*. Stuttgart: Reclam 2008

Dudenredaktion (Hrsg.): *Das große Buch der Zitate und Redewendungen*. Mannheim u. a.: Dudenverlag, 2002

Dudenredaktion (Hrsg.): *Redewendungen und sprichwörtliche Redensarten*. Mannheim u. a.: Dudenverlag, 1992

Dudenredaktion (Hrsg.): *Zitate und Aussprüche*. 2., neubearb. und aktualisierte Auflage. Mannheim u. a.: Dudenverlag, 2002

Duve, Karen: *Fräulein Nettes kurzer Sommer*. Berlin: Galiani, 2018

Duve, Karen: *Keine Ahnung*. Frankfurt am Main: Suhrkamp, 1999

Duve, Karen: *Regenroman*. Frankfurt am Main: Eichborn, 1999

Ebert, Michael; Klotzek, Timm: *Neon Unnützes Wissen*. München: Wilhelm Heyne, 2008

Eckenga, Fritz: *Mit mir im Reimen*. München: Antje Kunstmann, 2015

Egner, Eugen: *Tagebuch eines Trinkers*. Zürich: Haffmanns, 1991

Ehmann, Hermann: *Endgeil – das voll korrekte Lexikon der Jugendsprache*. München: C.H. Beck, 2005

Eilert, Bernd: *Das aboriginale Horoskop*. Zürich: Haffmanns, 1983

Eilert, Bernd: *Eingebildete Notwehr*. Zürich: Haffmanns, 1989

Eilert, Bernd: *Das Hausbuch der literarischen Hochkomik*. Zürich: Haffmanns, 1986

Eilert, Bernd: *Windige Passagen*. Zürich: Haffmanns, 1991

Fante, John: *Eine Braut für Dino Rossi*. Augsburg: Maro, 2002

Fante, John: *Der Weg nach Los Angeles*. Berlin: Blumenbar, 2017

Fante, John: *1933 war ein schlimmes Jahr*. Berlin: Blumenbar, 2016

Fechner, Mario: *Nerv-Deutsch/Deutsch-Nerv*. Leipzig: Neuer Europa Verlag, 2006

Flaubert, Gustave: *Wörterbuch der Gemeinplätze*. München: Matthes & Seitz, 1985

Flemes, Christian: *Das kleine Buch der hannoverschen Mundart*. Hannover: Leuenhagen & Paris, 2008

Genazino, Wilhelm: *Bei Regen im Saal*. München: Carl Hanser, 2014

Genazino, Wilhelm: *Kein Geld, keine Uhr, keine Mütze*. München: Carl Hanser, 2018

Gernhardt, Robert: *Die Blusen des Böhmen*. Frankfurt am Main: Zweitausendeins, 1977

Gernhardt, Robert: *Gesammelte Gedichte 1954–2004*. Frankfurt am Main: S. Fischer, 2005

Gernhardt, Robert: *Glück Glanz Ruhm*. Zürich: Haffmanns, 1983

Gernhardt, Robert: *Letzte Ölung*. Zürich: Haffmanns, 1985

Gernhardt, Robert: *Was gibt's denn da zu lachen?* Zürich: Haffmanns, 1987

Gernhardt, Robert: *Wörtersee*. Frankfurt am Main: Zweitausendeins, 1981

Gernhardt, Robert; Bernstein, F.W.: *Besternte Ernte*. Frankfurt am Main: Zweitausendeins, 1976

Gernhardt, Robert; Bernstein, F.W.; Waechter, F.K.: *Die Wahrheit über Arnold Hau*. Frankfurt am Main: Zweitausendeins, 1974

Gernhardt, Robert; Bernstein, F.W.; Waechter, F.K.: *Welt im Spiegel*. Frankfurt am Main: Zweitausendeins, 1979

Gernhardt, Robert; Eilert, Bernd; Knorr, Peter: *Erna, der Baum nadelt*. Zürich: Haffmanns, 1998

Girtler, Roland: *Rotwelsch*. Wien u. a.: Böhlau, 1998

Goldt, Max: *Für Nächte am offenen Fenster*. Reinbek bei Hamburg: Rowohlt, 2005

Goldt, Max: *Lippen abwischen und lächeln*. Berlin: Rowohlt, 2016

Goldt, Max: *Räusper*. Berlin: Rowohlt, 2015

Goltz, Reinhard: *Die Sprache der Finkenwerder Fischer*. Herford: Koehler, 1984

Graßhoff, Fritz: *Unverblümtes Lieder- und Lästerbuch*. Köln: Kiepenheuer & Witsch, 1964

Groening, Matt: *Bart Simpsons Tipps & Tricks für alle Lebenslagen.* Stuttgart: Dino, 1998

Groening, Matt: *Die Simpsons – der ultimative Serienguide.* Stuttgart: Dino entertainment AG, 2001

Gsella, Thomas; Lenz, Heribert; Roth, Jürgen: *So werde ich Heribert Faßbender.* Essen: Klartext, 1995

Hammett, Dashiell: *Sämtliche Werke* (10 Bände). Zürich: Diogenes, 1981

Haefs, Hanswilhelm: *Handbuch des nutzlosen Wissens.* München: dtv, 1989

Hau, Willi (Hrsg.): *Sponti-Sprüche.* Frankfurt am Main: Eichborn, 1981

Hau, Willi (Hrsg.): *Sponti-Sprüche No. 2.* Frankfurt am Main: Eichborn, 1982

Havlik, E.J.: *Lexikon der Onomatopöien.* Frankfurt am Main: Verlag Dieter Fricke, 1981

Hefele, Albert: *Die Dias des Nachbarn.* Memmingen: Maximilian Dietrich Verlag, 2005

Henning, Gregor: *Der Kardinal trug rote Slipper.* Köln: Goldgräberfürsorge, 1981

Henscheid, Eckhard: *Beim Fressen fällt der Vater dem Kartoffel aus dem Maul.* München: Verlag Klaus G. Renner, 1981

Henscheid, Eckhard: *Dolce Madonna Bionda.* Zürich: Haffmans, 1983

Henscheid, Eckhard: *Dummdeutsch.* Stuttgart: Reclam, 1993

Henscheid, Eckhard: *Geht in Ordnung – sowieso – – genau – – –* Frankfurt am Main: Zweitausendeins, 1977

Henscheid, Eckhard: *Die Mätresse des Bischofs.* Frankfurt am Main: Zweitausendeins, 1978

Henscheid, Eckhard: *Maria Schnee.* Zürich: Haffmans, 1988

Henscheid, Eckhard: *Die Vollidioten.* Frankfurt am Main: Zweitausendeins, 1978

Henschel, Gerhard: *Abenteuerroman.* Hamburg: Hoffmann und Campe, 2012

Henschel, Gerhard: *Arbeiterroman.* Hamburg: Hoffmann und Campe, 2017

Henschel, Gerhard: *Bildungsroman.* Hamburg: Hoffmann und Campe, 2014

Henschel, Gerhard: *Erfolgsroman.* Hamburg: Hoffmann und Campe, 2018

Henschel, Gerhard: *Jugendroman*. Hamburg: Hoffmann und Campe, 2009

Henschel, Gerhard: *Kindheitsroman*. Hamburg: Hoffmann und Campe, 2004

Henschel, Gerhard: *Künstlerroman*. Hamburg: Hoffmann und Campe, 2015

Henschel, Gerhard: *Liebesroman*. Hamburg: Hoffmann und Campe, 2010

Henschel, Gerhard; Willen, Günther: *Drin oder Linie?* Leipzig: Reclam, 1996

Henschel, Gerhard; Willen, Günther: *Supersache! Lexikon des Fußballs.* Greiz: Verlag Weißer Stein, 1994

Herrman-Winter, Renate: *Sprachbilder im Plattdeutsch*. Rostock: Hinstorff, 2002

Herrndorf, Wolfgang: *In Plüschgewittern*. Frankfurt am Main: Haffmanns bei Zweitausendeins, 2002

Herrndorf, Wolfgang: *Stimmen*. Berlin: Rowohlt-Berlin, 2018

Herrndorf, Wolfgang: *Tschick*. Berlin: Rowohlt-Berlin, 2010

Herz-Kestranek, Miguel: *Mir zugeschüttelt*. Wien: Brandstätter, 1999

Hessky, Regina; Ettinger, Stefan: *Deutsche Redewendungen*. Tübingen: Narr, 1997

Hinz & Kunz Comics. *Sammelband Hefte 7–10*. Linden: Volksverlag, 1981

Hirsch, Eike Christian: *Deutsch kommt gut*. München: C.H. Beck, 2008

Holbein, Ulrich: *Sprachlupe*. Frankfurt am Main: Eichborn, 1996

Jaeger, Heino: *Alkoholprobleme in Dänemark*. 1 Audio- CD. Zürich: Kein & Aber Records, o.J.

Jaeger, Heono: *Lebensberatungspraxis Dr. Jaeger.* 1 Audio-CD. Zürich: Kein & Aber Records, o.J.

Jaeger, Heino: *Man glaubt es nicht*. Zürich: Kein & Aber, 2005

Jaeger, Heino: *Sie brauchen gar nicht so zu gucken*. 1 Audio-CD. Zürich: Kein & Aber Records, o.J.

Jerofejew, Wenedikt: *Die Reise nach Petuschki*. München: Piper & Co., 1978

Kähler, Richard: *Teddy's Trends*. Zürich: Haffmanns, 1990

Kähler, Richard; Saalfeld, Hans Werner: *Zart ist der Schwanz der Bisamratte*. Frankfurt/M.: Zweitausendeins, 1980

Kähler, Richard; Saalfeld, Hans Werner; Pfarr, Bernd u. a.: *Ko-Li-Bri*. Band 1. Kiel: Semmel, 1985

Kähler, Richard; Saalfeld, Hans Werner; Pfarr, Bernd u. a.: *Ko-Li-Bri*. Band 2. Kiel: Semmel, 1986

Kähler, Richard; Saalfeld, Hans Werner; Pfarr, Bernd u. a.: *Ko-Li-Bri*. Band 3. Kiel: Semmel, 1986

Kästner, Erich: *Die Romane*. Zürich: Haffmanns, 2011

Kafka, Franz: *Sämtliche Werke*. 4. Auflage. Frankfurt am Main: Zweitausendeins, 2007

Kantereit, Hans: *Professor Kartoffel: So funktioniert die Welt*. Frankfurt am Main: Eichborn AG, 2006

Kantereit, Hans: *Der Rest geht dann beim Duschen ab*. Kiel: Semmel, 1987

Kantereit, Hans: *Runter kommen sie immer!* Oldenburg: Lappan, 2008

Keller, Harald: *Kultserien und ihre Stars*. Berlin: Dieter Bertz Verlag, 1996

Kempowski, Walter: *Heile Welt*. München: Albrecht Knaus, 1998

Kempowski, Walter: *Sirius*. München: Albrecht Knaus, 1990

Kempowski, Walter: *Tadellöser & Wolff*. München: Albrecht Knaus, 1978

Keyserling, Eduard von: *Landpartie. Gesammelte Erzählungen*. München: Manesse, 2018

Kluge, Friedrich: *Etymologisches Wörterbuch der deutschen Sprache*. 23. Auflage Berlin: de Gruyter, 1999

Köhler, Peter: *Das Nonsens-Buch*. Stuttgart: Reclam, 1990

Köhler, Peter: *Poetische Scherzartikel*. Stuttgart: Reclam, 1991

Köhler, Peter: *Das Witzbuch*. Stuttgart: Reclam, 1993

Köhler, Peter; Pawlowski, Klaus; Umbach, Reinhard: *Fette Prosa, starke Reime*. Göttingen: Satzwerk, 2009

Küpper, Heinz: *Handliches Wörterbuch der deutschen Alltagssprache*. Hamburg und Düsseldorf: Claasen, 1968

Küpper, Heinz: *Illustriertes Lexikon der deutschen Umgangssprache in 8 Bänden*. Stuttgart: Klett, 1982–84

Küpper, Marianne; Küpper, Heinz: *Schülerdeutsch*. Hamburg und Düsseldorf: Claasen, 1972

Kusenberg, Kurt: *Gesammelte Erzählungen*. Reinbek bei Hamburg: Rowohlt, 1969

Latimer, Jonathan: *Sämtliche Werke* (9 Bände). Zürich: Diogenes, 1988

Leonard, Elmore: *Jackie Brown*. München: Goldmann, 1998

Leonard, Elmore: *Schnappt Shorty.* München: Goldmann, 1991
Leuninger, Helen: *Danke und Tschüs fürs Mitnehmen.* München: dtv, 1998
Licht, Peter: *Vierzehn Lieder.* 1 Musik-CD. Wien: BMG Ariola Media GmbH, 2001
Licht, Peter: *Wir werden siegen! Buch vom Ende des Kapitalismus.* 2. Auflage. Frankfurt am Main: S. Fischer Taschenbuch, 2013
Loriot: *Bitte sagen Sie jetzt nichts: Gespräche.* Zürich: Diogenes, 2011
Loriot: *Das Frühstücks-Ei.* Zürich: Diogenes, 2003
Loriots Ödipussi. *Das Buch zum Film.* Zürich: Diogenes, 1988

MacDonald Fraser, George: *Flahsman – Karrieren eines Kavaliers.* München: dtv, 1974
Malet, Leo: *Paris des Verbrechens – Nestor Burmas klassische Fälle.* Frankfurt am Main: Zweitausendeins, 2008
Marx, Groucho: *Schule des Lächelns.* Frankfurt am Main: S. Fischer, 1981
Metes, Jörg; Rubinowitz, Tex: *Die sexuellen Phantasien der Kohlmeisen.* Köln: Kiepenheuer & Witsch, 1996
Moers, Walter: *Der alte Sack, ein kleines Arschloch und andere Höhepunkte des Kapitalismus.* 6. Auflage. Frankfurt am Main: Eichborn, 1996
Moers, Walter: *Ensel und Krete.* 25. Auflage. München: Goldmann, 2002
Moers, Walter: *Das Labyrinth der Träumenden Bücher.* 2. Auflage. München: Penguin, 2017
Moers, Walter: *Prinzessin Insomnia & der alptraumfarbene Nachtmahr.* München: Knaus, 2007
Monty Python: *Das Leben Brians.* München: Heyne, 1994
Moritz, Eduard (Hrsg.): *Sponti-Sprüche No. 3.* Frankfurt am Main: Eichborn, 1983
Moritz, Rainer (Hg.): *Vorne fallen die Tore.* Frankfurt am Main: S. Fischer, 2006
Müllender, Bernd; Nöllenheidt, Achim (Hrsg.): *Am Fuß der blauen Berge.* Essen: Klartext, 1994
Mülller, Fanny: *Keks, Frau K. und Katastrophen.* Frankfurt am Main: Haffmanns bei Zweitausendeins, 2004
Müller, Fanny: *Mein Keks gehört mir.* Greiz: Weißer Stein, 1995
Müller-Thurau, Claus Peter: *Lass uns mal 'ne Schnecke angraben.* Düsseldorf und Wien: Econ, 1983

O'Brien, Flann: *Werke in acht Bänden.* Zürich: Kein & Aber AG, 2011

Paulun, Dirks: *Is doch gediegen.* Hamburg: Broschek, 1973
Pfarr, Bernd: *Sondermann.* Göttingen: Steidl, 2007
Plattdeutsche Sprichwörter, Redensarten und Bauernregeln aus dem Emsland. Gesammelt von Bernhard Garmann. Bearbeitet und herausgegeben von Hans Taubken. Lingen (Ems) 1978
Pogorell, Reiner; Schröder, Markus (Hrsg.): *Wörterbuch überflüssiger Anglizismen.* Paderborn: IFB, 1999
Probst, Alfred: *Amideutsch.* Frankfurt/M.: Fischer Taschenbuch, 1989

Rattelschneck: *Das dicke Rattelschneck-Buch.* Berlin: Eulenspiegel, 2001
Regener, Sven: *Neue Vahr Süd.* Frankfurt am Main: Eichborn, 2004
Reufsteck, Michael; Niggemeier, Stefan: *Das Fernseh-Lexikon.* München: Goldmann, 2005
Rowohlt, Harry: *Gottes Segen und Rot Front.* Zürich: Kein & Aber AG, 2009
Rowohlt, Harry: *Der Kampf geht weiter.* Zürich: Kein & Aber AG, 2005
Rowohlt, Harry: *Pooh's Corner.* Frankfurt/M.: Zweitausendeins, 1998
Rowohlt, Harry: *Und tschüs.* Zürich: Kein & Aber, 2016
Rubinowitz, Tex: *Aus der Toilette kamen Wischgeräusche.* München: Knaur, 1994
Rubinowitz, Tex: *Rumgurken.* Reinbek bei Hamburg: Rowohlt, 2012
Rubinowitz, Tex: *Die sieben Plurale von Rhabarber.* Reinbek bei Hamburg: Rowohlt, 2013
Rubinowitz, Tex: *Und für Leute, die nicht lesen können, ist die Zigarette durchgestrichen.* Zürich: Haffmanns, 1999
Rühmkorf, Peter: *Über das Volksvermögen.* Reinbek bei Hamburg: Rowohlt, 1984

Sanders, Adolf: *Ostfriesland von A bis Z.* Norden: SKN, 2008
Sargnagel, Stefanie: *Statusmeldungen.* Reinbek bei Hamburg: Rowohlt, 2017
Schamoni, Rocko: *Dorfpunks.* Reinbek bei Hamburg: Rowohlt, 2004
Schamoni, Rocko: *Sternstunden der Bedeutungslosigkeit.* Köln: Dumont, 2007
Schiffner, Benjamin & Sonneborn, Martin: *Quatsch und mehr.* Köln: Kiepenheuer & Witsch, 2012

Schmidt, Arno: *Das erzählerische Werk in 8 Bänden*. Zürich: Haffmanns, 1985

Schmitt, Oliver Maria: *Anarchoshnitzel schrieen sie*. Berlin: Rowohlt, 2006

Schneider, Helge: *Guten Tach. Auf Wiedersehen*. Köln: Kiepenheuer & Witsch, 1992

Schopenhauer, Arthur: *Werke in fünf Bänden*. Mit Beibuch. Zürich: Haffmanns, 1988

Schulte, Michael (Hrsg.): *Alles von Karl Valentin*. München: Piper, 1978

Schulte, Michael: *Die Dame, die Schweinsohren nur im Liegen aß*. Frankfurt/M.: S. Fischer, 1981

Schulz, Frank: *Anmut und Feigheit*. Berlin: Galiani, 2018

Schulz, Frank: *Kolks blonde Bräute*. Zürich: Haffmanns, 1991

Schulz, Frank: *Mehr Liebe*. Berlin: Galiani, 2010

Schulz, Frank: *Morbus Fonticuli oder Die Sehnsucht des Laien*. Zürich: Haffmanns, 2001

Schulz, Frank: *Naturlyrik, Anfängerkurs*. Frankfurt am Main: Haffmanns bei Zweitausendeins, 2008

Schulz, Frank: *Das Ouzo-Orakel*. Frankfurt am Main: Eichborn, 2006

Schuster, Theo: *In Aurich ist es schaurig…* Leer: Schuster, 2004

Schwedt, Georg: *Wenn das Gelbe vom Ei blau macht*. Weinheim: WILEY-VCH, 2008

Sprechen Sie Bremisch? Bremer Tageszeitungen AG (Hrsg. & Verlag). Bremen, 2011

Stevenson, Robert Louis: *Die Schatzinsel*. Zürich: Manesse, 1971/2006

Strunk, Heinz: *Fleisch ist mein Gemüse*. Reinbek bei Hamburg: Rowohlt, 2004

Strunk, Heinz: *Jürgen*. Reinbek bei Hamburg: Rowohlt, 2017

Strunk, Heinz: *Junge rettet Freund aus Teich*. Reinbek bei Hamburg: Rowohlt, 2013

Strunk, Heinz: *Junge rettet Freund aus Teich*. Reinbek bei Hamburg: Rowohlt, 2013

Strunk, Heinz: *Die Zunge Europas*. Reinbek bei Hamburg: Rowohlt, 2008

Szymanski, Achim: *Alles muss raus*. Books on demand, 2017

Szymanski, Achim: *Halt durch, Steffi!* Zürich: Haffmanns, 1986

Thomas, Ross: *Sämtliche seit 2005 im Alexander Verlag Berlin erschienene Werke* (insgesamt 25 Bände)

Benutzte und weiterführende Literatur 373

Tietz, Fritz: *Und vorne brennt die Luft*. Berlin: Edition Tiamat, 2005
Tilgner, Daniel: *Das Bremer Schnackbuch*. Bremen: Edition Temmen, 2011
Townsend, Sue: *Das Intimleben des Adrian Mole, 13 3/4 Jahre*. München: Goldmann, 1988
Townsend, Sue: *Die Tagebücher des Adrian Mole*. Berlin: Edition Tiamat, 2011
Twitter. Das Leben in 140 Zeichen. Stuttgart: Pons, 2010

Vonnegut, Kurt: *Zeitbeben*. München, Wien: Hanser, 1977

Waechter, Friedrich Karl: *Waechter*. Zürich: Diogenes, 2002
Waechter, Friedrich Karl: *Wahrscheinlich guckt wieder kein Schwein*. Zürich: Diogenes, 1978
Wahrig, Gerhard: *Deutsches Wörterbuch. 7., vollst. neu bearbeitete u. aktualisierte Auflage*. Gütersloh, München: Wissen Media, 2005
Walser, Robert: *Der Gehülfe. 16. Auflage*. Frankfurt am Main: Suhrkamp, 1985
Walser, Robert: *Geschwister Tanner*. Frankfurt am Main: Suhrkamp, 2001
Walser, Robert: *Jakob von Gunten. 8. Auflage*. Frankfurt am Main: Suhrkamp, 1999
Wat so seggt ward. Niederdeutsche Sprichwörter und Redensarten aus Schleswig-Holstein. Zusammengestellt von Rudolf Horstmann. Neumünster 1980
Waugh, Evelyn: *Wiedersehen mit Brideshead*. Neuübersetzung. Zürich: Diogenes, 2013
Weis, Hans: *Spiel mit Worten*. Bonn: Ferd. Dümmler Verlag, 1965
Wiedenmann, Nora: *Versprecher*. Tübingen: Niemeyer, 1999
Willen, Günther: *Füße hoch, das Niveau steigt*. München: Heyne, 2013
Willen, Günther: *Das große Buch der kleinen Männer*. Oldenburg: Lappan, 2012
Willen, Günther: *Lexikon des lebensverlängernden Wissens*. Frankfurt am Main: S. Fischer, 2006
Willen, Günther: *Wer das liest, lebt länger!* Bern: Scherz, 2003
Wodehouse, P.G.: *Auf geht's, Jeeves!* Berlin: Insel, 2017
Wodehouse, P.G.: *Ehrensache, Jeeves!* Berlin: Insel, 2018
Wodehouse, P.G.: *Jeeves wirkt Wunder*. Zürich: Edition Epoca, 2011
Wodehouse, P.G.: *Jetzt oder nie*. Zürich: Edition Epoca, 2000

Wodehouse, P.G.: *Lustige Geschichten.* Zürich: Diogenes, 1964
Wodehouse, P.G.: *Onkel Dynamit.* Zürich: Edition Epoca, 2001
Wodehouse, P.G.: *Sommerliches Schloßgewitter.* Hildesheim: Gerstenberg, 1987
Wodehouse, P.G.: *Der unvergleichliche Jeeves.* Reinbek bei Hamburg: Rowohlt, 1995
Wolf, Ror: *Werke* (13 Bände). Frankfurt am Main: Schöffling & Co.

Zippert, Hans: *Fernsehen ist wie Radio, nur ohne Würfel.* Berlin: Edition Tiamat, 2017
Zippert, Hans: *Das Weltwissen der 48jährigen.* München: Sanssouci im Carl Hanser, 2006
Zippert, Hans: *Würden Sie an einer Tortengrafik teilnehmen?* Berlin: Edition Tiamat, 2015

Internet

www.gehmirnichaufdensack.de
www.greser-lenz.de
www.katzundgoldt.de
www.mundmische.de
www. der-postillon.com
www.prinzessinnenreporter.de
www.rattelschneck.de
www.titanic-magazin.de
www.umblaetterer.de

Stichwortregister

Aal 156, 296
Aas 90, 103
Abend 52, 72, 81, 92, 112, 123, 171, 206, 233, 246, 248, 277, 283, 341, 349
Abendanzug 341
Abendessen 273
Abenteuer 204
Abfahrt 71, 253
Abfluss 175
Abfuhr 62
Abgabetermin 303
Abgrund 346
Abifeier 115
Ablehnung 62
Abseitsfalle 298
Abstand 184, 311
Äbte 277
Abwechslung 200
Abziehbild 95
Achterbahn 94, 205, 297
Acker 201, 204
ADAC 121
Adel 291
Adidas 152, 260
Adler 112, 205
Adorno, Theodor W. 115
Adria 203
Advent 344
AEG 152
Affäre 135, 301
Affe 53, 62, 64, 68, 70, 83, 87, 95, 102, 138, 155, 244, 247, 261
Affenscheiße 58
Afghanistan 197
Afrika 229
Agent 107
Ägypten 203, 232
Ahnung 161, 277, 292, 299, 332
Akazie 36, 85
Akku 147
Aktie 36, 274, 282, 316 f.
Alaska 232
Albers, Hans 88
Aldi 95, 171
Alibi 255
Alkohol 185, 187, 226, 230, 232 f., 238, 268, 282, 331
Alkoholiker 276
Alkoholmangel 297

Alkoholproblem 226, 326
Alligator 358
Altenheim 112
Alter 106, 116, 243, 285, 336 f., 343
Aluminium 150
Alzheimer 175
Ameise 182, 206, 210
Ameisenscheiße 156
Amerika 46
Amrum 205
Amsterdam 196
Anarchie 297
Anbetung 283
Anerkennung 56
Anfang 82, 186, 188, 204, 232, 249, 279, 347
Anfänger 183, 273, 294
Angeln 262
Angler 262, 303
Angst 89, 100, 143, 332, 355
Angsthase 89
Ankunft 210
Anlauf 253
Anmut 152
Anruf 125
Anrufbeantworter 148 f.
Ansichtskarte 103
Anstrengung 108
Antwort 136, 302, 304, 308
Anwohner 183
Anzug 292
Apfel 172, 179, 224, 263, 276, 327
Apfelfrau 63
Apfelkuchen 63, 165, 224
Apfelmus 52, 216
Apfelpflücker 172
Apfelsine 344
Apfelstrudel 262
Apfelwein 226 f.
Apotheke 63, 66, 100, 115, 274, 307, 327
Apotheker 327
Apparat 99, 147
Appetit 132, 139, 219
Aprikose 210
April 26
Arbeit 77, 113, 115, 125, 130, 180, 185, 203, 230, 244, 259, 284, 298 f., 301, 303 f., 306, 309, 334 f., 336
Arbeiter 295

Arbeitsamt 303
Arbeitsplatz 82, 230
Arbeitszeit 168, 300
Arche 195
ARD 253
Ärger 105, 181
Arm 155 f., 188, 221, 253, 259, 283, 300, 310, 335
Ärmel 63, 169, 280
Aroma 130
Arroganz 250
Arsch 21, 40–43, 51, 54, 58, 61, 65, 67, 75 f., 80–83, 86, 88 ff., 92–95, 97, 104, 114, 117, 131, 135, 137, 160, 166, 171, 173, 175, 185, 198, 201 f., 204, 209, 221, 238, 245, 249, 253, 259, 261, 264 f., 275, 284, 291, 298, 300, 303 f., 320, 336 f., 346, 348, 354, 357 ff.
Arschgeweih 34, 155
Arschkarte 206
Arschloch 35, 112 f., 184 f., 265, 280, 289, 295, 337, 347
Arschrunzeln 297
Arterie 24
Arzt 45, 107, 112 f., 199, 230, 247, 255, 282, 307 f., 325, 327, 335 f., 346
Asche 40, 315
Aschenbecher 232, 234, 237
Aserbaidschan 197
Asphalt 90, 280
Aspirin 21, 139
Assessor 112
Asthma 265
Atem 42, 172
Atemnot 334
Atheist 215, 355
Athen 84, 181, 196
Atomgewicht 41
Aufdringlichkeit 42
Aufschnitt 157
Aufschwung 310
Aufstehen 53, 315 f.
Aufzug 107, 179
Auge 56, 72, 82, 85 f., 94, 123, 126, 156, 185, 190 f., 205, 210, 217, 219 f., 225, 229, 254, 262, 297, 311, 326, 331, 359
Augenblick 47, 147, 223, 268
Augenflimmern 92
Augenring 92
Augsburg 105, 171
August 26, 87, 205, 290
Auktion 245
Ausnahme 289
Aussage 55
Außenminister 235
Aussprache 102

Australien 181, 196
Ausweis 195
Auto 44, 50, 98, 100, 121, 140, 151, 180, 183, 186, 189 f., 203, 208, 211, 266, 278, 284, 342
Autoaufkleber 184
Autobahn 186, 278
Autofahrer 111, 185 f., 189
Autogramm 150, 357
Automat 234
Autopanne 301
Autoscooter 205
Axt 127, 141, 279, 299
Ayurveda 284
Azubi 21, 305, 307

Baby 93, 130, 133, 253, 344
Bach 47
Bach, Johann Sebastian 246
Backe 43, 61, 86, 93, 326
Bäcker 157, 294
Backobst 62, 92
Backofen 85
Backwahn 158
Badeanzug 205
Badehose 77, 199, 245, 280
Badetuch 262
Badeurlaub 199
Badewanne 75, 140, 274, 328, 331
Badewasser 179
Bahamas 197
Bahn 151, 180, 186, 236
Bahnhof 50, 60, 148, 218
Bahnschranke 189, 216
Bahre 114
Balalaika 142
Balaton 199
Baldrian 32
Balken 182
Balkon 234
Ball 67, 260, 266 ff., 281
Ballermann 199
Ballett 329
Ballkleid 357
Bamberg 183
Banane 38, 53, 71, 109, 216
Bananenplantage 109
Band 148
Bandwurm 104, 326
Bangkok 196
Bank 116, 170, 274, 307, 318 ff.
Bankräuber 320
Banküberfall 319 f.
Bär 41, 47, 60, 78, 80, 137, 179, 143, 205
Barcelona 196
Bargeld 315

Barsch 150, 156
Bart 99, 199, 345
Basis 67, 239, 266
Batterien 92
Bau 129, 298
Bauch 21, 99, 111, 116, 259, 262, 304, 329 f.
Bauchschmerzen 170
Bauer 23, 26 f., 77, 174, 183, 188, 201, 235, 238, 265, 297, 319
Bäuerin 330
Bauernhof 200
Bauernregel 26, 330, 346
Bauhaus 274
Baum 27, 46, 65, 68, 180, 182, 190, 206, 218, 293, 306, 332, 346
Baumwolle 153, 155
Baustelle 61
Bayern 229, 266
Beamter 198
Becher 90
Beckett, Samuel 76, 182
Bedauern 41, 108
Bedienung 222
Beerdigung 65, 355
Befriedigung 168
Begeisterung 77, 108
Beginn 181
Begrüßung 31, 225
Beifahrer 185
Beifall 94, 246
Beilage 265 f.
Beileid 357
Bein 37, 64 ff., 82, 84, 102, 106, 114, 121, 127, 142, 154, 199, 228, 253, 261, 274, 277, 282, 304, 325 f., 353
Beinkleid 80, 357
Beirut 196
Beischlaf 126
Beisetzung 357
Beißzange 50, 84
Beleg 150
Beleuchtung 202
Belustigung 75
Benehmen 279 f.
Benimmlehrerin 359
Berg 71, 107, 179, 209
Bergmann 103, 262
Bergsteiger 209
Berlin 197, 227, 266
Beruf 159, 276, 304
Bescheid 58, 60, 130
Bescheidenheit 219
Bescherung 85, 338, 345
Besen 48, 58, 166
Besitzer 172, 322

Bestürzung 108
Besuch 142, 174
Beteuerung 58
Betriebsfeier 348
Betriebswirt 295
Betschwestern 49
Bett 47, 81, 87, 122 f., 125, 130, 140, 143, 170, 206, 228, 248, 280, 284, 301, 328, 342, 346 ff.
Bettelei 187
Bett 24, 175, 203
Bettgestell 349
Bettkante 121, 126
Beule 42, 92 f.
Beute 173, 207
Beziehung 132, 134, 181, 304, 333
Beziehungsgespräch 132
Bhutan 197
Biber 298
Biberschwanz 231
Bielefeld 33, 203, 264
Biene 26, 187, 265
Bienenhonig 80
Bier 21, 23, 52, 66, 84, 88, 102, 107, 133, 143, 165 f., 168, 186 f., 189, 199, 201 f., 207, 217, 224 ff., 228, 230, 232, 251, 256, 266, 268, 279, 290, 305, 341, 348 f.
Bild 44, 114, 244, 254, 256, 277, 292, 305, 325
Bildung 291, 296
Biologie 295
Birne 90, 151, 166, 276
Bitte 39 f.
Blähung 326
Blasenentzündung 326
Blatt 112, 171
Blaukraut 110
Blaulicht 216
Blauwal 261, 275
Blech 45
Blechtrommel 343
Blei 82
Bleistift 275
Blende 156
Blick 122, 125
Blind Date 123
Blinklicht 187
Blitzableiter 285
Blues 88
Blümchen 141
Blume 33, 52, 116, 207, 215, 225, 306
Blumenkohl 51, 280, 327
Blumenstrauß 343
Blumenzwiebeln 52
Bluse 121, 204, 244

Blut 67, 86, 92, 94, 226, 311
Blutgrätsche 268
Blutgruppe 131
Blutwurst 89, 252
BMW 183, 217
BND 149
Boa 141
Bock 21, 99, 123, 144, 200
Boden 94, 101, 107, 224, 226, 234 f., 256, 302, 305, 310
Bohne 50, 80, 104, 168
Bombay 203
Bombe 181
Bon 150
Bonbon 85, 189
Boot 69, 73 f., 128, 182
Bordell 125, 216
Borkum 111, 137
Börse 283, 317
Boss 235
Bouillon 47
Bowling 263
Bowlingkugel 169
Brake 183
Brandy 228
Brasilien 50
Braten 126, 129
Brathähnchen 216
Bratkartoffeln 83, 209, 347
Bratwurst 44, 79, 151, 216 ff., 266
Braunschweig 227
Brause 230, 280
Braut 108, 126, 328
Brautkleid 110
Bredouille 318
Bregenz 196
Bremen 184, 266
Bremse 66, 111, 187
Bremslicht 189
Brennnessel 93
Breslau 196
Bretagne 318
Brett 167, 201, 245, 317
Brezelbacken 74
Brief 308 f.
Briefkasten 308
Briefmarke 308
Brieftasche 318
Brille 171, 191, 336
Brindisi 36
Bröckchen 106
Brosche 128
Brot 69, 103, 109, 150, 158, 175, 215, 217, 291, 300, 321
Brötchen 51, 107, 112, 216 f.
Brücke 262

Bruder 35, 171, 174, 244
Brust 86, 111, 113, 333
Buch 94, 143, 169, 179, 248 f., 275, 321, 328, 359
Buche 24
Bücherregal 175
Buchhandlung 248
Buchweizen 47
Budapest 196, 283, 293
Buddhist 109, 354
Bude 103, 344
Buenos Aires 196
Bügeleisen 152, 291
Bukarest 196
Bulette 68, 73, 188, 216
Bulle 100
Bullenreiten 206
Bumslokal 279
Bund 237
Bundeskanzler 198, 254
Bundestag 310
Bundestrainer 268
Bundeswehr 107, 310
Burg 274
Bürgersteig 202
Büro 147, 300, 309
Burschenschafter 295
Bürste 64
Bus 44, 46, 51, 53, 70 f., 151, 276, 341
Busen 198, 204, 254
Business 55
Butter 44, 52, 54, 59, 63, 69, 71, 89, 128, 175, 200, 208, 219, 261, 309
Butterbrot 173

C & A 152
Cabrio 188, 274
Café 215
Callcenter 149
Campingplatz 198, 203
Campus 295
Cappuccino 336
Caritas 148, 260
Cash 150, 319
Castingshow 253
Challenge 253
Champagner 175, 225, 274
Chandler, Raymond 126, 226, 331
Chaos 197, 310, 335
Charles, Ray 153
Charme 152
Chef 38, 100, 137, 210, 222, 295, 298 f., 301, 348
Chemie 295
Chile 197
China 41, 50, 54, 88

Stichwortregister 379

Chinese 236, 326
Cholera 228
Christbaum 48
Clown 113
Club 54, 88, 210, 264, 282
Cola 217
Colt 91
Comedian 248
Computer 294 f., 301 f., 304
Contenance 291
Cowboy 354
Currywurst 189, 215 ff., 274

Dach 46, 110, 124, 142, 165, 167, 205, 220, 263
Dachboden 107
Dachdecker 73, 110, 356
Dachs 33, 129, 207
Dackel 34
Dame 21, 47, 106, 108, 128, 220, 236 f., 280, 282, 347
Damenschlüpfer 147
Damentoilette 46
Dampfer 65
Dank 38 f., 52, 149, 268, 309
Danzig 32, 36
Darmstadt 104, 183
Daten 304
Datenautobahn 150
Dativ 289 f.
Dauerlauf 310
Daumen 57, 76, 172, 190, 224, 297
Decke 75, 130
Deckel 79, 124
Dekolleté 121, 284
Delfin 129
Denver 32
Depp 183 f.
Desinteresse 50
Dessert 138, 223
Dessous 138
Detail 252
Deutschland 24, 183, 275
Diagnose 125
Dialog 252
Diät 143, 330 f.
Dichter 117, 248 f.,
Dienstag 46, 156
Diktat 250
Ding 39, 56, 68, 92, 166, 203, 238, 268 f., 303 ff.
Disco 268, 278, 298
Dispo 319
DNS 255
Docht 90
Doktor 112, 297, 327

Döner 217
Donner 87
Donut 215
Doppelbett 46
Dorf 31, 171
Dorsch 150, 216, 262
Dortmund 36, 175
Dose 217, 225, 305 f.
Dosenwerfen 205
Drache 105, 130
Draht 137
Drahtkorb 69
Dreck 64, 167, 169, 200, 228
Drehbuch 253
Drehkreuz 294
Dresche 95
Dresden 196
Drink 273, 279, 281
Dröhnung 235
Drops 90
Dübel 167
Dubrovnik 196
Duft 215
Dummheit 71, 116, 244
Dunkelheit 100, 256
Dünnschiss 33
Durchfall 42, 292, 326
Durchhalteparole 73
Durchhänger 88
Durchsage 53, 181, 195, 208, 246, 336
Durst 117, 208, 266, 273, 348
Duschen 80, 331, 345
Düsseldorf 275

Ebbe 199, 318
Echo 209
Ecke 105, 107, 166 f., 171, 236, 267, 285, 329, 357
Eckhaus 231
Ecktisch 206
Edeka 152
Edinburgh 196
Ehe 136–140, 273, 355
Ehefrau 141, 174
Ehemann 140, 155
Ehering 140
Ehrfurcht 357
Ei 24, 35, 42, 46 f., 54, 64, 67, 70, 79–82, 90, 100, 112, 115, 156, 181, 198, 201, 215, 220 f., 223, 236, 300, 315, 327, 344
Eichen 24
Eichel 100, 126
Eichhörnchen 82, 100, 141, 314, 356
Ei 24, 35, 42, 46, 81, 90, 100, 112, 115, 181, 201, 215, 223, 298, 313, 336, 342

Eierfarben 171
Eile 67 ff., 321, 342
Eimer 69, 131, 202, 222, 232, 307, 348
Einfalt 87
Einkaufspreis 33
Einladung 273, 341 f.
Einstein, Albert 155, 180, 198, 300, 353
Eintrittskarte 341
Einwand 59
Eis am Stiel 216
Eisen 124
Eisenbahn 68
Eishockey 232
Eiskunstlauf 260
Eisschrank 64
Eiszeit 158
Eiter 91
Elch 21, 41, 87, 104, 244
Elefant 44, 47
Elektriker 49, 306
Elektrozaun 173
Elend 225
Elfe 139
Ellenbogen 189
Eltern 38, 43, 66, 133, 171, 254
E-Mail 302
Emir 222 f.
Ende 27, 34, 48, 53, 147, 157, 172, 244, 260 f., 297, 303, 327, 347
Energie 190
Engel 101, 121, 140, 221, 334, 357
Englisch 168, 198, 321, 333
Ente 65, 79, 84, 98, 105, 151, 166, 260
Entenfeder 79
Entschuldigung 23, 104, 121, 134, 184, 281
Entschuldigungszettel 169
Entzugsklinik 122
Erben 185
Erbsen 200
Erdachse 201
Erdanziehung 354
Erdbeeren 220
Erdbeerwoche 142
Erde 168, 179, 181 f., 233, 263, 291, 354, 358
Erfahrung 35, 205
Erfindung 138, 142, 300
Erfolg 52
Erfurt 358
Erhabenheit 81
Erleichterung 108
Ernährung 302
Erreger 279, 300
Ersatzteil 168
Erschrecken 82, 108

Ertüchtigung 325
Erzbischof 254
Esel 71, 105, 111, 152, 158, 168, 183 f., 221
Eselsbrücke 111
Eskimo 117, 149
Essen 106, 166 ff., 202, 207, 217–221, 226, 251, 261, 266, 296, 330, 336
Essiggurke 112
Eule 84
Euro 69
Euskirchen 183
Exfrau 35, 123

Faden 71, 97, 347
Fähigkeit 299, 337
Fahrer 183 f.
Fahrgestell 126
Fahrrad 107, 112, 124, 180, 202 f., 274, 317
Fahrradkette 46
Fahrradklingeln 69
Fahrschule 190
Fahrstuhl 179, 330
Fahrzeugkontrolle 186
Fakten 248, 316, 333
Falschgeld 88
Falte 116, 336
Falter 209
Familie 72, 100, 168, 171, 233
Fanta 152
Fantasiewelt 133
Farbe 54, 98, 121, 151, 153, 126, 186, 259, 263, 305 f.
Fass 86, 128, 139
Fassungslosigkeit 86
Faust 56, 141
Faxen 92
Februar 26
Feder 48
Feger 126
Fehler 110, 117, 136, 304, 306, 320
Feierabend 42, 53, 112, 171, 348
Feinripp 100, 32
Feinschmecker 220
Feldweg 69
Fenster 112, 174, 289
Fensterbank 140
Fensterputz 166
Fensterscheibe 80
Ferkel 284
Fernsehen 253 f.
Fernseher 254, 275
Ferrari 156, 173, 245
Fest 27, 111
Festplatte 60

Stichwortregister 381

Feuchtigkeit 24
Feuer 55, 67, 130, 199, 311, 358
Feuerwehr 53, 334
Feuerwehrmann 334
Feuerzeug 83
Fiat 183, 210
Fichte 110
Ficken 225, 333, 337
Fidschi 197
Fiedel 141
Film 198, 246, 293, 347
Finger 93 f., 103, 130, 141 f., 165, 184, 219, 264, 280, 297 f., 322, 344
Finne 66
Firma 38, 189, 322
Firmament 97
Fisch 47, 54 f., 59, 90, 97, 99, 101, 106, 110 ff., 124, 137, 156, 172, 174, 180, 182, 199, 220, 228, 230, 262, 303, 341, 357
Fischstäbchen 156, 216
Fischwasser 58
Fitnessstudio 250, 259
Flasche 50, 136, 217, 231, 238, 261, 349
Fledermaus 336
Flegel 127
Fleisch 59, 96, 169, 218, 266, 306, 337
Fleischtheke 330
Fleischwurst 208
Fliege 224, 157, 181
Fliegen 181, 275
Flieger 187
Flirt 283
Flitzebogen 48
Floh 210, 285
Flokati 92
Florenz 196
Flosse 31
Flucht 298
Flug 289
Flughafen 181, 189
Fluglotse 144
Flugzeug 10, 151, 181, 281
Flugzeugabsturz 181
Flur 232
Fluss 116 f.
Föhn 46, 83
Folterinstrument 144
Ford 183
Formular 114
Foto 133, 156, 227, 273
Fotograf 156, 294
Frage 43, 49 ff., 255, 304, 320 f.
Fragebogen 304
Frankfurt 186, 203
Frankreich 180

Franzose 74, 260 f.
Frau 31, 36, 50, 69, 112 f., 123 ff., 135, 137–141, 143 f., 150, 154, 166 f., 171, 180, 199, 203 f., 217, 220, 228 f., 236 ff., 248, 254, 256, 268, 283 f., 298, 315, 318, 321, 326, 328 f., 333–338
Frauenhand 52
Frechheit 72
Freiburg 196
Freiheit 215, 238
Freitag 35, 179, 206, 300 f., 309
Freizeittyp 273
Fremdenverkehr 201
Fremder 31, 165
Fremdwort 296
Fresse 65, 82, 90, 94
Freude 26, 71, 108, 174, 215, 230, 318, 321
Freund 32, 35, 55, 95, 126, 133, 188, 235, 249, 341, 355
Freundin 126, 133
Freundschaft 116, 283, 316, 343
Friedhof 47, 107, 256
Friedrichstadt 196
Friesland 125
Frikadelle 43, 216
Frische 110, 336
Friseur 22, 42 f., 87, 159, 317
Frisur 124, 130, 159
Fritten 222, 274
Frittenfett 128
Frosch 47, 59, 67 f., 73, 75, 98, 104
Froschschenkel 224
Fruchtzwerg 127
Frühjahrsputz 144
Frühling 81
Frühlingsrollen 329
Frühstück 82, 98, 291, 349
Fuchs 41 f., 46, 83, 201, 206
Führerschein 184, 186
Führungskraft 348
Fulda 183
Füller 301, 328
Fun 197, 303
Fundbüro 309
Fundsache 147
Funkstreife 331
Furcht 210
Fürst 291
Fürstenfeldbruck 183
Furz 79, 86, 104 f., 114, 280, 291
Fuß 48, 61, 113, 123, 151, 155, 170, 179, 181, 186, 188, 207 f., 211, 236, 244, 250, 254, 268
Fußball 250, 260, 266 ff.
Fussel 93

Fußmatte 165
Fußnote 250
Futter 200, 266, 345

Gabe 220
Gabel 84, 202, 219, 280
Gabelfrühstück 75
Gabelstapler 254
Gag 247
Galgen 358
Gamaschen 64
Gandhi, Mahatma 61, 76, 328
Gang 67, 87, 185, 190, 202
Gans 166, 210, 277
Gänsefleisch 195
Gänsekopf 60
Garderobe 51, 174, 245, 246
Gardine 342
Garten 169, 172, 274, 278
Gartenschlauch 280
Gärtner 95, 218
Gas 67, 185 f.
Gasanstalt 95
Gast 100, 111, 174, 224 f., 277, 281, 341
Gauner 32
Gebirge 209
Gebrauchsanweisung 301, 332
Geburt 253
Geburtstag 100, 342 f.
Gedächtnis 77, 328
Gedächtnislücke 111
Gefrierfach 149
Gefühl 22, 125, 143, 268, 326
Gegend 104, 186, 201, 355
Gegenteil 65, 222, 243, 310
Gehacktes 64, 130
Gehirn 160, 233, 296
Gehöft 201
Gehweg 294
Gehwegplatte 113
Geier 60, 98
Geige 79, 221
Geigenkasten 155, 294
Geist 90, 181
Geisterbahn 205
Gelaber 47, 92
Gelände 53, 305
Gelb 80, 153 f., 190, 198, 305
Gelbphase 275
Gelbsucht 326
Geld 37, 51, 62, 66, 81, 104, 114, 122, 125, 138 ff., 144, 173, 186, 222 f., 225, 237, 245, 248, 252, 267 f., 273, 279, 282, 285, 300, 303 f., 315–321, 334, 345
Geldautomat 315 f.

Gelegenheitstrinker 226
Gemäuer 243
Gemüse 168, 266
Genie 244, 299
Genosse 31, 262
Germanistik 295
Gesamtsituation 132
Gesangsverein 55
Gesäß 97
Geschäft 101, 116, 236, 321
Geschäftsführer 101
Geschäftsproblem 235
Geschenk 22, 343, 345 f.
Geschichte 249 f.
Geschlechtskrankheit 327
Geschrei 44
Geschwätz 310
Geschwister 43
Gesicht 86 ff., 94 f., 99, 116, 122, 138, 204, 209, 259, 264, 277
Gesichtsausdruck 246
Gespräch 42, 147 f., 274, 276, 334
Gesundheit 77, 103, 105, 115, 234, 326, 346
Getränk 227, 229
Getriebe 185, 190
Gewehr 320
Geweih 41, 102
Gewissen 208
Gewitter 24, 105
Gießen 25
Gießkanne 327
Gips 305
Gipsverband 94
Giraffe 65
Gitarre 180
Glamour 253
Glanz 174
Glas 44, 49, 138, 215, 226, 228, 231, 261, 275
Glashaus 44
Glatze 160, 294
Glocken 60
Glockenspiel 131
Glück 76 f., 101, 106, 116, 125, 135 f., 138, 151, 175, 182, 206, 246, 263, 273, 283, 317, 328
Glückwunsch 343
Glühbirne 48, 172
Glühwein 344
Glühwürmchen 210
Goethe, Johann W. v. 111, 201, 249
Gold 54, 250, 282
Goldgräber 317
Goldrausch 317
Golf 183, 264, 274

Stichwortregister 383

Golfball 69
Gong 70
Google 61, 301
Gott 24, 31, 45, 52, 66, 86, 88, 99, 149,
    167, 174, 186, 200, 202, 208 f., 220 f.,
    230, 238, 246, 268, 292, 317, 342, 349,
    353 ff., 357
Gottesdienst 354
Gourmet 220
Grab 54, 97, 358
Graf/Gräfin 35, 64, 95, 175, 291
Grafik 355
Granate 282
Gras 41, 61, 76, 172, 201, 234, 266, 356
Gräte 46, 99
Grieche 32
Griechenland 196
Griff 26, 76, 165
Grinsen 104
Groschen 147
Großbritannien 196
Größe 292
Großmutter 102, 282
Grube 105, 298 f.
Grün 80, 154, 190, 237
Grundeis 89
Grundsatz 114
Grundstück 172, 282
Grundwasser 311
Gruppensex 144, 332
Gruppentherapie 332
Gruß 185, 190, 203, 302, 308 f.
Grütze 143, 309
Gulasch 140
Gulaschsuppe 296
Gummi 67, 130, 144, 238
Gummiband 26, 300
Gummibärchen 52, 275
Gummistiefel 50
Gunst 208
Gurke 44, 83, 128, 141, 261, 274, 349
Güstrow 196

H & M 152
Haare 41, 61, 64 f., 67, 93 f., 133, 136,
    158 ff., 232, 273, 290, 311, 326, 346 f.
Habicht 66, 207
Hackbraten 216
Hackepeter 157
Hackfleisch 94, 296
Hafer 94
Hahn 26, 65, 84, 124, 127, 129, 201, 300,
    330
Haken 59, 62, 356
Hallervorden, Dieter 113
Hals 42, 59, 83, 91, 96, 98 f., 169, 229

Haltbarkeitsdatum 184
Hamburg 33, 50, 184, 196, 227, 252, 255
Hammelkeule 220
Hammer 57, 59 f., 71, 92, 94, 99, 202,
    290, 298
Hämorrhoiden 326, 347
Hampelmann 95
Hand 49, 55, 63, 73, 83, 98, 100, 103,
    116, 123, 141 f., 204 f., 222, 235, 237 f.,
    249 f., 254, 283, 299, 308, 319, 343,
    353
Händedruck 125
Handtuch 238
Handy 148, 150, 292 f.
Handycap 264
Hannover 202
Harfe 142
Haribo 275
Harmonika 80
Harzkäse 80
Haschisch 103, 237
Hase 35 f., 46 f., 60, 89, 126, 189, 201,
    207 f., 289
Häschen 88
Häubchen 50
Haupt 40, 337
Hauptsache 24, 64, 77, 130, 132, 188,
    199, 208, 219, 268, 275, 297, 303, 333,
    344
Hauptschulabschluss 255
Hauptschüler 184, 290
Haus 25, 32, 62, 70, 106, 121, 125, 132,
    139, 141, 156, 165 f., 172, 174 f., 179,
    189, 197, 200 f., 233, 237, 255, 280,
    283, 299, 306, 333, 342, 345
Hausaufgabe 289
Hausfrau 49
Haushalt 359
Hausherr 147
Haussegen 131
Hausverwalter 209
Haut 23, 64, 85, 298
Hautcreme 48
Hautpflege 359
Hawaii 181
Heimat 165
Heimweh 208
Heiraten 123, 137 f., 140, 144, 227, 238,
    283
Heiserkeit 328
Heiterkeit 78, 310
Heizöl 107
Helsinki 196, 294
Hemd 34, 64, 66 f., 80, 85, 94, 179, 245,
    318, 3267
Hengst 129

Herd 195
Hering 63, 129, 156, 331
Heringsdorf 137
Hermelinkragen 48
Herrenausstatter 186
Herz 49, 89, 99, 131, 136, 185, 206, 215, 248, 265, 275, 285, 318, 349
Heu 109, 201, 277
Hilfsverb 290
Himalaya 183
Himbeeren 60, 88
Himmel 26, 46, 97, 102, 114, 121 f., 137, 238, 278, 291, 338, 348
Hintern 43, 76, 93, 105, 204, 245, 249, 341
Hirn 70, 155, 184, 291, 297
Hirsch 60, 167, 206 f.
Hirschgeweih 167
Hitze 24, 154, 207
Hobby 49
Hobel 93
Hochsauerlandkreis 184
Hochspannung 306
Hochwasser 49
Hochzeit 136, 138, 140
Hochzeitskleid 140
Hochzeitsnacht 75
Hochzeitstag 138
Hocker 206, 248
Hof 140, 319
Höflichkeit 116
Höflichkeitsfloskeln 106
Höhe 48, 79, 160, 263
Höhenangst 209
Höhle 101
Hohn 93
Hokuspokus 205, 216, 299
Holländer 268
Hölle 46, 144, 174, 244, 334, 358
Hollywood 31, 147
Holz 50, 84, 131, 204, 264, 305
Holzbein 45, 88
Holzgewehr 83
Holzkopf 34
Holzpferd 342
Holzweg 65, 198
Honda 183
Hongkong 33
Honig 43, 59, 60
Honigkuchenpferd 32
Hopfen 229
Höschen 46 f., 68, 75, 88, 264
Hose 26, 41, 49 f., 54, 64 f., 67, 79 f., 83 ff., 89, 100, 102, 105, 111, 123, 155, 170, 204, 254, 261, 264 f., 279, 291, 303, 321, 330

Hosentasche 84, 299
Hosenträger 156
Hotel 185, 269
Houston 72
HSV 260
Hubraum 185
Hubschrauberpolizei 208
Huhn 35, 88, 115, 201, 216, 228, 233, 246, 260, 308
Hühnerauge 82
Hühnerfleisch 218
Hühnerfrikassee 216 f.
Hühnerkacke 171, 229
Hühnerleiter 175, 355
Humbug 300
Humor 247, 292
Hund 21, 25, 45 ff., 49, 58, 67, 75 f., 79, 83, 88 f., 96 f., 112, 131 f., 139, 165 f., 170, 172 f., 174, 195, 201, 216, 221, 224, 249, 253, 261, 278, 292 ff., 308, 317, 332
Hunger 168, 217, 219, 222, 266, 279, 293, 316
Hupe 75, 96, 184 f., 190, 222
Husten 291, 328
Hustensaft 170
Hut 41, 70, 84, 113, 117, 137, 264, 300, 349
Hutschnur 86
Hütte 32, 174, 204
Hypophyse 232

IBM 152
Idee 54, 151, 168, 300
Idiot 115, 152, 317, 333, 337
Igel 65, 131
IKEA 152, 256, 274
Illusion 297
Imbiss 151, 215 ff., 247
Impotenz 327
Indianer 125, 136, 328
Indien 196
Indonesien 181
Ingenieur 295, 356
Inkompetenz 301
Insel 111, 218
Intelligenz 244
Intensivstation 92
Interesse 328
Internet 148, 170, 230, 274, 330
IQ 69
Ironie 225, 299
Irrtum 65, 246, 297
Iserlohn 186
Istanbul 196, 294

Italien 107, 196, 203, 268
Itzehoe 186

Jacke 40, 79 f., 169, 345
Jackett 231
Jäger 46, 206 f., 218
Jägermeister 187
Jaguar 185
Jahr 26 f., 58, 93, 116, 139, 172, 186, 202, 229, 277, 291 f., 304, 332, 338, 342, 345 f.
Jahreszeit 24, 273
Jahrmarkt 46
Jakob 80, 227
Januar 26
Japan 203
Jeans 155
Jesus 41, 61, 87, 219, 355
Job 199, 334
Jogginghose 154
Johanniter 335
Joint 234 f.
Jubel 78
Jugend 102, 116, 285, 336 f.
Juli 26, 290
Junge 88, 169, 238, 325, 336
Junggesellenabschied 136
Juni 26
Jurist 295

Kabarettist 248
Kabeljau 156, 216
Kabine 153, 267
Kabul 73
Kacheln 235
Kacke 157
Kacken 44, 70, 337
Kaffee 64, 92, 113, 123, 149, 215, 224, 236, 251, 284, 321, 356
Kaffeekränzchen 115
Kaffeepause 300
Kaffeesack 50
Käfig 101
Kaiser 144, 150, 236, 291
Kaiserschnitt 159
Kakao 34, 87, 220
Kaktus 199, 236
Kalb 52
Kalbsbrust 216
Kalender 344
Kalorien 173, 329
Kälte 154
Kambodscha 36
Kamel 97
Kamera 237
Kamm 65, 160, 172, 175, 179, 265

Kampfhund 173
Kanada 37, 108 f., 232
Kandidat 59
Kaninchen 105, 207, 236, 300
Kanister 90
Ännchen 223
Kanone 72, 77, 316
Kante 62, 231
Kanu 232
Kanzel 352, 207
Kapelle 282
Kapitalismus 115
Kapitän 75, 331, 356
Kapsel 336
Kapuziner 98
Karfreitag 72, 87
Karnickel 60, 72, 77, 236
Karre 298
Karte 255, 264
Kartenstich 265
Kartoffel 49, 99, 200 f., 225, 235, 280
Kartoffelpuffer 216
Kartoffelsalat 165
Karton 36, 42, 47, 63, 218
Karussell 126
Käse 46, 58, 64, 79, 89 f., 114, 206, 208, 220, 265, 296, 348
Käsebrot 350
Käsekuchen 46, 215
Kasper 129, 141
Kasse 147, 150, 223, 318 f., 321
Kassel 181
Kassierer 150
Kater 231, 233
Katholischwerden 85
Kätzchen 253, 278
Katze 46, 50, 54, 63, 66, 68, 74, 77, 85, 100, 105, 112, 140, 170, 172 f., 222, 232, 256, 259, 317, 347
Katzenfutter 154, 172, 256
Kaugummi 90, 238, 325
Kavalier 291
Kaviar 48 f., 175, 220, 274
Kawasaki 183
Kegeln 265
Keks 64, 70, 78, 90, 124, 129, 151, 175, 302, 320
Keksfabrik 35
Keller 98, 107, 113, 124, 143, 157, 225, 261
Kellerfenster 87
Kellerloch 225
Kellerwohnung 48
Kellner 223 ff.
Kenia 36
Kennzeichen 102

Keramik 106, 235
Kern 169
Kernkraftwerk 332, 356
Kerze 100, 182, 343, 345
Ketchup 216
Kette 68, 75
Kiefer 70, 92 f.
Kieferbruch 92
Kiel 182
Kiemen 156
Kiffen 173, 235
KIK 171
Kind 21, 36, 61, 73, 95, 107, 121, 130, 133, 143 f., 152, 155, 166, 168 f., 171, 173, 187, 218, 281, 290, 292, 294, 319, 338
Kindergeburtstag 115
Kino 78, 100, 232, 293
Kippe 185, 217, 234, 237, 332
Kirche 22, 55, 72, 76, 114, 353
Kirsche 61, 166, 220, 260
Kiste 25, 47, 129, 154, 170 f., 189, 225, 305
Kittel 90, 357
Klagen 37, 66
Klammerbeutel 71
Klamotten 170, 292, 331
Klarheit 58
Klartext 54
Klassenarbeit 289
Klavier 50, 75, 79, 93, 166, 172, 175, 221, 246, 262, 274, 277, 329
Klee, Paul 208, 243
Kleid 121, 133, 229, 247, 348
Kleiderordnung 63
Kleiderschrank 201
Kleidung 152, 207, 273, 329
Kleingeld 283, 319
Klempner 84, 251, 306, 354
Klette 133
Klima 24
Klinke 43
Klippen 110
Klo 76, 85, 181, 187, 237
Klobrille 238, 355
Klobürste 65
Klopapier 181
Kloß 98
Kloßbrühe 57
Kloster 90
Klugheit 116
Knast 122, 255, 321
Knecht 36, 201
Kneifzange 84
Kneipe 180, 228
Knie 43 f., 64, 93, 111, 160, 220, 283, 352
Knirps 245

Knoblauch 173, 220
Knochen 23, 90, 94, 97, 132, 337
Knopf 43, 48, 93, 121, 238, 299, 330, 332
Knorpel 90
Knüller 57
Kochbuch 166
Koffein 336
Koffer 105, 195, 236
Kofferraum 187, 190, 195
Kohl 80
Kokosnuss 95, 99, 102, 181
Kolben 306
Kolibri 275, 362
Kollege 186, 223, 255, 348
Köln 25, 74, 83, 85, 87, 91 f., 102, 126, 171, 186, 225, 267, 298, 317, 325
Kolumbus, Christoph 74
Komfort 195
Komik 252, 300
Komma 49, 67, 133, 235
Kommando 42, 247
Kommentar 116, 264
Kommissar 320
Komödie 138
Kompliment 51 f., 219
Kondom 55, 238
Kondomautomat 238
Konfetti 60, 309
Konfuzius 70
König 150, 155, 263, 265, 303
Königin 46
Königstiger 236
Konjunktiv 289
Kontakt 191
Konto 316, 318
Kontrabass 102
Kontrolle 154
Konzert 246
Kopf 35, 49, 59 f., 66, 70, 93, 94, 106, 126, 160, 167, 169, 201, 207, 232, 245, 261, 263, 268, 289 f., 305, 308, 325, 336
Kopfhörer 153
Kopfkissen 55
Kopfrechnen 289
Kopfsalat 137
Kopfschmerzen 123, 133 f., 326
Koralle 78
Korn 26, 228
Kornfeld 61
Körperbeherrschung 104
Körperpflege 293, 331
Kosten 151, 202
Kotelett 43, 216, 266
Koteletten 84, 122
Kotzen 38, 226

Stichwortregister

Kraft 294, 304, 306, 328, 330
Krakau 196
Krankenhaus 293, 335
Krankenschwester 335
Krankentransport 92
Krankenwagen 87
Krankheit 105, 325, 335
Krebs 234
Kredit 298
Kreislauf 328
Kreisverkehr 144
Krempe 84, 113, 349
Kreuz 44, 169, 262, 265, 297, 331
Kreuzfahrtschiff 182
Krimskrams 147
Krise 74, 87
Kritiker 244
Krone 86, 325
Kronleuchter 72
Kröte 70, 154, 261, 315
Krümel 124, 157
Küche 130, 175, 219, 283, 300
Kuchen 24, 63, 82, 148, 157, 215, 224, 290, 321, 343
Kuckuck 60, 63, 98
Kugellager 158
Kuh 22, 44, 46, 85, 107, 110, 112, 138, 156, 200, 222, 274, 294, 343, 354
Kuhfladen/-scheiße 58, 110
Kuhhaut 61
Kühlschrank 112, 143, 149, 165
Kuhstall 42, 100
Kulisse 246, 267
Kumpel 35, 68, 209, 285
Kunde 150, 303
Kunst 36, 190, 243 ff., 249
Kunstausstellung 243
Kunstgegenstände 243
Künstler 244
Kunstsammler 245
Kunstturnen 260
Kupferstecher 32
Kürbissuppe 166
Kurve 64, 87, 329
Kurzzeitgedächtnis 233
Kuss 133, 138, 201, 253, 308
Küsschen 204, 308
Kutscher 189, 231, 299
Kutter 59

Labor 307
Lachs 128
Lachsbrötchen 75
Lack 36, 53, 126, 184
Lage 36, 55, 80, 310
Lamborghini 186

Lametta 345
Lamm 88
Lämpchen 328
Lampe 152, 231
Lampionbeleuchtung 75
Land 87, 218, 256
Landfunk 104
Landkarte 143
Landpartie 298
Landstreicher 276
Landwirt 183
Landwirtschaft 25
Langeweile 108, 115
Längsstreifen 331
Laos 197
Lappen 98, 103, 117
Lärm 117
Las Vegas 125
Lasso 201
Laster 82, 188, 204, 232, 322
Laterne 210
Latrine 183
Latte 70, 79
Laube 53
Lauch 96
Leben 74, 81, 111, 113–116, 121, 123, 135 f., 140, 144, 154, 175, 179, 190, 200, 205, 226, 230, 244, 246, 248 f., 252, 261, 263, 268, 273, 275, 281–284, 290, 296 f., 316, 320, 327, 331, 334, 336, 353, 355, 357 f.
Lebensgeschichte 304
Lebensmittel 138
Leber 225, 326
Leberkäs 217
Leberwurst 79
Lecce 196
Leder 250
Lederhose 266
Legastheniker 292
Leguan 210
Lehrer 173, 289 f., 295, 346
Leiche 80, 95, 117, 245
Leichtsinn 66, 298
Leidenschaft 283
Leitungswasser 348
Lektion 261
Lemberg 196
Lenkrad 190
Lenkstange 100, 216
Lesung 249
Leuchtstofflampe 152
Leverkusen 184
Lexikon 61
Licht 67, 71, 95, 137, 149, 160, 186, 202, 210, 249, 281, 322, 357

Licht, Peter 24, 167, 354, 357
Lichtblick 204
Lichterkette 152
Lidschatten 204
Liebe 27, 114, 122, 124 ff., 134, 139, 263, 268, 277, 285, 333
Liebesbrief 308
Liebeserklärung 136
Liebhaber 125, 229, 246
Lieblingsblumen 133
Liegestütze 136
Lieschen 87
Lila 80, 186, 305
Limonade 116
Link 302
Linse 104, 141
Lippen 92, 122, 204
Literatur 248, 293
Lkw 186, 217
Lob 52, 56 f., 219, 280, 299
Loch 34, 41, 49, 61, 64, 69, 75, 93, 109, 126, 155, 263, 306
Locher 309
Locken 59, 73
Löffel 67, 207, 280, 356
Lok/Lokomotive 128, 269
Lord 35, 280
Losbude 205
Lösung 143, 179, 226, 230, 244, 297, 304
Lot 59, 182
Lotto 151, 275, 317
Löwe 73, 101, 210, 260
Lücke 94
Lüdenscheid 184
Luft 49, 52, 101, 150, 168 f., 198 f., 215, 231, 260, 275, 280, 283, 299, 318, 335
Luftbefeuchter 276
Luftmatratze 152
Luftwaffe 311
Lüge 243, 354
Lumpen 77
Lumumba 197
Lurch 72
Lust 50, 333
Lustig, Peter 113
Lustspiel 116
Luther, Martin 200
Lutscher 42
Luxemburg 35
Lyrik 249

Macht 153, 290, 298
Macker 127
Mädchen 111, 125, 134, 137, 236 f., 253, 260, 280
Mädchenpensionat 115

Magd 277
Magdeburg 196
Magen 106, 169, 217, 220, 222, 326, 330
Magen- und Darmbeschwerden 326
Magersucht 326
Mahlzeit 104, 138, 217, 219, 275
Mahnung 66
Mai 26, 147, 201, 273, 316
Mais 225
Make-up 144, 333
Makrele 86
Maler 143, 168, 208, 244, 276
Malta 197
Malteser 335
Malz 229
Mandoline 79
Manieren 280
Mann 31, 44, 46, 50, 73, 85, 95, 99, 113, 116, 121–125, 130, 136, 138 f., 140–144, 154, 159, 165 f., 180, 199, 204 f., 225, 229, 235, 238, 247 ff., 274, 282 ff., 327–332, 334, 337, 354
Mannschaft 266 f.
Manta 183, 189
Margarine 200
Marlboro 234
Marmelade 156, 328
Marmor 124
Marrakesch 203
Marx, Karl 331
März 26
Marzipankartoffel 345
Masturbation 141 f., 259
Mathe 289, 296
Mathematiker 289
Matrose 64, 182
Mauer 294
Maul 23, 42, 66, 93
Maurer 53, 168, 305
Maus 53, 71, 206, 220, 261, 315
Mayonnaise 216
Mazda 183, 274
Medien 227, 267
Meer 199, 203
Meerrettich 218
Mehrwertsteuer 150
Meinung 54 f., 57, 302, 321
Meise 210
Meister 189 f., 244, 266, 298, 356
Meisterwerk 252
Meldung 311
Melkfett 52
Melonen 63, 204
Mensa 293
Mensch 35, 37, 55, 76, 115 f., 130, 158, 182, 187, 201, 206, 211, 218 f., 226,

Stichwortregister 389

229, 244, 247 ff., 252, 264, 275, 281, 289, 303, 310, 318, 343, 354
Menschenseele 54
Menschheit 77, 238
Menstruation 142
Mercedes Benz 189
Messe 90
Messer 84, 95, 128, 202, 293, 317
Messingaffe 24
Meter 59, 112, 190
Mett 93
Mettbrötchen 216 f.
Metzger 157
Mexiko 103, 284, 345
Mickey Maus 261
Miele 197
Miete 121, 201, 281
Mikado 171
Mikrofon 44
Milch 46, 64, 92, 107, 138, 218, 230, 278, 309
Milchmann 141, 299
Milchshake 252
Milchtüte 237
Milchzähne 98
Milz 225
Minibar 201, 326
Minimum 150
Minirock 284
Minna 87
Missfallen 90
Missgeschick 101, 108
Mist 26, 85, 171, 175, 183, 201, 355
Mitglied 264
Mitleid 88
Mittag 21, 123, 174, 330
Mittagessen 301
Mitte 68, 79, 172, 227 f., 353
Mitternacht 64, 279
Moabit 36
Mob 78
Möbel 75, 200, 224, 256
Möbelstück 116
Mobiltelefon 147, 279
Mode 154
Modenschau 154
Möglichkeit 175, 283
Möhre 112, 172, 308
Moment 47, 276, 305, 337
Monaco 196
Mond 23, 46, 115, 139, 160, 202
Mondschein 93, 123, 160
Monitor 152
Montag 34, 38, 46, 165, 206, 201
Montenegro 197
Moos 60, 319

Moped 78
Mops 144, 173, 285
Mord 157, 259
Morgen 53, 81 f., 138, 225, 290, 300
Morgenstund 82
Morphium 232 f.
Mortadella 157
Möse 283
Moses 60 f.
Most 60, 227
Motivation 333
Motor 188, 190
Motorrad 183, 321
Motte 203, 356
Mousse 220
Mücke 64
Müll 183, 211, 274, 289
Müllabfuhr 96, 248
Mülleimer 42
Mülltonne 222
München 84, 308
Mund 42, 90, 93 f., 220, 224, 228, 296, 325, 347
Museum 243
Musik 42, 114, 169, 204, 246 f., 281 f., 354
Musikant 60, 67
Muskeln 259
Muskelkater 259
Mutter 35, 63, 95, 107 f., 121, 135, 137, 142, 149, 169, 171, 175, 206, 222, 238, 249, 264, 282, 291, 303, 311, 334, 338, 344
Mutti 89, 171, 206, 311, 325
Muttermilch 326
Muttertag 229

Nabel 93, 127, 155
Nachbar 128, 173 f., 294, 298, 353
Nachbarin 98
Nachbarschaft 54, 174
Nachdenken 42, 69, 108, 297
Nachdruck 55
Nachhilfeunterricht 291
Nachmittag 82, 271
Nachricht 149, 316
Nacht 32, 45, 68, 70, 113, 121, 125, 130, 137, 140, 156, 201, 210, 232 f., 235, 244, 247, 279, 282, 349, 358
Nachtbus 357
Nachtigall 59, 211
Nachtisch 220, 330, 357
Nachtjacke 32
Nachtportier 201
Nachtschicht 285
Nachtschwärmer 281
Nachttischlampe 44, 232

390 Stichwortregister

Nachtwächter 73, 290
Nacken 99, 228, 254
Nackenfutter 93
Nadelhaufen 109
Nagel 298
Nähmaschine 172
Naht 155
Name 33 ff., 38, 83, 122, 125, 144, 148, 158 f., 171, 183, 226 f., 247, 273, 297, 316, 332, 349
Nantes 196
Napf 44, 96
Napoleon 204
Narrenkappe 84
Narzisse 173
Nase 76, 84, 94, 103, 131, 143 f., 154, 161, 204, 231, 233, 281
Nation 189
Natter 68
Natur 193, 198, 206, 210 f., 236
Nebel 111, 208
Nebelkrähe 32
Nebenwirkungen 255, 327
Nerv/Nerven 67, 91, 325
Nesquik 23, 60
Nest 189
Netz 267
Netzhaut 82
Neugier 48, 191
Neujahr 346
Nichtraucher 234
Nichtschwimmer 262
Niederlage 261
Nietzsche, Friedrich 136, 246
Nike 152
Nikotin 238
Niveau 48, 65, 248, 250, 357, 359
Nonne 128, 232, 358
Nonsens 157, 247, 362
Nordkorea 197
Notaufnahme 333
Notlügen 133
November 26
Nudel 93, 216, 218
Nudelsuppe 109
Nummer 52, 128, 155
Nüsse 100, 356

Obacht 92
Obduktion 255
Ober 219, 222 ff.
Oberförster 102, 167, 207
Oberklasse 137
Oberlippenbart 21
Oberweite 126, 204
Obst 63, 70, 172, 185, 218, 294

Obstkorb 204
Ochse 42
Ofen 261, 285
Offenbach 184
Ohnmacht 326
Ohr 42 f., 53, 62, 73, 94, 98, 147, 158, 198, 207, 274, 291, 311, 321, 325, 335
Ohrfeigenbaum 94
Ohrläppchen 43
Oktober 26
Oktoberfest 75
Öl 52, 103, 250
Oldenburg 151, 196
Oma 45, 84, 114, 174, 221, 228, 247, 299, 345
Omnibus 46
Onkel 46, 62, 106, 166
Opel 152, 183
Oper 32, 90, 246
Opfer 96
Opium 335
Optimismus 74
Orangenhaut 338
Ordnung 81, 122, 165, 175, 200, 301, 325
Organ 297
Orientierung 161
Ortskenntnis 161
Oslo 196
Ossi 183 f.
Osterhase 46, 89
Ostern 46, 72, 75, 338, 344
Ouzo 273
Ozean 117, 199, 221
Ozelot 52
Ozonschicht 173

Paar 21, 80, 137, 321
Päckchen 308
Paderborn 202
Pakistan 196
Palermo 36
Palme 141
Panda 210
Panik 195, 207
Panther 205, 321
Panzer 245
Panzergrenadier 310
Papa 171, 265
Papagei 50
Papi 169, 320
Papier 250, 310
Papierkorb 309
Pappkarton 252
Papst 41, 46, 58, 110, 112, 304, 317, 362
Paranoiker 333

Parfüm 333
Paris 41, 114, 181, 196, 252, 265
Parkhaus 44
Parkplatz 231, 291, 353, 355
Parkschein 186
Parkuhr 43
Parmesan 283, 336
Partnerwahl 131
Party 197, 264, 278, 280 f., 296
Passagier 189
Passwort 295
Pasta 53
Pastorentöchter 49
Patient 331, 334 f.
Pauke 65
Paulus 354
Pause 94, 263, 300
Pausenhof 290
Pech 76, 292
Peitsche 189
Peking 50
Pellkartoffeln 83
Pellworm 328
Pelzkragen 48
Pelzwiese 63
Penner 182
Pepita 78
Perle 106, 139
Personal 172, 245
Perücke 166
Pessimismus 74
Petersilie 88, 326 ff.
Petrus 25, 149, 357
Pfaffe 358
Pfandhaus 23, 321
Pfandschein 23
Pfanne 71, 83, 220, 230
Pfarrerstöchter 49
Pfau 231
Pfefferminztee 215
Pfeife 141, 254, 297
Pfeil 33
Pfennig 318
Pferd 45 f., 66, 68, 77, 84 f., 109, 112, 117, 125, 172, 189, 198, 205, 216, 219, 229, 235, 246, 263, 274, 281, 283, 289, 321, 328
Pferderennen 263
Pferdestall 100
Pfifferling 62
Pfingsten 344
Pfirsich 171
Pflanzen 211, 236, 306
Pflaume 38, 128, 220
Pfleger 43
Pflicht 136

Pflock 68
Pfoten 243, 319
Pfund 37, 62, 64, 130, 280, 330
Phantasie 89, 143
Pharao 237
Phase 189
Philadelphia 357
Philosoph 295, 297
Phönizier 319
Physik 295
Picasso 244, 337
Pickel 204
Picknick 61
Piepton 148 f.
Pilates 282
Pille 21, 71, 130, 327, 336, 338, 362
Pils 21, 61, 208, 225, 228, 249, 280
Pilz 172, 278, 296, 362
Pimmel 237, 285
Pinkeln 69, 71, 237 f.
Pinneberg 184
Pinsel 90
Pinzette 275
Piste 260
Pistole 48, 122, 201
Pizza 173, 218, 284
Plan 21, 114, 297
Plastik 343
Platz 105 ff., 117, 174, 189, 229, 245, 261, 329
Platzregen 229
Plauderei 253
Plön 184
Plüschohren 83
Po 344
Poesiealbum 285
Pogo 127, 197
Poker 112
Polen 125, 152
Politik 167
Polizei 69, 189, 278
Polizist 101, 111, 170, 188, 206, 294
Pomade 78, 293
Pommes 21, 79, 215 f., 218
Pony 45, 142, 159 f., 290, 298, 345
Ponyhof 114
Popcornkino 78
Poppen 129, 238
Pornofilm 144
Porsche 142, 237, 274
Portemonnaie 49, 100, 140
Portokasse 230
Porzellangott 106
Porzellanladen 44
Post 68, 308, 336
Postbeamter 280

Pott 79
Potter, Harry 61
Power 152
Prada-Handtasche 154
Prag 196
Praktikant 302, 307
Pralinenschachtel 86, 355
Präsidium 255
Preis 150, 245, 345, 347
Preisboxen 206
Problem 63, 72, 74, 122, 132, 134, 140, 143, 167, 226, 230, 244, 293 f., 297, 304, 316, 319, 328, 332 ff
Profil 338
Programm 301
Propan 197
Prophet 58
Protest 91
Protheseninhaber 92
Provisorium 230
Prozent 230, 297, 317
Prozess 159
Prüfung 296
Prügel 93 f., 291
Psychiater 333
Psychologe 333
Pudding 85, 139, 218, 326
Pudel 84, 205
Puderzucker 215
Puff 42, 65, 152, 251
Puffer 90
Pullover 43
Pulverkaffee 216
Puma 152, 260
Pumpe 78
Punkt 59, 67, 151, 274
Pünktlichkeit 53
Puppe 109
Püree 254
Pusteln 90
Putzfrau 58, 95, 169, 182
Putzlappen 98, 143, 307
Pyjama 346

Qualle 262
Quark 46, 215, 218, 343
Quarkkuchen 215
Quarz 22
Querstreifen 153, 331
Quickie 124

Rache 89, 342
Rad 46, 66, 91, 107, 325
Radiergummi 99, 355
Radieschen 87, 356
Radio 50, 177, 185, 254, 346

Radweg 294
Rakete 67
Rasen 165, 172, 284
Rasenmäher 159
Ratte 265
Räuber 45
Raucher 234
Rauchmelder 276
Raumklima 166
Ravioli 107
Realismus 250
Realität 143, 297
Rechnung 66, 222 f.
Rechtsanwalt 171, 320
Rechtschreibfehler 250, 297
Rechtschreibreform 292
Rede 39, 55, 115, 347
Reden 25, 43, 54 f., 63, 121, 132 f., 179, 218, 238, 255, 276, 301, 334 f., 348
Redewendungen 44 f., 48, 64, 67, 69 ff., 86, 209, 226, 300
Reeperbahn 203
Reflexe 191
Regen 25 f., 88, 111, 169, 189, 211, 256
Regenschirm 26, 48, 80, 88, 256
Regentanz 136
Regenwetter 88
Reh 111, 150, 207, 331
Reichtum 103, 116, 138
Reifen 188
Reim 332
Reinigung 113, 292
Reis 50, 80, 166
Reise 124, 181, 185, 193, 356
Reisende 181
Reiter 77, 263
Reiz 68, 203
Religion 289, 354
Rennbahn 160, 263
Rennen 89, 172, 195, 263, 334
Rente 310
Rentner 182
Reparatur 104
Ressort 149
Rest 80, 84, 168, 186, 203, 268, 305 f.
Restalkohol 187
Restaurant 218 f., 279
Restaurantkritiker 220, 253
Rezept 66, 327
Rhabarber 43, 220
Rhythmus 248
Richtung 55, 153, 208, 295, 310
Riechsalz 98
Riemen 68
Riese 59, 127
Riesenbockwurst 216

Stichwortregister

Riga 196
Ring 137, 140
Ringen 260
Rippen 95, 110
Rohr 128, 232
Röhre 129
Rolex 173, 245
Rollmops 172, 216
Rollschuh 358
Rolltreppe 65, 330
Rom 196
Roman 250
Romantik 199
Rose 67, 173, 333
Rosine 290
Rost 102, 190
Rotkehlchen 45
Roträcke 142
Rotwein 143
Rotz 88, 216, 280
Routine 255
RTL 353
Ruck 69
Rücken 51, 53, 60, 75 f., 111, 132, 175, 262, 326
Rückenschmerzen 326
Rückenwind 278
Rückspiegel 190
Rückwärtsgang 69, 278
Ruder 281
Rüdesheim 184
Ruhe 42, 69 f., 76, 102, 181, 203, 208, 245, 282, 296
Rührei 94
Rum 201, 327
Rummelplatz 205
Rundschnitt 65
Rüssel 139, 331
Rüstung 231
Rutschbahn 160, 357

Saal 26, 42, 246
Saarbrücken 184
Sack 25, 50, 54, 65, 69, 80, 90, 100, 114, 140, 228, 230, 353
Sackhaare 65
Saft 53, 218, 281, 296, 306, 356
Sägespäne 70
Sahara 85
Sahne 50, 56, 64, 72, 110, 203, 282, 296
Sahnehäubchen 56
Salami 128
Salat 70, 85, 198, 216
Salmonellen 165, 326
Salomon 104
Salz 51, 219, 267

Salzburg 196
Salzsäure 93, 127
Sandalen 41
Sandkasten 44, 85
Sandwich 61
SAP 152
Sarg 111
Satan 82, 88
Sattel 180, 263
Satteltasche 274, 345
Satz 42, 46, 65, 92, 94, 249, 296
Sau 24, 56, 72, 81, 104, 130, 154, 180, 206 f., 210
Sauerstoff 87
Sauhund 34, 97, 268
Säule 32, 137
Sauna 204, 274
Säure 218
Sauwetter 26
S-Bahn 107
Schach 264, 268
Schacht 91
Schädel 232
Schaden 76, 80, 233, 327
Schadenfreude 76, 108
Schaf 43, 140, 327, 333
Schamhaare 87
Schampus 275
Schande 318 f.
Schatten 53
Schatz 134, 166, 223
Schaufenster 343
Schaukelpferd 46
Schauspiel 245
Schauspieler 138, 245 f.
Scheibe 157, 217
Scheich 69, 222 f.
Scheidung 136, 140 f.
Scheidungsanwalt 141
Scheiße 63, 77, 84, 86 f., 97, 110, 156, 166, 170, 183, 188, 197, 199, 204, 208, 217, 219, 222, 244, 246, 252, 281, 291, 297, 302, 309, 347, 353
Schenkel 137, 207
Scherbe 342
Scheunen 204, 281
Schicht 91
Schiedsrichter 260, 267
Schiefertafel 58
Schienen 109
Schießbude 205
Schießpulver 61
Schiff 42, 72, 151, 182, 346
Schiffen 281
Schiffschaukel 205
Schild 151, 187, 228, 296, 298

Schildbürger 110
Schimpfwörter 96
Schinken 180
Schirm 60, 105, 303, 356
Schlaf 74, 285, 289, 336, 349
Schlafenszeit 169
Schlafzimmer 253
Schlafzimmerboden 122
Schlaganfall 40
Schlagfertigkeit 114
Schlampe 232
Schlange 65, 122, 232, 236, 315, 356
Schlauch 296
Schleswig-Holstein 196
Schlips 88, 231
Schlosser 306
Schlucht 82
Schluck 86 f., 98, 229
Schlümpfe 296
Schlüssel 44, 131, 334, 347
Schmerz 45, 92, 327 f., 337
Schmuck 259
Schnappatmung 130
Schnaps 228, 238, 251, 309
Schnauze 42, 90, 92 f., 95, 185, 297
Schnee 51, 69, 117, 244, 250, 310, 320, 334, 345
Schneegestöber 89
Schneider 35, 102, 106
Schneider, Helge 90, 215
Schnittstelle 160
Schnitzel 21, 67, 78, 216 f., 230, 294
Schnorrer 175, 234 f.
Schnuller 290
Schnupfen 328
Schönheit 103, 106, 204, 243, 329, 362
Schorle 111
Schornstein 273
Schoß 142
Schrank 25, 38, 50, 70, 282, 362
Schraube 298, 306
Schraubenschlüssel 70
Schreck 98
Schreibtisch 249
Schreiner 305
Schriftsteller 249, 273
Schritt 67, 93, 155, 204, 279, 344
Schrott 152, 183 f.
Schublade 48, 61
Schuh 34, 59, 70, 88, 93, 137, 155, 210
Schuhgeschäft 151, 155
Schuhgröße 69, 155
Schuld 76 f., 94, 334
Schulden 318
Schule 169, 187, 287, 289, 296 ff.
Schulgebäude 291

Schuppen 48, 112, 128, 172, 307
Schuss 70
Schüssel 70, 106
Schusterbuben 58
Schützenfest 203
Schützenkönig 231
Schutzmann 101, 111, 187
Schwager 235, 304
Schwamm 80, 103
Schwan 41, 62
Schwangerschaft 328, 338
Schwanz 64, 79, 83, 85, 107, 110, 112, 114, 127, 140, 207, 222, 237, 261, 305
Schwarz 38, 50, 70, 74, 153 ff., 180, 186, 190, 206, 305, 353
Schwarzarbeit 26
Schwede 66
Schweden 268
Schweigen 54, 101, 157, 167, 284
Schwein 45, 72, 101, 104, 343, 345
Schweißer 306
Schweiz 203, 273, 316
Schwerin 196
Schwerkraft 298
Schwert 140, 321
Schwester 142, 170, 294, 304, 336, 362
Schwiegermutter 137 f.
Schwimmbad 261
Schwimmbecken 328
Schwimmen 47, 77, 84, 226, 228, 261, 306
Science-Fiction-Film 227
Seat 183
See 86, 106, 199, 211, 302, 358
Seekrankheit 182
Seele 89, 131, 201, 229
Seeler, Uwe 89
Seemann 24, 111, 182, 232, 319
Seestern 182
Seewasser 116, 311
Segelboot 182
Seide 155
Seife 63, 111, 244
Seite 111, 143, 166, 181, 199, 204, 336, 361
Seitensprünge 140
Sekretärin 301
Sekt 108, 251, 274
Sektfrühstück 75
Sektkorken 275
Selbstbewusstsein 59
Sellerie 74
Seminar 142
Sender 90, 254
Senf 44, 50, 69, 75, 131, 168, 216 f., 220, 243, 266

Seniorenwohnheim 336
Senkel 90
Sense 128, 261, 282
September 26
Sessel 275
Sex 90, 111 f., 123, 125, 128 f., 130 f., 136, 140, 143, 152, 173, 179 f., 229, 248, 259, 263, 274, 283, 303, 331 f., 355
Shakespeare, William 249
Shit 76, 87, 235
Shooting 253
Shopping 150
Shorts 93
Sicherheit 181, 293
Sichtschutz 294
Sieb 204, 280
Sieg 191, 267
Siegburg 184
Sieger 151
Siemens 152, 307
Silber 54
Silikon 305
Silvester 346
Simpson, Bart 93, 159, 209, 220, 254, 358
Simpson, Homer 81, 133, 139 f., 169, 175, 215, 226, 230, 233, 253, 263, 290, 296, 319, 330, 332, 354 f., 358
Simpson, Marge 155, 166, 181
Singapur 197, 226
Sirup 111
Sitten 339
Sitzung 333
Sixpack 217
Sizilien 205
Skepsis 84
Small Talk 273 f.
Socke 31, 344, 64, 100, 132, 155, 182, 186, 284, 291
Sodawasser 175
Sofa 175, 222
Sofakissen 167, 204
Software 152
Soldat 311
Sommer 24, 26, 158, 202, 237
Sommersprossen 124, 204, 326
Sommerzeit 26
Sonne 24 f., 31 f., 45, 69, 72, 81, 89, 94, 125, 156, 200, 225, 254, 259, 294, 326
Sonnenbad 199
Sonnenbank 259
Sonnenbrille 25
Sonnendeck 357
Sonnenmilch 247
Sonnenschein 58, 166, 198, 203, 225, 256

Sonntag 72, 83, 179, 353
Sonntagsfahrer 184
Sorgen 53, 72
Soße 45, 207, 218, 247
Spagat 128, 290
Spaghetti 36, 156, 281, 307
Spanien 235
Spanner 112
Spargel 45, 274
Spaß 78, 81, 130, 132, 142, 154, 180, 188, 205, 223, 226, 245, 247, 263, 289, 297, 304, 316, 355
Spaßmacher 174
Spaziergang 123
Specht 78
Speck 43, 68, 171
Speisekarte 61, 106, 215, 217 f., 224
Sperling 57
Sperrmüll 292
Spiegel 72, 160, 331
Spiel 99, 169, 263, 265, 267 ff., 353
Spielcasino 206
Spieldose 142
Spielplatz 170
Spielzeug 151
Spinat 110, 247, 328
Spitz 55, 128, 173, 264
Spitzenunterhöschen 51
Sport 244, 257, 259, 260, 263
Spott 93
Sprache 86, 139, 248
Sprachfehler 135
Sprachtest 294
Sprechton 149
Springer 298, 356
Spruch 92, 180, 223
Sprüche 26, 115, 117, 121, 149, 165
Sprung 59, 70, 310
Spucke 86, 226
Spur 186
St. Petersburg 196
Stabhochspringen 260
Stacheln 199
Stadion 267 f.
Stadt 41, 44, 54, 69, 121, 227, 275, 278
Stadtrundfahrt 189
Stall 101, 138, 165, 263, 345
Stammtisch 229 f.
Stampfkartoffeln 220
Stange 137, 202, 236, 292
Star 210
Statistik 299
Stau 188
Staub 167
Staunen 83
Steckdose 45

Stein 113, 124, 208 f.
Steinbruch 52
Stelle 122, 152, 179, 205, 304, 325
Stellenabbau 294
Stellung 58
Stelzen 127
Sterbebett 278
Stern 269
Sternzeichen 122
Steuerbescheid 234
Stiel 58, 61, 216
Stigma 327
Stil 48, 56, 154, 250
Stille 127, 139, 182
Stimmen 230, 267, 333
Stimmung 267, 353
Stirn 70, 145, 160
Stock 87, 299
Stockholm 196
Storch 82, 338
Strafraum 267
Strafzettel 186
Strand 195, 203, 359
Straße 43, 139, 186 f., 294
Straßenbahn 109
Straßenbegrünung 293
Straßenbeleuchtung 48
Streichelzoo 105, 115, 139
Streichholz 87
Streit 95
Stress 22, 297, 300
Strick 126, 319
Strickpullover 26
Striptease 348
Stroh 201, 218, 345
Strohsack 85
Strom 237, 306
Stromberg 87, 94, 332
Strumpf 68, 80, 84, 102, 353
Stube 101, 106, 293
Stück 22, 53, 96, 103, 157, 173, 219, 245, 252, 264, 361
Student 84, 295
Studium 295
Stuhl 275
Stuhlgang 43, 335
Stulle 68, 73, 284
Sturges, Preston 76, 253
Sturm 26, 186, 356
Südfrüchte 63
Südkorea 197
Südsee 199
Sülze 64, 94, 280
Sumpf 279
Sünde 126
Sunset 35

Supermann 190
Supermarktkasse 150
Suppe 23, 167, 219, 224 f., 267, 280, 306
Suppenhühner 90
Swimming-Pool 81
System 318
Szene-Bar 227

Tabak 234, 278
Tacho 22, 31, 187
Tag 66, 71, 77, 81 f., 98, 109, 123, 134, 150, 156, 180, 198, 202, 210, 225, 281, 289, 302, 306, 327, 330 f., 342 f., 346
Tageslicht 233
Talent 244, 291
Tango 68
Tank 129
Tankstelle 305, 189
Tannenbaum 70, 83, 273, 345 f.
Tante 24, 46, 62, 83, 142, 166, 182, 235, 264 f., 278 f., 299
Tanz 281 f.
Tanzbein 128, 250
Tanzcafé 269, 273
Tanzschule 281
Tapete 50, 69, 78
Tarzan 121, 356
Tasche 43, 61, 65, 105, 122, 150, 317, 319
Taschentuch 131, 169
Tasse 61, 113
Taste 246
Tatsachen 55, 284
Taube 142, 205, 220, 263
Taufe 351
Taxi 43, 189
Technik 183
Technologie 248
Tee 61, 215, 282 f.
Teich 63
Telefon 105, 143, 321, 330
Telefon-Hotline 149
Telefonieren 105, 147 f.
Telefonnummer 121
Telefonzelle 41
Telegramm 104
Teller 61, 80, 115, 166, 169, 201, 207, 215, 219
Tempo 186 f.
Tendenz 37
Tennis 78
Tennisarm 328
Tennisclub 260
Teppich 66, 167, 209, 290, 344
Termin 141, 160
Testwagen 185

Stichwortregister

Teufel 31, 50, 60, 74, 88, 116, 206, 302, 353, 358
Texas 264
Text 90, 116, 148, 244
Theater 245
Theke 126, 225, 273
Thema 39, 53, 57, 140, 153, 201, 260, 284, 297, 331, 336 f., 359
Theorie 297, 300
Therapeut 76
Therapie 45, 203
Tier 35, 81, 129, 139, 172, 195, 205 ff., 211, 228, 310, 329, 331
Tierfreund 210
Tiernamen 129
Tiger 129
Timing 54
Tinte 58, 328
Tintenfisch 300
Tirol 56
Tisch 54, 104, 169 f., 202, 222 f., 224 f., 229, 264, 275, 280, 302, 359
Tischgespräch 217, 219
Tischler 53
Tischlerei 307
Tischplatte 218
Titten 50, 54
Toast 229
Toastbrot 110, 182
Toaster 328
Tochter 137, 169, 276
Tod 138, 232, 253, 326 ff., 337, 350, 355
Todesfälle 181
Togo 127, 197, 203
Toilette 100, 175, 235 f.
Tomate 70, 107
Töne 202, 362
Tonne 211
Töpferkurs 105
Tor 267 f., 281
Toreinfahrt 294
Torheit 337
Torte 218
Tortenheber 276
Tote 101, 281
Tournee 113
Tragödie 138, 252
Trainingslager 115
Traktor 201
Trank 38
Trauer 88, 108
Trauerspiel 116
Traum 123, 205, 216
Trauung 328
Trecker 46
Treibhauseffekt 24

Trend 248
Treppenhaus 165, 175
Treue 140
Trick 299
Trinken 213, 226, 229, 251
Trinkhalle 225
Trinksprüche 228 f.
Tritt 45, 55, 101, 103, 106, 171, 221, 225, 237, 249
Trommel 70
Trompetenkäfer 104
Trompetenunterricht 278
Tropf 88
Tropfen 85, 142
Trost 72
Trubel 78
Truhe 129, 142, 296
Truthahn 237, 325
T-Shirt 202
Tunesien 196, 203
Tür 25, 50, 87, 94, 99, 106, 109, 112, 181, 236, 282, 209, 344
Turm 26
Turnübung 259
Türsteher 231, 278
Tute 290
Tüte 62, 64, 151, 166, 189, 280. 290. 303
Tütensuppe 217
Typ 124, 127, 131, 148, 187

U-Bahn 106
Übel 78, 116, 134, 167, 295
Überbau 239
Übergang 355
Übergewicht 173, 250, 329
Überzeugung 59
Übung 52, 114, 190
Uhr 22 f., 167, 170, 231, 232, 260, 267, 280, 330, 342, 356 f.
Uhrmacher 305
Ulk 78
Ulm 110
Umstände 341
Umsturz 298
Umwege 161
Umwelt 206
Umzug 168, 259
Unbehagen 86
Unfall 184, 195, 292, 335
Unfug 247, 300
Ungetier 137
Unglück 76
Unglücksfälle 116
Unglückstag 138
Unhöflichkeit 116
Uni 142, 287

398 Stichwortregister

Unkosten 52
Unkraut 165, 293, 328
Unpünktlichkeit 54, 342
Unschuld 238
Unsinn 45
Unterführung 354
Unterhaltung 29, 48
Unterhemd 168
Unterhose 72, 96
Unterkiefer 94
Unterkunft 201
Unterricht 289, 291
Unterschicht 137
Untersuchungshaft 320
Untertitel 333
Unterwäsche 113, 175
Unwahrheit 133
Unwissenheit 61
Urin 22, 268
Urlaub 43, 139, 185, 195, 199–203, 316
Urlaubskarte 203
Ursache 39, 226
Uruguay 105, 156
USA 117
Ustinov, Sir Peter 76, 347

Valentin, Karl 25, 89, 121, 180, 244, 335, 344
Valentinstag 101
Valium 232, 335
Vanille 171
Vanillepudding 52
Vater 35, 46, 49, 82, 95, 102, 122, 137, 149, 169, 238, 277, 338, 344
Vaterlandsliebe 89
Veganer 296
Vegetarier 217 f., 266
Veilchen 333, 250
Venedig 162, 221
Ventilator 75
Venus 23, 329
Verabschieden 32 f., 174
Verachtung 108
Verärgerung 91
Verbindung 111, 148, 249
Verblüffung 89
Verdauung 328
Verein 259 f.
Verfallsdatum 110, 335
Verfolgungsjagd 253
Vergeltung 89
Verkehrsinsel 294
Verlagslektor 292
Verlobungszeit 140
Verlustgeschäft 309
Vernissage 244

Verpackung 328
Versager 152, 320
Versicherung 168, 190, 320
Versicherungswesen 307
Verspätung 301, 342
Verstand 70, 158, 247, 317
Versuch 140, 299, 305
Versuchung 354
Vertrag 138
Vertrautheit 43
Verwalter 82
Verwandtschaft 174
Verwirrung 83
Verwunderung 87, 110
Verwünschung 97
Verzierung 66
Verzweiflung 37, 40, 85, 115
Vetter 26
Viagra 99, 325
Vieh 93
Viersen 184
Villa 62
Vilnius 196
Vitamin B 304
Vogel 45, 66, 80, 82, 87, 101, 105, 129, 156, 160, 206, 210, 247, 275, 336
Vogelhaus 140
Volksfest 75
Volksvertreter 310
Vollbart 226
Vollidiot 184, 317
Volltreffer 359
Voranmeldung 92
Vorbeimarsch 75
Vorderzähne 104
Vorfahrt 107, 184
Vorhang 143, 234, 246
Vorspeise 330
Vorsprung 353
Vorsteher 277
Vorstellung 341 f.
Vorstellungsgespräch 304
Vorteil 248, 336, 348
Vorurteile 245
Vulva 57
VW 151, 183, 275
VW-Käfer 275

Waage 330
Wachtmeister 187
Waffel 71
Waffeleisen 128, 209
Wagen 183, 189 f.
Wahl 154, 171
Wahnsinn 57, 71
Wahrheit 117, 175, 243, 325, 332, 353

Stichwortregister

Wahrsagerin 206
Wald 35, 41, 45, 62, 68, 84, 206, 208 f.,
    211, 279, 298
Waldfee 86
Waldschenke 207
Waldschnepfe 207
Waldspecht 264
Wallenstein 245
Walzer 79
Wand 37, 44, 69, 74, 85, 139, 167, 189,
    209, 220, 237, 266
Wanderer 206
Wanne 27
Warmduscher 97
Wärme 152, 179
Wärmflasche 170
Warschau 33
Wartezimmer 325
Warzenschwein 85
Wäsche 62, 275
Waschfrau 43
Waschmaschine 152, 198, 284
Wasser 24 f., 44, 47, 55, 58, 69, 77, 79,
    87 ff., 107, 111, 121, 127 f., 144, 166,
    182, 215, 225, 230, 236, 244, 261 f.,289,
    297, 311, 319, 321, 327, 331, 353, 362
Wasserstoff 41
Wassersyntax 102
Wassertier 265
Wasserwaage 305
Watschen 94
Watschenbaum 92, 94
WC-Sprüche 237
Wecker 90, 204, 293, 301, 319, 342
Weg 104, 107, 121, 183, 189, 203, 208,
    358
Weib 107, 199, 244, 267, 297, 306
Weichei 96, 335
Weihnachten 36, 46, 72, 75, 93, 174,
    336, 344 f.
Weihnachtsbaum 85, 103, 341, 345
Weihnachtsfeier 344
Weihnachtsmann 46, 332, 345
Wein 220, 225, 228, 282
Weisheit 76, 125, 140, 166, 260, 263,
    283, 297, 353
Weiß 50, 215, 274
Wellenlänge 131
Wellnesshotel 204
Welt 29, 31, 33, 51, 54 f., 69, 72, 84, 92,
    115, 122, 125, 135, 140, 154, 159, 173,
    175, 186, 193, 197 f., 201, 215, 228,
    235, 237, 259, 285, 317, 337 f., 353
Weltfrauentag 144
Weltfrieden 154, 229
Weltmeer 182

Weltmeister 260
Weltniveau 56
Werbeagentur 303
Werbung 185, 206
Werder Bremen 184, 266
Werkstatt 189
Werte 329
Wertungspunkte 260
Wespe 187, 199, 224
Wespentaille 327
Westen 35, 111, 200, 256
Western 344
Wette 99
Wetter 23–26, 151 f., 173, 198, 203, 219,
    256, 273, 325
Whiskas 256
Whiskey/Whisky 110, 156
Wichsen 142, 333
Widerstand 304
Wiedersehen 32, 90, 124, 150, 174, 181,
    232, 321, 357
Wiege 114
Wien 196, 218, 248, 283
Wiese 74, 112, 357
Wildwasserbahn 205
Wilhelmshaven 184, 202
Wille 151
Willis, Bruce 228, 345
Wimper 255
Wind 41, 44, 51, 53, 64, 67, 107, 151, 180,
    182, 186 f., 232, 256, 278, 317
Winnetou 117, 125, 361
Winter 189, 237, 354
Wintergemüse 343
Winterschlaf 179
Winterspeck 329
Wirsing 45, 232
Wirt 66, 220, 225, 228, 230, 320
Wirtschaft 222, 307
Wissenschaft 304
Witwer 140
Witz 13, 202, 207
Woche 138, 202, 299, 333, 348
Wochenende 34, 173, 301, 308 f., 354
Wodka 225, 227
Wohnmobil 185
Wohnraum 185
Wohnung 227, 284
Wohnzimmer 253
Wolken 182, 238, 290, 362
Wolkenbruch 25
Wolle 21, 44
Wollpullis 334
Wort 51 f., 74, 92, 95, 126, 155, 218,
    251 f., 264, 268, 283, 320, 329, 344,
    357, 359

Wörterbuch 61, 283
Wuchtbrumme 126
Wunde 179
Wunder 83, 299
Wundertüte 115
Wunsch 113, 157
Wunschkind 170
Wunschkonzert 115
Würde 47, 143, 287, 337
Würfel 254, 268
Wurm 206, 303
Wurst 50, 62, 67, 78 f., 80, 109, 141, 151, 157 f., 179, 198, 215, 217 f., 274, 278, 353
Wurstbrühe 58
Würstchen 50, 104
Wurstfabrik 208
Wurstwasser 95
Wüste 73
Wut 93
Wutausbruch 92

Yamaha 183
Yeti 183, 209 f., 311
Yoga 284
YouPorn 300

Zahn 92, 94, 97, 102, 112, 126, 185, 197, 222, 274, 298, 325, 336, 346
Zahnarzt 325
Zahnbürste 92
Zähneputzen 190
Zahnersatz 92
Zahnfleisch 325
Zahnspange 180
Zäpfchen 77, 231
Zarathustra 229
Zauberei 124
Zauberwort 169
Zaun 44, 47, 70, 72, 201, 292, 244
ZDF 253
Zebra 205
Zeh 356
Zehennägel 91
Zeiger 90
Zeit 22 f., 50, 89, 101, 121, 124 f., 133, 144, 147 f., 150, 169, 172 f., 182, 207, 219, 223, 226, 249, 255, 284, 289, 301, 308, 316, 319, 328, 342, 346, 349, 354
Zeitpunkt 140, 246
Zeitraum 140
Zeltbahn 32
Zerknirschung 108
Zettel 166, 356
Ziege 21, 56, 83, 88, 200, 231, 274
Ziegenmilch 49
Ziel 208
Zigarette 130, 139, 181 f., 233 f., 277, 279
Zigarren 282, 358
Zimmer 76 f., 101, 285
Zimmermädchen 299
Zimmermann 167, 305
Zinsen 298
Zipfel 208
Zirkus 261, 358
Zitrone 116, 236, 310
Zitronenfalter 274, 310
Zoll 195
Zoo 205
Zorn 202
Zucker 113, 126, 169, 215, 297, 327
Zuckerguss 215
Zufriedenheit 81
Zug 126, 137, 148, 180, 278
Zugtoilette 181
Zuhälter 136
Zuhause 151, 174, 185
Zukunft 338, 347
Zunge 104, 221, 281
Zungenbrecher 110, 158
Zustimmung 57
Zweck 74, 131, 311
Zweifel 84
Zweitbuch 248
Zweite Liga 266
Zwerg 59, 131, 260, 283
Zwickel 90
Zwieback 51, 74, 206
Zwiebel 22, 78
Zwiebelfarmer 34
Zwiebelsuppe 296
Zwirn 90, 97, 155
Zylinder 185